在日本法律家協会会報

エトランデュテ

―第 2 号―

2018年4月

在日本法律家協会

目　次

【巻頭言】

………………………………… 立教大学名誉教授　宮崎　　喬　　1

【緊急座談会】

外国人地方参政権の芽はなくなったのか？

… 柳　　赫　秀、遠藤　正敬、張　界　満、樋口　直人、宮地　　基　　5

【特集1】　多文化共生社会の家族と国籍

日韓カップルの子の国籍………………………………………… 青木　　清　　51

判例に見る氏名権の諸相………………………………………… 館田　晶子　　63

家族と戸籍

　—婚外子と戸籍・外国人配偶者と氏—……………………… 常岡　史子　　83

【海外特別寄稿】

Toccata and Fugue of a Stranger　……………………… Jin Y. Park　　109

【研究論文】

寡占株主と「株主権の実質的行使」に関する考察………… 崔　　先　集　　127

保守化する時代と重国籍制度

　～ナショナル・アイデンティティから視る現代日本社会の国籍観～

　………………………………………………………………… 佐々木てる　　151

ハンセン病と人権

　—国際社会における差別是正の動向と韓国における司法的救済—

　…………………………………………………………………… 権　南　希　　177

【特集2】　当然の法理と日本社会

最高裁判所による外国人弁護士の調停委員就任拒否問題

　…………………………………………………………………… 空野　佳弘　　211

公立学校教員採用選考試験実施要項と日本国籍を有しない教員

　…………………………………………………………………… 中島　智子　　233

【判例評釈】

相続放棄の効果は、その相続放棄の被相続人が被代襲者となる代襲相続にも
及ぶか（消極）」

　　―大法院2017.1.12.宣告2014ダ39824判決、原判決：昌原地方法院2014.5.21.
　　宣告2013ナ10875判決 ……………………………………… 金　奉　植　267

日本の裁判所の相続放棄申述受理審判及び相続放棄申述期間延長審判の韓国
内での効力

　　―大邱高等法院2015.4.22宣告2014ナ2007判決 ………… 金　奉　植　275

国家賠償法上の相互保証と権利濫用の判断基準

　　―大法院2015年6月11日宣告2013ダ208388判決を中心に

……………………………………………………………………… 髙　影　娥　279

他人名義による株式の引受けと名義書換の効力

　　―韓国大法院2017年3月23日宣告2015ダ248342全員合議体判決―

……………………………………………………………………… 金　暎　住　289

【書評】

中村一成著『ルポ　思想としての朝鮮籍』（岩波書店、2017年）

……………………………………………………………………… 田中なつみ　311

【新法令紹介】

「外国人の技能実習の適正な実施及び技能実習生の保護に関する法律」

　　（2016年（平成28年）11月28日公布、2017年（平成29年）11月1日施行）

……………………………………………………………………… 柳　　赫　秀　317

【韓国ロースクール探訪】

成均館大学ロースクール日本法学会紹介……………………… 金　志　泳　327

在日本法律家協会

会　　　則

役　　　員

活動内容

執筆要領

執筆者　一覧

編集委員会

編集後記

巻 頭 言

立教大学名誉教授 宮崎 喬

　先の総選挙の際あらためて気付いたが、経歴に「ハーバード大出身」など欧米の大学名を記す政治家が多い。もっとも、卒業か中退か、MBA 取得かなどは分からない。そして興味深いことに、この外国留学組には保守系政治家が有意に多い。海外事情通で、欧米に知己をもち、国際派とされるが、十中八九、難民を受け入れる必要はない、外国人参政権に反対、等の態度をとる。政治家に限らず、海外勤務などから「愛国者」になって帰国する人も結構いる。日本に辛口の批判をしても、根本で、治安がよい・人が礼儀正しい・国民が一つにまとまる、など、日本肯定で、ジャパノセントリックである。

　この人々は大抵「国民」というレベルで思考を止めている。意識のなかで「アメリカ人」、「イギリス人」、「中国人」といった括りが強く、そこには民族的・宗教的少数者も、差別されるジェンダーも存在しない。そう見るのは、たぶん日本の中に日頃そうした存在があることに向き合っていないからである。「日本単一民族」論は、知識の上では卒業していても、日常の思考ではつい自明視してしまうのだろう。

　同じ日本社会の構成員である在日コリアンの生き方は対蹠的だ。彼らが現に種々の関係をとり結んで生きている場は自分の国籍国ではない。ナショナルアイデンティティを問われれば、「韓国人」との答えが多いだろうが、韓国の政治、社会、文化の現状をポジの準拠枠にしている者は少ない、その中に生きていない祖国にストレンジャと感じる人もあると聞く。永住国である日本との精神的関りは複雑そのもので、肯定的に準拠できる要素もあるだろうが、日本人の思考や判断に「それはちがう」と異議を唱えたいことも多い。国民とは区別された市民として生きる権利を求め、地方参政権を要求するのも当然である。

上に述べた日本人たちは伝統的国家主義者でも、ショーヴィニスト系でもないだろう（ナポレオン帝政時代の戯曲の主人公、単純な盲目的な愛国兵士のニコラ・ショーヴァンに由来）。高学歴で国際的知識も一応もっている。一つ共通の特徴があるとすれば、それは日本経済の国際化（経済進出）をプッシュする国益ナショナリズムに与する点にある。

　企業の駐在員や現地法人の経営要員として多くの日本人が外国に出ていき、海外事情通になる。しかし社命だから従い、頑張るといった意識で、内発的要素は少ないから、滞在する社会、人に触れ、理解しようという姿勢に乏しく、ニューヨークではハーレムに足を向けたこともない、「公道でデモや集会があっても近づかぬよう」という大使館の忠告に従う。また顔は半分日本に向いていて、1，2年後帰国したときに適応に困らぬよう、東京情報収集におさおさ怠らない。こういう状況を知るにつけ、つい夏目漱石を100年前に嘆かせた、やむをえず形式を整える日本の「外発的な開化」という言葉を思い出す（「現代日本の開化」）。

　子ども帯同なら、日本人学校に通わせ、帰国時には進学につながる学校にすべりこませようと考える。私も大学教員の頃、外国生活経験をもつ学生をゼミに受け入れたが、その異文化体験ぶりにはあまり感心しなかった。ドイツで親と共に過ごした某君は、英語はよくできたが、「ドイツ語は日常会話に毛の生えた程度です」と恥じ入るように言っていた。かれが日本人学校通いなど、ドイツの町の一角でどんな生活をさせられていたか想像できた。帰国子女の特別入試に志願できるのは、現地校に一定期間以上在籍した者に限られるが、それでも同制度は日本式国際化をみごとに象徴している。国（文部省）の政策として始まったものだが、海外に出る日本の“企業戦士”の不安に応えるという経済界の要請が初めから見え隠れしていた。

　それに対し、少数派日本人だろうが、在外定住者として自立的に生きる人もいないわけではない。国際結婚の永住予定者などに多いが、統計では在外永住邦人は4、50万人はいる。興味深いことに、フランスやドイツに住むそうし

た日本人から、「在日外国人の地方参政権は実現しましたか」とか「ヘイトデモはまだ続いていますか」といった日本の外国人の状況を気遣う質問を受ける。日本の外に外国人として生き、しかし市民として権利を得て社会に参加しようと努め（ＥＵ国民ではない日本人には権利上差別がある）、それだけに日本おける問題、課題がよく見えるのだ。内向きの日本人に届かせたい言葉だ。

緊急座談会

外国人地方参政権の芽はなくなったのか？

柳 赫秀[*]　遠藤 正敬[**]　張 界満[***]
樋口 直人[****]　宮地 基[*****]

緊急座談会

---

[*]国際法、横浜国立大学　司会（敬称略）
[**]戸籍研究、早稲田台湾研究所
[***]在日三世、弁護士
[****]社会学、徳島大学
[*****]憲法、明治学院大学

企画趣旨

柳 赫 秀教授

柳　本日の司会を務める柳です。1980年代初めに日本に来た韓国人ニューカマーで、本誌を刊行している「在日本法律家協会」の会長を務めております。本日はお忙しい中「おそらく今やってもあまり反響の期待できないテーマ」(笑)である「外国人地方参政権問題」(以下、本テーマ)についての座談会にお集まり頂きありがとうございます。

本テーマは国籍問題と合わせて考える必要があると思うので、国籍問題を考える前提として戸籍問題の専門家である遠藤さん、そして、オールドカマーの「在日」三世で弁護士である張さん、外国人問題を考える際に避けて通れない憲法学専門の宮地さん、そして、本紙創刊号に「外国人参政権の未来」を寄稿してくださり、本テーマに取りかかっておられる数少ない社会学者の樋口さんが加わり、結果的になかなか素晴らしい陣容になりました。

では、なぜ今このテーマなのか私なりの簡単に趣旨説明申し上げます。

最近日本のマスコミは連日外国人の記録的な増加ぶりを伝えています。現在在留外国人は247万人で人口の約2％であるが、4年で40万人以上増えた。確かに数では過去最高であるが、忘れてならないのは、2008年221万7千人でピークに達してからリーマンショック以来減少していた外国人数が以前の水準を回復したことであります。その後安倍政権の経済浮揚政策の一環としての、高度人材誘致、技能実習制度の「手直し」、介護分野における外国人労働者の受入などの様々な「各論的展開」が効果を発揮しこのような結果になった。

その反面、ヘイトスピーチが蔓延し、「憲法は立法政策で外国人に地方参政権を付与するのを禁止していない」とした最高裁の判断が出てから20年以上経つのに、付与したら国の一部が乗っ取られるかのような言説がまかり通っている。すでに5世(もしかして6世)まで生まれたオールドカマーをどう編入

（包摂）すべきか議論すら起きない。

　要するに、一定の外国人労働力は必要であると思いつつも、日本社会の基底に関わる議論は鳴りを潜めているのである。本座談会では、21世紀の3番目のディケイドを目前にしている時点で、同質性の支配する（H.Befuのいう"hegemony of homogeneity"）エスニック・ネーションとしての日本の下地を改めて問いながら、外国人地方参政権の可能性を中心に、新旧を問わず世代が下っていく定住外国人（と）の統合（共存）の道筋について議論したく存じます。

張　界　満　弁護士

　なぜ「緊急」座談会かというと、外国人参政権についての最高裁判決が出て20年以上も経つのに事態が改善しない中、外国人人口が増加局面に転じた今こそ、受け入れる外国人を同じ社会構成員として包摂していくことについて議論を急ぐ必要があるからです。本テーマに真剣に向き合わないと、日本の若い世代が「外国人に参政権無しは当たり前」と思う事態がいつまでも続くことになります。

　今日は、まず、外国人地方参政権のこれまでを振り返る、そして、消えかかった灯火を蘇らせるにはどうすればいいのかについて、戸籍、憲法、認識のそれぞれレベルで考える。それから、今後どうすべきかの戦略について議論し、最後に方向性の一つとして国籍取得の問題を合わせて議論する順序で、座談会を進めていきたい。

自己紹介と外国人地方参政権問題の歴史

柳　では、一人ずつ本日の座談会に臨む気持ちというか心構えについて一言ずつしゃべっていただきましょう。

樋口　直人 准教授

　張　弁護士の張界満（チャン・ゲマン）です。在日韓国人三世になります。2005 年に亡くなりました金敬得（キム・キョンドク）弁護士が作ったウリ法律事務所（現：J＆K法律事務所）に 2000 年から勤めて、17 年ほど弁護士をやっています。本日は、在日韓国人弁護士として、また、私は、民団という組織にも所属していますので、民族団体が地方参政権の問題にどのように取り組んできたかについても触れながら、外国人参政権問題についてお話ししたいと思います。

　樋口　社会学の中では、90 年代に紹介された移民の市民権の問題として、外国人参政権に対する関心がありました。ところが、現時点で社会学者のなかで関心を持っているのは、恐らく私だけだと思うんですよ。それで、実際に行動することも含めて何かしようと考えており、本日参加しました。
　かつて私は、ヨーロッパの移民の市民権に関する文献を読んで日本に適用してきたのですが、その際に民団に対して無理解なところがありました。つまり、歴史的経緯の強調＝普遍性を欠いた議論をしていると思ったのですが、排外主義の問題に取り組むことで自らの理解の浅さを認識するようになりました。同時に、今の民団の戦略のままでは参政権の問題もじり貧になっていくとも思います。韓国・朝鮮籍の婚姻のうち国際結婚が 8 割に達する状況のなかでは、次の世代になると特別永住者が数万人になってしまうことも踏まえて考えねばならないと思います。その際、国籍問題についても考える必要があると思います。

　柳　樋口さんは、本誌創刊号の「外国人参政権の未来」の論文で、本テーマは国籍問題と合わせて考える必要があると指摘しておられる。そこで遠藤さん、戸籍を研究するお立場から外国人参政権問題についていかがでしょうか。

緊急座談会

遠藤　正直、自分でいいのかなあという気持ちですけどね。いま、樋口さんがいわれたように、外国人参政権問題の研究といったら、圧倒的に憲法の方でしょうし、社会学の方でもまれだということですね。

私は直接、在日外国人参政権問題についての論文を書いたことはないですが、着眼点としては、そもそも戸籍なり国籍なりといったものが何なのか、というところにあります。国民や民族や人種

遠藤　正敬 研究員

といった言説が飛び交うなかで、誤った常識に流されている言説が目立つ。まさしくその典型が、いまのヘイトスピーチだと思います。

「日本人」とは何なのか、「在日コリアン」とは何なのか、といったときに、その出発点として戸籍がある。すなわち「国民」というカテゴリーは、国家権力の機会主義によって実に都合よく決められてきたのではないか、ということを実証したいがために、戸籍の研究を続けています。本当に誰もやる人がいないので、おかげさまで私なんぞが脚光を浴びることになっていますけどね。

やはり、私はふわふわとした思想が飛び交う空中戦になるのを避けたくて、法や制度でどのように規定されているのか、国家権力がなぜそうした制度を設けてきたのかを明らかにしたかった。いってみれば、私はむしろ権力の側の視点に入り込んで、一体、どのような国民国家をつくろうとしてきたのかを問いただそうと考えてきたわけです。

だから、その文脈でいうと、外国人参政権問題というのは、日本が特に近代以降、多民族・多文化からなる社会を抱え込みつつ、非常に内向きな国民国家をつくってきた歴史と切っても切り離せない問題です。それがいま、「緊急」という言葉が使われましたけど、グローバル化ということが叫ばれて久しいですが、いまだに「国民」というカテゴリーについて、「血」だとか「民族」だとか、そういった幻想に根拠を求めようとしがみついている。さらに、「人種」や「宗教」

『エトランデュテ』第2号

宮地　基 教授

なども含めて、多様性というものへの脅威や恐怖があって、それを押しとどめようとする。そうした日本社会のあり方と密接に関わっているだろう。

　そんなわけですので、今日の議論は、私の観点からどういう意見が出るかわかりませんが、ぜひ学びの場とさせていただきたいです。

柳　いきなり核心に迫る話ありがとうございます。私も本テーマについて論文書いている訳ではありませんけどね（笑）。さて樋口さんが孤立無援の中にいると言いましたが、宮地さんもおそらく憲法学界では少数説の隊列におられるのではないでしょうか。すでに1991年「外国人の選挙権をめぐる憲法上の論点について―ドイツにおける学説、判例の検討を中心として―」（『神戸法学年報』1991年）の中で、ドイツの動きを日本の現実に代入し、1995年最高裁の論理を先取りしておられる。すごく勉強になりました。

宮地　明治学院大学の宮地です。私は特に憲法学の中で外国人参政権を中心に勉強してきたわけではなく、この論文を書いたのは、ドイツで外国人参政権が問題になったからです。EU全体で相互に地方公共団体の選挙権を他のEU加盟国の国民に認めようという合意をしたときに、それはドイツでは憲法違反ではないのかという議論になり、それが憲法裁判所で憲法違反であるという判決が出たんです。私はずっとドイツの憲法に関心を持って勉強してきまして、ドイツでもガストアルバイターという南ヨーロッパやトルコなどからの出稼ぎの労働者、さらにその二世三世という外国人がドイツに増えてきて、どういった社会的地位を与えたらよいのか。また、排外主義的な主張も高まっている。そういう状況がある中で、外国人選挙権の問題が大きな政治的なそして法律的なテーマになったんです。私は、この時の連邦憲法裁判所の裁判を注視していま

して、判決が出たものですからこの論文を書いたわけです。ドイツでは連邦憲法裁判所の違憲判決のあと、憲法を改正して、EU 加盟国の外国人に地方公共団体の選挙権を認めるというやり方で決着がつきました。

　憲法学界でもこの時期に外国人選挙権の問題に関心が高まり、90 年代にかなりの論稿が蓄積されましたが、95 年の最高裁判決が一応の決着をつける形になって、その後やや議論が下火になってきました。最近、憲法学の方面から議論は出尽くしている感があるので、他の分野の先生方から新しい刺激を受けることが必要だと感じていまして、今日はその辺を先生方にお伺い出来ればと思っております。よろしくお願いします。

柳　後で宮地さんに本テーマについての法制度的な話をしていただく前に、話を戻すようであれですが、今日本でなぜ議論が下火になってしまったのかについて、金敬得さんとの縁のある張さんに話してもらいたい。恥ずかしいのですが、ニューカマーの私がこの問題に関心を持ったのは遅いタイミングでした。

　今の日本社会の排他的な雰囲気から考えた時に、よくも 1980 年代から 1990 年代後半にかけて外国人地方参政権付与法案が出たなと思うのです。後から簡易国籍取得法案が対抗立法として出されましたが、どうしてあの時はそこまで行ったのか。今でも本テーマについて議論しようとしたら「ほしいなら帰化したら？」とか「いやなら帰れ！」と言われがちですが、実は今に始まったことでない。田中宏さんが以前敗戦直後旧植民地出身者の選挙権を凍結した経緯について書いていますが（「特別永住外国人の国籍取得問題」『法律時報』73 巻 11 号」）、当時の議会制度調査特別委の清瀬一郎は、200 万人を超える彼ら（ほとんどが朝鮮人）に選挙権を認めると、天皇制の廃絶を叫びかねず、天皇制護持に否定的な影響が出ることを恐れたと言っている。要するに、外国人に参政権を付与することへの消極的なスタンスは根が深いわけです。

　でも 1990 年代後半には、1995 年最高裁の判決が追い風にはなったが、実際に法案が上程され議論が本格化することが起きた。失敗はするわけですが（そ

『エトランデュテ』第2号

の背景については前述の樋口論文を参照)、当時の状況について何かご存知の
ことがあったらお願いします。

張　民団の地方参政権獲得運動について振返ってみると、大きく二つの時期(挫
折)に分けることができると思います。

　在日コリアンの人権白書(明石書店)を見ますと、民団は、1987年には定
住外国人の地方参政権獲得運動に言及しており、94年には地方参政権獲得運
動を全国的に大展開していきました。

　地方参政権問題の流れとしては、91年問題(在日韓国人三世以降の在留資格
問題等)における協議の中で、91年1月10日の韓日外相覚書において韓国側
からの在日韓国人に対する地方参政権の付与の要望が記載されました。その後、
95年の最高裁判決により、定住外国人に対する地方選挙権付与についての法
律的なハードルは撤廃され、98年10月8日の日韓共同宣言では、日韓の両首
脳が、「在日韓国人が、日韓両国国民の相互交流・相互理解のための架け橋と
しての役割を担い得るとの認識に立ち、その地位の向上のため、引き続き両国
間の協議を継続していく」ことを確認しています。その後、外国人参政権付与
の動きは加速して行き、ついに、2001年3月には、自民・公明の連立与党が永
住外国人への地方参政権の付与法案と届出による国籍付与の実現に向けて調整
したところまで来ましたが、残念ながら、その後の小泉内閣によって法案が成
立することはなかった。先日、お亡くなりになった野中広務さんは、自民党で
ありながら積極的にこの問題に関わっていただいたのですが、そのような方が
政権与党にいても、法案を通すことはできなかった。外国人の地方参政権の獲
得は相当難しいと現実を認識させられました。これが第1の挫折と言えます。

　やはり、政権与党をがっちりとらえないと法案の成立は難しいということで、
次に、2009年の民主党への政権交代の流れに乗って、在日社会では地方参政
権獲得運動の大きな盛り上がりを見せ、民団は地方参政権を推す民主党及び公
明党を全国的に支持する運動を行いました。当時、小沢一郎(民主党幹事長)
さんは，韓国でも外国人地方参政権法案の成立に尽力する事を約束していて、

12

10年には鳩山内閣で、外国人地方参政権法案（政府案）提出予定を表明しており、同法案は小沢一郎さんが中心的役割を担っていました。しかし、11年には有名な陸山会事件というのがありまして、これで小沢一郎さんは政治的な求心力を失って、そのあおりをくらって、外国人地方参政権法案もうやむやになってしまった。その後、11年末、慰安婦問題に関する日韓協議が決裂したり、12年には李明博大統領が独島に上陸したり、はたまた天皇に対する謝罪要求発言をしたりと、日韓の関係がかなり険悪になって、外国人地方参政権は完全に期待できなくなった。これが、2度目の挫折と言えます。

　何故、二度も盛り上がりを見せても法案成立にまで辿りつけなかった理由がどこにあったのかを考えますと、95年最高裁判決が出て、立法すれば問題ないと言うことで、法律的な問題がクリアされた以上、残るは、政治の問題であり、単純化すれば、政治の力学の中で多数決を得られないと法案の成立まではたどり着けないという現実があったと思います。

　ヘイト解消法案が超党派で成立するに至った経緯を振り返ってみると、日本と韓国の仲がいいだけでは，外国人地方参政権を成立させることができない、外国人地方参政権については、民団と政権与党とが協働するだけでは成立させることができない、もう一つ高いハードルがあったと思い知らされる訳です。先の衆議院議員選挙では、希望の党の問題で、小池都知事が明確に外国人地方参政権に賛成する人は希望の党に入れないと発表して、外国人地方参政権が変な注目を浴びましたが，堂々と小池都知事が外国人地方参政権反対を唱えられる現実を見ても、外国人参政権に対する反対感情の強さと言いますか、在日社会が味あわされた日本社会の闇の深さに真の理由があるというところでしょうか。

柳　今2回のチャンスと挫折があったとおっしゃいましたが、民団の中で一回目の挫折の反省点を2回目にどのような形で生かしたのでしょうか。

『エトランデュテ』第2号

張　一度目の挫折から得た反省点を二回目の運動に役だてることができたかについて、私は民団の執行部がどのように考えたのかを詳しく知る立場にないのですが、やはり、政権与党の賛成がなければ法案成立が難しいということは、一度目の挫折からの反省からの着眼点があったのだと思います。本来，民団という団体は、日本の主な政党にはちゃんと顔を利かせている団体でした。しかし、2009 年の民主党への政権交代の時は、このチャンスを逃せば法案の成立はないとの考えで、国政のレベルでは自民党とのつながりを切ってまで、民主党を応援するという全国的な運動を展開し、民主党を政権与党にしました。そこまでは良かったと思いますが、結果として、民主党政権で外国人地方参政権法案を成立させることができず、今、自民党政権となって、民団は民主党を推した反動がきていて、自民党からは冷たい目でみられており、安倍政権がどこまで続くかわかりませんが、10 年・20 年先はわからないので（笑）、それまでは外国人地方参政権法案を云々するのは現実的に難しいのかなと感じています。

柳　また 10 年、20 年待つのでしょうか！民主党政権の時ツルネン・マルティ参議院議員が一応動いてはいたが、今や白眞勲議員だけとなった。張さんは、最高裁判決が出て理論的にクリアされ政治的次元に入ったので、政権与党が動かないとダメであるとおっしゃいましたが、樋口さんが前述の論文で 90 年代の挫折の原因について整理されていますし、事前に我々に送ってくれた、ヘイトスピーチ関連文書では、ヘイトスピーチ勢力に対する「カウンター」の存在について触れておられますが、その辺を踏まえてもう一度整理していただけますか。

樋口　戦術レベルでの話はあると思いますが、それ以前に日本の特徴をいくつか挙げることで、問題をクリアにできると思います。第一に、外国人参政権という政策問題が外国籍の方の要求で始まったことは、世界的に見てもあまりありません。外国人参政権は基本的に為政者の発想で法制化するもので、よくい

14

えば包摂が必要だとなり、悪く言えば放置しては危険ということによります。日本の場合、最旧植民地出身者が自らの補償問題として提起したことは正統性を与える要因だったのですが、困難を招き寄せることにもなったわけで、これについては後述します。

　第二に、他の国で外国人参政権が実現に至らない場合、おおむね司法に起因する問題となります。政治的にはクリアしたけれども憲法違反であるとなる場合で、典型的なのはドイツ（ギリシャのように逆の例もないわけではない）。日本の場合、1995年の最高裁判決で憲法上の問題はクリアされたことになる。しかし、希望の党が入党の条件として外国人参政権反対を提示した例が示すように、政治的な反対論が過剰に流布しています。外国人参政権が実現したときの影響論が出てきたのが2000年代半ばなんですが、実際には影響なんてない。算数程度の計算ができて、人間の行動について普通の想像力さえ持っていればわかるはずなんですが、そうならない。外国人参政権によって日本が乗っ取られる、危険であるなどという議論が力を持ってしまうのが、1つの大きな特徴です。

　第三に、そうなっている大きな原因は、東アジアの構造にあると思っています。旧植民地出身者の地位の問題は、本来日本政府が主体的になんとかすべきです。しかし、この問題はずっと日韓関係によって処理されてきており、外国人参政権も例外ではない。また、民団が参政権を求める一方で、総連は否定してきました。それを利用する形で起こったのは、外国人参政権付与における朝鮮籍外しであり、自自公連立協議の際に公明の冬柴鐵三が外国人参政権を持ちだして、自由党の小沢一郎も賛成した。自民党の幹事長は森喜朗だったんですが、彼は根性がある右翼じゃないので、空気を読んで反対はしない。その時に小沢さんが、朝鮮籍の人まで入れるのは国民の理解が得られないと言って、朝鮮籍外しが既定路線になりました。

　これは何を意味するのか、外国人参政権を日韓関係に還元することになる。推進派議員の1人として、民主党の中野寛成さんがいますが、彼は元々民社党で日米韓台の反共協力の一環として外国人参政権に関心を持ちました。そうい

15

う人は朝鮮籍の人の参政権を認めたくない、だから朝鮮籍の人を外す法案が出たときに、「しめしめと思いました」と言っています。特別永住者に対する戦後補償的な意味合いがあった法案なのに、朝鮮籍の人を外すことで性格が曖昧になった。日本に住む住民の権利の問題であるはずのものが、植民地の清算の問題になり、朝鮮籍の人を外すことでそれも曖昧になった。その結果、外国人参政権は東アジアの国際関係の従属変数になってしまったわけです。その延長で、外国人参政権によって離島が乗っ取られるという与太話が、昨今の日中関係から生まれてしまう。何世代も経ているのに解決の見通しがたたないどころか、政治的には1995年の最高裁判決以前の状態にまで戻ってしまいました。

柳　外国人参政権問題が日韓関係、植民地清算問題へ問題の次元が移ってしまった。そして、東アジア地政学の呪縛にはまり、参政権を与えたら過疎地域が乗っ取られかねないという議論が横行する。実は去年授業で日本人学生から同じ趣旨の質問を受けてたじろいだことがあります。確か韓国にいる日本人友人から初めて地方参政権を行使した時「コミットメントがもたらす帰属感」でどれだけ感動したか聞かされた話をしました。そして、人間は立場や境遇によって複数の自分を持つことができるという平野啓一郎の「分人」概念を紹介し、外国人でありながら日本の住民であることは十分両立可能であると答え、危うく「難を逃れた」ことを覚えています（笑）。

樋口さんがおっしゃったように、昔からいる異邦人を編入し包摂していくという発想や議論が出て来ないのはなぜなのでしょうか。その根っこはどこから来るんですかね。

血統主義国籍観と戸籍

樋口　その1つの原因として国籍問題があると思っています。五世になって国籍がないというのは、いってみれば「異常事態」です。

柳　確かに世界的に見ても異常で、例外的な事態です。

樋口　在日の側も、国籍に対するある種の特殊なものがありました。〇〇系日本人（hyphenated Japanese）という考え方がなかったことで、国籍が奪われてしまうと存在が消されてしまうというのがあったわけです。つまり国籍はタブーとまではいいませんが、あまりふれたくないことであった性格はあります。

柳　実は在日の間でも議論がなかったわけではないのです。在日韓国朝鮮人の世代交替と定住化が進んでいた1985年雑誌『三千里』の誌上で、姜尚中と梁泰昊の間で「在日の進むべき道」をめぐる有名な論争がありました。姜は、「方法としての在日」を唱えました。姜は、国籍を取らずに、南でも北でもない、第3のカテゴリーとして自らのアイデンティティを育てていくべきである。日本の精神構造も含めた根源的な転換がないうちに国籍を取ると賤民化の道に通じない保証はどこにもないと主張した。それに対して、梁は、「定住化」が疑う余地のない中で（実際1969年の時点で72％が二世以下）、なぜ我々が外国人扱いされるのか。「朝鮮系日本市民」になるかどうかは過程ないし結果であって、目的とか前提となるものではない。在日朝鮮人が「事実として在日」するのであるからには、国籍をより積極的に考えるべきであると鋭く切り込んだ。でも在日の主流は姜の路線を選択したわけです。

　確かに、樋口さんおっしゃるように、在日にとっては国籍が生活の手段以上の高次の何かになってしまった。自分たちの全てが国籍によって規定されるようになってしまった。その反面、外国人参政権付与という動機が、日本社会で内在的に出て来なくて、日韓関係の枠に閉じ込められてしまった背後には国籍問題がある。先ほど遠藤さんは、日本がち密に国民国家を作り上げていく中で戸籍が使われた。戦後も基本的に同じ構造である。このような理解でよろしいのでしょうか。

遠藤　戦前からですね。日本では、特に民族＝国籍＝忠誠心、すべて備えたものが市民権を持つこと、この図式が国家権力に、社会に共有された。例えば、1899年施行された国籍法によれば、帰化人とその子どもには選挙権が与えられなかった。帰化してもいろんな制限があり、国家権力の中枢に帰化人が入り込むことに対する警戒感が強かった。今日ももし帰化が増えて来たらそれはそれで問題になるはずである。警戒の対象になり、もともとは何々人だったよねと言われるようになる。

柳　そこには「純粋な日本人」というイメージがあると？

遠藤　幻想ですが…。

柳　2年前にある日本人が名前を言えばすぐわかる帰化した実業家が日本人でないと言った時にびっくりしたことがあります。その後梶田孝道が「日系人問題」を扱ったところで、「日本人とは何か」について概念規定が存在しないまま、現実には「血統」「文化」「国籍」「日本語」「日本での長期的滞在」などに着目して日本人のイメージを形成していると言っているくだりを見て、「血統」の不在を言っていると納得したわけです。そして、梶田は、様々な形で「日本人／非日本人」の境界が曖昧化している中で「血統」の優位性が際立つといいながら、日系人の受入れは「血統」を重視する日本のエスニシティの特徴を再確認させるものであると指摘する。遠藤さんの説明と同じ文脈ですね。

遠藤　例えば、アメリカやイギリスのように出生地主義を採っている国では、地縁によって「国民」が出来あがるという考え方で、移民の存在を前提にしている。日本の場合、明治時代に最初の国籍法として「旧民法人事編」が1890年に制定されました。これは未施行に終わりましたが。このなかで血統主義を原則化しています。この時の立案者の説明をみると、「国民」というものは人

種で決まるのであり、それはすなわち「血」である。地縁によって決まるものではない。「国民」という観念は血統によって形成されるのだというものです。

そうした考えの根っこにあるのは、戸籍なんです。日本の場合、国籍法が制定される前から、戸籍が事実上の日本国籍の証明として機能していた。戸籍というのは、何が一番大事な役割かというと、親子の血縁関係を証明することです。だから、日本人の子であれば、その人は日本人である。それは戸籍によって証明される。戸籍というものに載ったら日本人であり、その子どももまた日本人、さらにその子どもも日本人という具合に、代々親子の血縁によって、つまり「血」の繋がりによって「国民」というものが存在し、そして戸籍に載っている者が「正統な日本人」だということになる。帰化した人などは後から戸籍に記載されたわけですから、戸籍を見れば「お前は元〇〇人だな」ということがいっぺんにわかる。

だから、戸籍というものがあるおかげで、「血」を「国民」という共同体のきずなとする考え方がいまだに根強く残っている。

柳　となると、日本で内在的に外国人参政権付与動機、外国人を包摂するという発想が生まれることは期待しにくい。外国人を受け入れて、在留資格別に働いてもらってやがて帰ってもらう。長くいるようだったら国籍を変えって中に入ってもらう。長くいて国籍を取得しないケースは歓迎されない。これの繰り返しですかね。なかなかもどかしい話になりました。

市民社会の現状

樋口　遠藤さんの本で面白かったことの1つは、戸籍の規範的意味についてふれたところです。静態的な制度である戸籍は管理の手段としては役に立たない、住民登録の方がずっと重要だが、日本のあり方を示すものとして戸籍は重要である、と。そうした側面を考えると、現実的な解決が難しくなるところがあり

『エトランデュテ』第2号

ます。韓国が戸籍を家族登録籍に変えたのは、共和制だからできたのではない
か、日本に天皇制がある限り戸籍制度の廃止と包摂的な国籍法への変更は難し
いのでは、となってしまいそうです。私は、日本も共和制にした方がいいと思
いますが、実際にはほぼ不可能なので解決が遠のいてしまう。

　では現実的な解としては何があるのか。日本の市民社会は、外国人参政権に
反対ではないんです。世論調査をやると、参政権に関しては賛成の方が多く、
夫婦別姓よりも賛成が多い。ですから、市民社会のレベルでは決着がついてい
るともいえるのに、なぜ政治が拙劣な反対論を弄して問題を放置するのかと思
います。しかし、政治のどうしようもなくこんがらがった部分をなんとかすれ
ば、戸籍制度までの見直しまでいかなくても外国人参政権は実現しうるとも考
えられるわけです。

柳　統計上外国人地方参政権付与に賛成が多いとおっしゃいましたが、となる
と少数の反対の声をどう静まらせるかですかね（笑）。

張　世論調査とったら、外国人参政権反対派が多数上回っちゃうんじゃないか
という危機感はありますよ。

樋口　それは違います。

柳　私もどこかの統計を見たのですが、半分以上が与えることに賛成していま
した。

張　例えば、日韓間の世論感情にこの地方参政権の問題を押し込めるようなア
ンケートのとり方をしたら、慰安婦合意についての考えを聞いたあとに、在日
韓国人に対して参政権を与えるのはどうですかみたいな質問だったりすると、
今、慰安婦合意に関連して韓国をどう思いますかという質問に対する世論調査

では 8 割ぐらい韓国はけしからんという結果が出るので、いわゆる反韓なり嫌韓なりというが感情が大きくなると、地方参政権でも賛成世論を取るのが難しくなるのではという危機感があります。

それこそ、少数の反対の声の中には、外国人が地方参政権を持つと外交上の脅威となるとか全く意味のないデマみたいな意見もあり、なかでも、2000 年代から、在特会などヘイトスピーチをする人たちの勢力が目立つようになってきて、外国人地方参政権の成立に対しても、すごく難しい問題をはらんでるなというのは、ひしひしと感じますね。

柳　樋口さん、今張さんからやや懐疑的な発言が出ましたが、私は別の観点から日本の市民社会に対して懐疑的な部分があるんです。日本の市民社会、NPO たちは、外国人をかわいそうな人で助けてやらないと思っていますが、他方でいずれ帰ってもらう人々であって、自分たちと同じ社会の構成員となる対等な存在として見ていないような気がするのですが…。

樋口　ナチュラルな感覚として、日本で育って永住資格を持つ、あるいは単に永住資格を持つ人に参政権を認めるべきかと聞けば、是と答える程度に普通に受け入れられるものです。だから私は、市民社会よりも政治の領域での歪みを反映する問題だと思っています。その意味で、日韓関係がどうにかなったところで変わるほどには、日本の市民社会は脆弱ではないということです。

張　その市民社会の声が国に届かないということですかね。

樋口　ただ、世論がプラスに向いていたとしても、この問題を熱心に考える人はほとんどいません。だから熱心に考えさせるような仕掛けをしない限りは無理です。

『エトランデュテ』第2号

憲法学と地方参政権

柳　そこは案外深刻な部分がある。例えば、先進国の中でほぼ唯一、日本は、国際人権（自由権）規約をはじめ、拷問等禁止条約、人種差別撤廃条約、女性差別撤廃条約などにおけるすべての個人通報制度について、制度を規定する選択議定書を批准せず、あるいは条約中の個人通報条項の受諾宣言を行っていない。でも日弁連を除いて、関連学会をはじめとして問題視する向きは弱い。外国人問題以前に日本人の人権にかかわるんですけど。

　さて、憲法学でも1995年最高裁判決が出てから理論的にクリアされたと言われましたが、そこで宮地さんに伺いますけど、このような閉塞感を脱するには憲法学の議論を変える必要があるのではないでしょうか。1992年山下健次は、外国人にも保障される人権の範囲と程度に関して、a）憲法と無関係な純粋立法政策、b）憲法の趣旨から望ましいが、排除しても違憲ではない、c）その実現が憲法の規範的要請であり、排除は違憲の評価を受ける、の3つの理念型に分け、定住外国人について平等原則からc）の妥当する範囲を検討（拡大）することが重要である。そのためには違憲判断を受けない程度に法制度改革をとどめておくことからいかに脱却するかが問われると強調した。（「外国人の人権」『ジュリスト』No.1000,22頁）私が目にした宮地論文はまさにc）の方向にあるように思われたのですが、現在日本人口の1％に値する130万人の定住外国人が、樋口さんのいう民主主義の実行から排除され続ける（「民主主義の欠損」）状態について憲法学からおかしいとはならないものですか。

宮地　議論としては90年代から既にあるんですね、憲法と外国人の参政権の関連というのは。柳先生に整理して頂きましたけれども、考え方は三つに大きく分かれます。一つは国民主権という憲法の原理から外国人に参政権を与えることは憲法では許されないんだという考え方。これは禁止説と言います。第二に最高裁判所が95年判決にとった考え方は、べつに禁止してはいない、与え

ることは差し支えない。ただ、与えるか与えないかは法律で決めることであって憲法は必ずしも与えなさいとは言っていないという考え方で、これは許容説といいます。三つ目が、そうではなくて憲法は一定範囲の外国人には選挙権を与えなさいと命じている。逆に言うと、与えない法律は憲法違反になってしまうという考え方で、これは要請説と呼ばれます。さらに国政レベルの選挙と地方公共団体の選挙の二段階があって、通説判例の考え方は、地方公共団体に関しては95年判決で言うように許容説、つまり法律で与えるのはかまわないけども、憲法で与えなさいとはいっていない。与えなくてもかまわないという考え方です。逆に国政については禁止説、つまり国民主権の原理から外国人に選挙権を与えることは憲法上許されないという考え方が最も通説的で、95年判決も基本的にはこの考え方に立っています。

　ただ、従来から選挙権については非常に議論があり、大きな考え方として国家を出発点にして、この国家の政治に参加する権利があるのは誰なのかという発想、つまり国家を中心とした発想と、そうじゃなくて選挙権や参政権を一種の人権と捉えて、人間は本来全ての権利を持っている、だから当然政治に参加する権利も持っている。では、今目の前にいるこの人は、どの国に対してどんな参加の仕方をする権利があるのかという、人から考える考え方があります。これは選挙権の人権説とよびます。

　私が91年の論文、そして法律時報の論文に書いたのは、人間を中心に考えようとする考え方です。先ほど95年判決以来問題が政治化して、国際関係、例えば日韓関係がこの問題で大きく影響を及ぼすようになったというお話がありました。国家を中心に考えるから、そういう現象が起きてしまう。我々の議論もそういう風になりがちです。でも、憲法学界である程度根強くある考え方は、人権というのは人間から出発して考えなければならない。例えば、永住権を持って日本に住んでいる韓国籍の人は、一体どこの国の政治に参加する権利があるのか、どこの地方公共団体の政治に参加する権利があると考えるべきなのか。

こういう考え方に立ちますと、例えば海外に住んでいる日本国民だって、日本国民である以上日本の政治に参加する権利があるべきだという主張があります。これは実際裁判にもなって、最高裁にも認められました。でも海外に住んでいる日本国民が日本の地方公共団体の政治に参加するべきなのか、そうではなくて、現に住んでいる地方公共団体の住民なんだから、そこの選挙に参加するのは当然じゃないのか。こういう観点から、憲法学界でも、地方公共団体の選挙に関する限りは、国籍にかかわらず、自分が住んでいる地方公共団体の選挙に参加する権利があるはずだという考え方が根強くあります。

憲法の条文を見ても、日本国憲法は93条2項で地方公共団体の選挙に関する限り、住民が選挙権を持つと書いてある。最高裁判所はそれを国民主権の原理から解釈して、あくまでその地方公共団体に住む日本国民という意味なんだという解釈をしたのですけれど、常識的な考え方としては、一人一人の人間がどこの地方公共団体に参加する権利があるべきなのかと考えたら、今自分が住んでいる地方公共団体だという以外の答えはあり得ないわけであって、そこから必然的に国籍にかかわらず、自分の住んでいる地方公共団体の選挙権が憲法上要請されるという結論が出てきやすい。

問題は国政の場合で、憲法学界では、国政選挙の場合にも国籍に関わらず永住資格を持っている外国人、あるいは長期にわたって住んでいる外国人には国政選挙権があるんだという主張も当然あります。これは、選挙権や参政権の本質、なぜ国民は国の政治に参加する権利があるのかという議論に由来します。それは元をただせば、国政は自分たちの問題だからです。国政の決定が自分に降りかかってくる。この国が政治を誤れば自分の生活が破滅する。だから自分の運命、自分の人生を左右する問題については自分が発言権を持つべきだという、自己決定の論理。そこから国民主権という原理が発達してきたはずです。

そうすると、ある人がどの国の政治に参加すべきなのかといえば、その人の運命を左右する権力を持っている国家の政治に対して参加権があるはずだ。こうなると、複数の国家に参政権があってもいいんじゃないか。この場合当然、

ナショナリズムの立場からは利益相反の可能性、二つの国家が対立したらどうするのか、という問題が出てきます。でも考えてみると、企業の意思決定の場合であれば、同業のライバル企業は利益相反ですけれども二つの企業の株を持っていて、両方の株主総会に発言権がある株主がいてもなにもおかしくない。それは出資という資本関係を通じて企業の影響を受けるからです。その企業が倒産すれば自分が出資したお金がパーになる、という関係があるから2つの企業に対して株主として発言権を持つのは当たり前です。となると、2つの国家に自分の運命を左右される人間は2つの国家に発言権を持って当たり前じゃないかという議論もありうる。結局、外国人選挙権の問題は、国を中心として考えるのか、それとも選挙権は権利だから権利を持っている人間、一人一人の人がどの地方公共団体・どの国に対して発言権を持つのか。この議論の方向性によって結論が違ってくるんです。

樋口　実は法律論だけでなく運動にもそういうところがあり——後で民団の立場から反論していただきたいんですけどね——国に紐付けされてしまったところがあると思います。民団は地方参政権は日本で、国政参政権は韓国でといっていますよね。これは日本の憲法上の制約とかそういうによるのではなく、民団という組織の体質を示しており、参政権を求める論拠を脆弱にしてしまうと思います。

柳　私も国政選挙権を与えられた時には複雑な気持ちでした。順序が逆ではないか。特に本国の事情に疎い在日にとっては本当に意味があるのかなと思ったのです。

宮地　一般論で言いますと、法律改正というのは結局、必要に迫られてやるというのが実はほとんどなので、必要が生じるとその方向に向けた法律の制定や法律の改正が行われていきます。例えば地方参政権の議論でいいますと、議会

『エトランデュテ』第2号

の選挙ではなくて住民投票のレベルがあります。いろんな地方公共団体で、住民投票で物事を決める条例が作られていますが、かなりの地方公共団体がすでに外国人住民に投票権を認めています。総務省も、それが知事や議会を縛るものでさえなければ、国民主権と矛盾しない、外国人が参加しても構わないというのが一応従来の総務省の見解で、実際最近半々くらいですかね、外国人住民に投票権を認める条例と認めない条例というのは。

　実際に地方自治体レベルでは、地域によっては外国人住民が相当大きな割合を占めていて、外国人住民の意向を無視して地方公共団体の行政をやっていくのはあまりにも非現実的になっています。地方公共団体の公務員も議員も日常的に外国人住民の問題を取り扱っているわけです。そうすると必要に迫られてそういうものが作られていくのであって、だから地方から始めるというのは、戦略的にも現実的にもそれは当然のことで、地方の方がそういう必要に迫られやすい。そうすると、1つのブレイクスルーとしては、日本全国で認めるのではなくて、たとえば公職選挙法の改正で、地方が独自に一部の地方公共団体に、特定の公共団体に限って外国人住民選挙権を認めるというのも、これは法律改正しないと無理ですが、中間段階としてはありうるのかも知れません。

柳　地方から住民投票という道があるのではないかという議論が出ました。それとの関連で、樋口さん、ヘイトスピーチの制定過程から何か参考にできる、現状を打ち破る何かはありますでしょうか。

樋口　地方というのは有力だと思っていて、そのため地方市民権と言ったりしていました。なぜ有力なのか、政治的な意味です。民団は、国政に踏み込むことは避けたい。政治の側も、国政参政権の問題は避けたい。自治体は地方参政権に積極的である、司法は比較的積極的ともいえる。その意味で、難しい問題に入り込まず、相互に共有できる部分を作る知恵として、地方市民権と掲げたらどうかと言ってきました。これは、自民党の長期政権が続いて事態が動かな

い日本でのある種の知恵ですよね。公害問題でも上乗せ横出しの条例を作って法の不備を補ってきたわけですし、民団も地方議会の意見書を参政権要求の有力な論拠としてきたわけです。

ただ、今懸念すべきは、国の意向で地方が豹変したことです。鳩山政権の時に、自民党の指示により35県議会が外国人参政権反対の意見書を採択しました。市町村はそこまで手は回っていないのですが、それが今の政治的な現実です。

そうした状況のなかで少しヒントになると思ったのは、ヘイトスピーチ解消法の事例です。両方を比べてどこが大きな違いかというと、日本の市民社会からの助太刀の有無ですね。民団は、外国人参政権について孤立無援で取り組んでいると。まあ、これは正確ではなくて民団は外国人参政権訴訟に対して冷たかった歴史があるのですが、取り組みが動き出してからは確かにそうです。ただ、その取り組みが民団的やり方と私はいっていますが、集会、議員への働きかけといった半制度的な訴え方しかできないんですね。これでは他者を動かすことはできません。

ヘイトスピーチ関連のことが注目を浴びるに際して、直接行動をしたカウンターがたくさんいたことは決定的に大きいです。ヘイトスピーチ関連の記事で朝日新聞（2013〜16年）に登場した回数は、民団が4回なのに対してカウンターは25回取り上げられるわけです。こうした市民社会の動きは無視できない影響を持ちました。それを踏まえてあえて言うならば、大量の拒否者を出した指紋押捺のような問題にする。それにより、ヘイトスピーチのように日本の市民社会がおかしいと思うような——民団ができることではない気がしますが——問題提起が必要となるのではないでしょうか。

柳　民団も現在代表性がだいぶ落ちていますが、従来の民団のやり方では駄目との指摘がありました。私は外国人団体同士の連携が必要ではないかと思うのですが、なかなか難しい。現在中国人人口が最も多くなりましたし、ベトナム、

『エトランデュテ』第2号

ネパール人口が急激に増えている中で、外国人連合ができて団結して運動できたらインパクトがあるのではと考えたりするのですが…

樋口　どの国もそうですが、移民一世の時代に当事者が参政権を求める運動を起こすのは無理です。この国で生まれ育ったにもかかわらず、参政権がないという状況にならないと、要求する主体がでてきません。一世の時代に外国人参政権を考えるのは為政者側なんです。ですから、中国籍の人達が警戒的だというよりは、まだそういう認識がないのだと思います。川崎市が外国人市民代表者会議の代表者を公募したときに、第一回目の応募比率がもっとも高かったのは中国籍でした。これは川崎には新中間層の中国籍の人が多くて、参加に対する関心が高いことによります。ただ、自ら要求するような問題として参政権を考えるわけではないので、具体的な動きにはならない。もう1つ難しいのは、日本の場合は戦後補償の問題として外国人参政権が組み上げられてきたので、在日コリアンの問題として出てくることですよね。だから、現状を突破するのであれば日本の市民社会を動かすことを考えた方がよいと思います。

柳　張さん、民団の新団長の選挙公約に地方参政権獲得が含まれていますよね。

張　地方参政権自体は、民団は活動方針から外すことはなく、当然これは獲得したいというのが変わらない目標になります。

　先ほど樋口先生からご指摘のあったヘイト問題について、私は民団で人権擁護委員会に所属していまして、ヘイト問題について民団がどう対応すべきかとの議論になったとき、民団が率先して前面に立ってやろうという意見もたくさん出たのですが、ヘイト問題の本質を考えたとき、民団が前面に出て闘うのは控えようという結論になりました。

　ヘイト問題の本質は、ヘイトスピーチという醜悪な表現行為を日本国内で許すのか否か、まさに日本社会が直面する問題であり、当事者は日本人なんだっ

ていうことを認識してもらうため、あえてヘイト問題では民団は直接の当事者にはなりませんでした。民団としては、地方公共団体等に働きかけて、ヘイト解消法案成立を求める議決を出してもらう。そういう、サイドから援助することがヘイト解消法案ではうまくいったというのは、先ほどの議論を聞いて、民団が後ろでよかったなと改めて思いました。

これから民団が地方参政権の問題に取り組んでいくとき、どのようにして日本の市民の支持を得るかという問題は、従来からある問題ですが、改めて真剣に考えていかなければならない問題です。

地方参政権獲得運動が大きな盛り上がりを見せた 1990 年代からすれば、今はオールドカマーの数もすごく少なくってきて、民団の組織としての強さが徐々に失われているのが現状です。民団の組織力が将来的にどれだけ維持されるかどうかの問題とは別に、民団の政治力っていうのはやっぱりあるんですね。昔から培われてきた国会議員や地方議員や首長らとのパイプが。それを地方参政権の問題のなかでどうやって生かせるか、民団が一翼を担っていかないといけない部分です。

当然、民団だけが運動をやっても、なかなか成立までにはたどり着けないので、どういう方向性で民団が日本の市民社会に訴えかけるべきかという点で考えると、民団が国際社会にこれらの問題を訴えかけるという手法があります。ある問題を国際社会に訴えかけることで、国内で問題の解決を実現するという手法をブーメラン効果といいますが、国際社会に訴えることで、日本の世論を喚起するということです。そうやって国際的に訴えかけるという方法も試しつつ、外国人参政権の問題を日本社会と共同してどのような運動を展開するのか、それが民団に課せられた課題なのだと思います。

さっき樋口先生がおっしゃったように、国籍に結び付けて、国政は本国、地方は住んでるところっていうことだと、運動論として理論的に弱いという指摘があっても、在日の心情としては難しいところがあります。在日の国籍に対する思い入れというのが、民団を見ると、所属している人には一世・二世が多い

ので、国籍に対する思い入れに自分のアイデンティティを重ねる人たちが多い
ですから、そういう人たちにとっては、どうしても最後は本国と繋がっておき
たいところがあると、国政は本国，地方は日本でというのが理論的にも収まり
やすい。まさに国籍を前提とした議論に縛られてることを自ら認めることには
なるんですけど。

柳　普通の日本人からすると、両方行使することができるのは「いいとこ取り」
に映りませんかね。

樋口　私は両方持っていていいと思います。ただ、極めて素朴な発想からすれ
ば、地方と国政とどちらの参政権がもらって嬉しいかといったら、国政に決まっ
てるじゃないですか。地方の政治家なんてよく知らないし、テレビに出てくる
のは国政の政治家ばかりだし、メディアも国政選挙の方をずっと重視するわけ
ですし。地方参政権だけほしいですというのがどれだけ説得力を持つか。人と
して政治に参加するときにどちらがいいかとすれば、圧倒的に国政じゃないで
すか。昔は、下町は国政選挙の投票率が低くて地方選挙が高いといわれていま
したが、国政より地方の方が大事なんていう下町はもうノスタルジーの中にし
かなくなりつつあります。それならば、国政選挙に人間として参加すべきとい
う論として立てなければ、在日コリアンのなかで切迫した問題というか、意味
ある問題と捉えられないと思います。

柳　国政のレベルだと議論のレベルが違ってくるし、たちまち反対が多くなる
はずですけど。

宮地　地方政治への参加志向が高い所も当然ありうるだろうし、例えば沖縄な
んかを想像すると当然そうだと思うんですよね。地域性が非常に強くて、その
地域の政治が、自分たちの生活に密着しているというところでは、地方の選挙

権ほど欲しいというところが当然ありうるし、おそらく現実にあるでしょう。で、私がさっき言ったように1カ所でとることが突破口になります。1カ所で認めて、他で認めないというのはできないですからね。だからそういった、必要に迫られた状況を作り出すという点では、地方参政権が突破口になる。もちろんどこの地方公共団体をまず最初に突破口に選ぶかは難しい所だと思うんですけれども、必要に迫られて参政権選挙権を獲得するという観点から言うと、地方の方がむしろ推進力を得られる可能性はあるということですね。

これからどうするか？

柳　時間も迫ってきたので、今後の戦略について考えたい。今オールド・カマーの世代が下っていく現状から考えると、地方参政権を要求していくとともに、国籍取得を合わせて考えていくのは矛盾しないのではないか。私も樋口さんも、二世以下に対する出生地主義の部分拡大を主張していますが、血統主義の根付いている現状が変わる可能性はどうですかね？

1. 出生地主義の部分拡大の可能性

遠藤　非常に悲観的になりますね。戦後日本の国籍法については、いくつか転換点がありましたが、一番大きな転換点となったのは、1984年に父系血統主義が父母両系血統主義に改正された時ですね。

　当時の法務省の責任者が立法趣旨として書いたものを読むと、出生地主義を取り入れようという考えは全くない。すでに1980年代になって、インドシナ難民が大量に入ってきており、難民条約にも加入した後であるし、まだバブルの前ですが、ますます日本のなかに"国際社会"が生まれつつある時期であった。しかし、当時の官僚の認識は、日本は狭い国土に膨大な人口を抱えているから、今後も移民を受け入れる余地はない、移民社会になることはない、とい

『エトランデュテ』第2号

う前提に立って、血統主義を維持することに全く疑問を提示していないんです
よね。

　だから、外国人参政権の問題が出てきたその裏返しの問題として、日本が一
貫して、先進国ではめずらしいほどに、ほぼ単純な血統主義を維持してきたこ
とがあります。例えば5年なり10年なり合法的に滞在している移民の二世に
は日本国籍を与えるとか、国籍取得に出生地主義を加味するという考えが法務
省の議論などをみていても、おそろしいほど出てこないですね。

樋口　在日コリアンについては、国際結婚が増えているから国籍法を変えなく
ても人口学的に解決されるだろうというものですね。これは、1977年に法務
省の官僚だった坂中英徳が、「在日外国人の処遇──今後の出入国管理行政の
あり方について」という論文で展開しています。彼は当時は開明的というか合
理主義的な人で、朝鮮籍の人も含めて同じ永住資格を認めるべきだとしていま
した。ナショナリストとして、そうでなければおかしいという意味で。ただ、
国籍については日本人と結婚することで子どもが日本国籍になるから、数世代
のうちに解決されるだろうという、非常に古い同化主義者的な発想で、それは
変わっていないのですが。そうした彼の予言は、特に1985年に施行された国
籍法改正で加速したわけですね。

柳　確かに加速したとも言えますが、日本の法務省はある時期まで在日の自然
解消を予想していたふしがあります。いずれにしても出生地主義の部分拡大は
難しいのですかね。

宮地　私はさっきから法律改正は必要性に迫られてやるものだと言っています
が、実はドイツもかなり強硬な血統主義で、ドイツ人の血というものを重視し
ていた国なんです。先ほど出てきたドイツの国籍法改正も、これはヨーロッパ
統合からくる必要に迫られて行われたもので、日本も例えば外国人労働者をか

32

なり入れるようになって、さらにそれが長年継続して必要に迫られれば考えられます。おそらく最初は国籍取得要件の緩和という形で始まるだろうと思いますし、戦術的にもそれが一番いいと思うんですよね。つまり「帰化」すなわちあとからの国籍取得の要件が、現在ではとても厳しいんですけれども、これだけ日本に住む外国人が増えてくる中で、日本国民、すなわち現に国籍を持っている人のなかでも、外国のバックグラウンドを持った人たちがたくさん出てきて、スポーツや芸能のように人目を引く世界でも活躍するようになってくる。そうすると日本に住んで日本で活躍している外国出身者に後から日本国籍を付与することに、おそらくだんだん抵抗がなくなってくるし、必要に迫られてくる。国籍取得の要件緩和も遠からず私は必要に迫られるようになると思います。

遠藤　帰化の要件の緩和すべきところというとどこになりますか、居住期間でしょうかね。

宮地　居住期間もそうですし、あと生計要件もそうです。ただ、日本の場合帰化の要件が相当ブラックボックスになっている部分があります。法律に明記されている条件を満たしたら必ず国籍が取れるわけではない。あくまで行政庁の裁量処分ですので、帰化を認めるか認めないかは最終的には法務大臣の裁量的判断になってしまうんです。

柳　現在高度人材に対してスコア制が導入されて、1年でも永住権が認められることになった。たったら参政権が認められたらどうなるのか。日本人との共生という観点がどれくらいあるのか。宮地さんのおっしゃる「必要に迫られる」事態は本当に来るのか？

樋口　永住に関しては事務上の緩和は実質的に行われています。何度も在留資格を更新する事務的手間をかけるよりは、その人員を他のことに使いたいと

いうことで、2000 年以降は永住手続きが大分簡単にできるようになりました。その延長で帰化の要件を実質的に緩和するという考え方はあると思いますが、裁量帰化の枠組みが続く限り問題の解決にはならないと思います。

柳　宮地さんに一つ伺いたいのですが、「子どもの人権としての国籍」という立て方はあり得ないのでしょうか。確かに国際人権規約や児童の権利に関する条約を見ても国籍を「取得する」権利しか謳っていない。世代が下った場合現地国の国籍が権利として「与えられる」べきという議論の仕方についてはいかかでしょうか。

宮地　子どもの人権という議論自体はあるんですが、そこに国籍を含めるという考え方はかなり少数であると思います。というのがここでも、国を中心に考えてこの国の国籍を得るべきなのは誰なのかという発想と、それから人を先に考えて、すべての人にはいずれかの国籍がある、この具体的なこの人物はいったいどこの国の国籍を持つ権利があるのかという、権利としての国籍という考え方があって、従来は、人間が生まれながらに持っている前国家的な人権、信教の自由とか表現の自由とか思想良心の自由とか、つまり国家の有無と関係なく人間が人間である以上当然持つべきだという人権、すなわち基本的人権と、国家が成立してからでないと出てこない権利、後国家的人権という言い方をしますけれども、選挙権がその典型で、そのほかにも社会保障を受ける権利、国の制度で社会保障がないと受ける権利も生まれてきません。そのほか教育を受ける権利もそうですが、国家が先にあってそこから与えられる権利、この二つを区別する思考枠組みが憲法学界でも主流だったんですね。ただ、選挙権などを中心に、そうじゃなくて全ての人は政治に参加する権利がある。この人は、どこの国のどこの地方の政治に参加すべきなのかという議論の立て方があります。そうすると国籍についても全く同じ発想が出てくるので、すべての人は当然どこかの国の保護を受ける権利がある。具体的に今生まれたこの赤ん坊にどの国が保護を与えるべきか、逆に言えばこの子はどこの国に保護を求める権利

があるのか、という発想からその国籍を権利論として組み立てていこうという発想もあります。

柳　例えば、今おっしゃったような観点で、4世、5世の親が訴訟を起こすとどうなる？

宮地　すでに非嫡出子の国籍問題では、あのケースではフィリピンで生まれた日本人男性の非嫡出子がその国籍を求めて訴えるというケースでしたが、これもある意味では権利としての国籍という考え方の一つの現れ方ではあります。でも、あの裁判もロジックとしては、国籍そのものが権利だという発想は取ってないんですね、そうじゃなくて、同じ父親の子なのに、この人には与えられ、この人には与えられない、不平等だという発想の仕方をするんですね。だから国籍そのものが権利だという発想はまだ日本の法律学界、憲法学界に限らず、法律学界に根付いていないと思います。

柳　張さん、「子どもの人権」侵害を理由に訴訟を起こすことについてはどう思いますか。

張　人権侵害だということで訴えを提起したら、最高裁までいって負けることもありますね（笑）。まあ，子どもに関する現実問題からすると、以前、シンポジウムで聞いた話ですが、日韓の国際結婚が増えていて、日韓に関係する夫婦の間の子どもの出生数は、92年に約1万2000人位ですが、日本の国籍法は父母両系主義になっていますから、子どものうち約7200人位は一方の親が日本人なので日本人としてカウントされます。これが、2014年になると大体5300人位で、父母がコリアン、片方が日本人の比率は1対2になるので、1800人位しか純粋なコリアンの子どもはいないことになります。逆に言うと、そのさっきの92年時代の7200人は、いま二十歳を超えていますが、国籍選択

『エトランデュテ』第2号

せずに事実上二重国籍の人がたくさんいて、事実上二重国籍の人がこれからも
どんどん増えていく。日韓の関係だけで言うと、生地主義という話よりは、将
来の人たちのことを見ると、二重国籍を素直に認めてもらった方が、議論が
すっきりする。その中で、若い人には二重国籍を認めて、オリジナルなコリア
ンに対しては、簡単な国籍付与というような形で日本国籍になりたい人が日本
国籍を取ってしまうと、結局，法律的な問題っていうのは一気に解消する方向
へ動いてしまうので、外国人の地方参政権云々とかいうような議論の実益がな
くなってしまう。

　だからと言って間違ってはいけないのは、国籍を与えれば、国籍を取れば、
参政権の問題は簡単に解決するので、地方参政権に反対する日本人と同じよう
に、国籍を取得した側から、「アンタ帰化すりゃあいいじゃん」という事にな
れば、在日に対しては韓国籍を放棄しろ、「韓国へ帰れ」って言われているの
と同じ意味なので、その意味で在日にとっては受け入れがたいものがあります。
本当に理想的なところでいえば、二重国籍を認めて、旧植民地出身者と言われ
る人たちが、国籍選択、国籍付与ではなくて、日本の国籍もください、韓国の
国籍も持ちと、これ言うと、なんか、在日はいいとこどりだと言われる可能性
があるんですけれど、それをくださいと、日本の国籍を取れば、国政参政権も
行使できるし、どっちの国の国政参政権を行使しても構わないし、地方は住ん
でるところの参政権を行使すればいいということになるしということで、もう
何の問題もないということなんですが、その実現に至るまでは相当やっぱり難
しい問題があるので、これは理想論に近いところではあるんですけど（笑）。

柳　韓国朝鮮オールドカマーの場合、事実上二重国籍が進んでいる現実に基づ
いたご発言ですね。従来から民団を中心に国籍取得について否定的な雰囲気が
あるわけですが、二重国籍とは、そのタブーを前提とした時に、取りやすいと
いう議論ですかね？

張 既に世代にとって国籍についての見方が変わって来ていると思います。昔と違って、家族として帰化しなくてもいいようになってからは、3,4,5世の場合国籍は個人的なものとしか考えられていません。その意味で国籍取得がタブーではなくなっています。

遠藤 だから、日本国籍を取ることのタブーというのは、結局、帰化に対する抵抗ですよね。だから、出生地主義を取り入れて、在日コリアン同士の結婚で生まれた子でも、親が特別永住者なら出生と同時に日本国籍を取得できる、というような方向に変えることに対しては抵抗はないですよね？

張 それはないです。

宮地 でもこれまで在日コリアンにとって、国籍というのは一つの民族的アイデンティティの役割を果たしてきたところがあると思うんですよね。大体民族のメルクマールっていうのは、言葉であったり宗教であったりするわけですけども、在日コリアンの場合には、言葉だって日本語を母語とする人がほとんどだし、宗教だってコリアンに特有の宗教があるわけではない。そうすると在日コリアンを他の日本人から民族的に区別するメルクマールは何かと言えば、民族名と国籍。これが決定的なものとなってくるわけですよね。かつては日本政府も同じような考え方を持っていて、帰化する時に民族名のままでは認めないという考え方が相当強くあったんですけども、最近は民族名のままでも帰化を認めるようになってきた。そうすると最後に残るのは国籍、この国籍こそが民族のアイデンティティであるわけだから、在日コリアンの方が国籍にこだわるのはよくわかる。そこが民族のアイデンティテだということはよくわかりますよね。

柳 でも在日の国籍への拘りは絶対的ではなく、故金敬得さんも条件がそろっ

たら国籍をもらうことに反対はしませんでした。条件とは、これまでの在日への仕打ちへの謝罪と民族的少数者としての権利保障の2つです。韓国政府は国籍を取得して日本社会の主流に入るように言っているし、私も国籍取得をタブー視する必要はないという立場です。もちろん金さんの2番目の条件が前提ですが…。

遠藤　帰化だと、結局、単一国籍にしなきゃいけないわけですよね。そうではなく、出生地主義にして、ある期間まで二重国籍を認める。日本では22歳まで、またそれ以降だと2年間は二重国籍を保持でき、その間に選択はできますからね。だから、ドイツのように、出生地主義を加味して、その上で条件つきで二重国籍を認める、という方向に行くのが一番、望ましいと思うんですけどね。

張　帰化に対する考え方っていうのは、日本の社会の中で植民地支配責任の解消がなされてない、差別に対する対抗心というものが、帰化へのタブー心を生ませるという側面があります。

　一方で、韓国本国は、在日韓国人を日本人にしてしまいたいと考えているところが多々あると感じざるを得ない。韓国政府は、日本の中でこのような立ち位置におかれている在日の立場をあまり理解していないから、日本人が簡単に帰化しなさいよというのと全く同じとは言いませんが、方向性は同じなんですよね。

　1976年に金敬得先生が最高裁宛に出した請願書のなかの言葉ですが、「朝鮮人差別に心を痛める子どもたちに対して『朝鮮人であることを恥じずに、強く生きるんだよ』と諭してみても、それが帰化した人間の言葉であれば、一体いかなる効果があるでしょうか。日本社会の朝鮮人差別がなくならない限り、私の帰化には、いかなる理由をつけてみても、所詮は、暗い影がつきまとうものなのです」という一文があります。朝鮮人差別がなくならない以上、朝鮮人差別をなくすために弁護士になろうとした自分はおいそれと帰化できないってこ

とです。最近は、目に見えた差別はほとんど解消されているので、だんだん、三世、四世、五世は、差別を受けていると言う感覚はもうなくなってきている。逆に言うと、韓国式の名前の方がカッコイイとかって言われるような時代ですから。そこのところの世代間のギャップはあるんですけど、やっぱり、ヘイトの根底に、日本の社会の根底に、完全な同化を求めるというか、民族的少数者を作ることを許さないっていう流れがある以上、国籍の問題というのは非常に難しい問題ですね。

2. 国籍取得と民族的少数者

柳　法務省は在日の（部分）解消を読んでいると思いますが、完全解消になる前に何かやるべきでないでしょうか？今日本社会が人口減少時代に入っても（定住）外国人の包摂を考えないスタンスが変わらないのは「純血主義に基づく名誉ある衰退」を覚悟しているとみなされて仕方がないことではないでしょうか。樋口さんいかがですか？

樋口　遠藤さんの本に戻っていうと、面白かったことがもう１つありました。明治時代に唯一生地主義が適用されたのは、親がわからない子であったというんですね。つまり、保護する国家がない時に限って引き受けるというんですよね。その論理を思考実験的に適用すると、包摂する国家の存在が強すぎると話がかえって錯綜するというのが、在日コリアンの例だと思います。だから、国家間の関係があまり問題にならないような時ならば、法務省ももう少しプラグマティックに、生地主義的な要素を入れないとまずいんじゃないかとなる可能性はあるのではないか。2000年代に永住手続きの実質的な緩和がなされたのは、事務量との関係でプラグマティックに考えたからです。

宮地　さっき張さんのご指摘で重要だったのは、日本が民族的少数者を作らな

『エトランデュテ』第2号

いという姿勢を貫いてきた。確かにこれまでの日本の各政権、今でも保守層に
そういう考え方があるのは事実です。ただ現実問題として、日本でもどんどん
民族的少数者が出てきている。黒い肌の日本国民だってたくさんいる時代に
なってきますので、そういったときに在日コリアンの問題では、かつてからあ
る考え方ですけれども朝鮮系日本人、コリア系日本国民というカテゴリがあっ
てもいいんじゃないか。私なんかは一貫して人を中心に考えろと言ってる方で
すから、つまり国が先にあってこの国の国民であるべきは誰なんだっていう
考え方ではなくて、一人ひとりの人間が先にあって、この人間はどこの国の国
籍を持つのがその人にとって一番いいのかという発想からは、多様なあり方が
あっていい。国籍が一つのアイデンティティであって、国籍によって韓国とつ
ながっていたい、もちろんそれも一つあり方だし、他方でビジネスの都合上、
日本国籍があったほうが圧倒的に便利だと、自分の民族としてのアイデンティ
ティは例えば民族名によって、いまは残すことが出来るわけですから、それで
日本の国籍を便宜上取得する人があってもいい。つまり人を中心に考えると、
必ずしもカテゴリカルに在日の問題がこう解決されるべきだというイメージで
はなくて、一人一人が、これから生まれてくる人たちが、どの国とどんな関係
を持つべきなのか、そうするともっと多様な考え方があっていい、という気が
私はするんですよね。

柳　ただ民族的少数者、すなわち、hyphenated Japanese を認めることになる
と、少数者としての権利を認めることを意味するので、そうなると、例えば、
日本人とは何かといった、これまでのいろんな前提が問い直されることになる。
宮地さんのおっしゃる個人を中心に考える（べき）という部分は実は今の日本
に一番欠けている部分でもある。

宮地　概念として、実は今日の議論では私はあえてそんな厳密な使い分けはし
なかったんですけれども、「日本人」という言葉は、法律用語でいう日本国籍

を有する者、すなわち日本国民という意味と、民族としての日本人という両方の意味で使われることがあって、だからいわゆる単一民族国家神話と呼ばれるわけです。もちろんこれは日本に限った現象ではなくて、韓国も朝鮮もそういうところがありますし、国民国家と言うときのある程度の共通現象ではあるんですけれども、ヨーロッパでは、そもそも国民国家はフィクションであったという議論もありますけれども、かなり早い段階で現実がそこから乖離してしまった。日本でも徐々に乖離が進んで、もう単一民族国家っていうのはもうおよそ現実離れした発想だ、単なる神話に過ぎないっていうのがかなり浸透してきていると思います。ただ問題は、民族的少数者っていうときに民族グループ、エスニックグループとして日本国民の中に成立するかという問題が別にあります。たとえばアイヌの問題を考えてみればわかりますけれども、一つのエスニックグループがあると言うことと、いろんな国から来た、あるいはいろんな民族的背景を持った人たちが日本で活躍しているという現象とは、ちょっと次元の違った問題です。ただ、ある程度人数が増えてくればそれが一つのエスニックグループとして日本でも認知されていくというのは考えられる現象だと思います。例えば宗教でイスラム教を信仰する日本国民が増えてくれば一つのエスニックグループとなるでしょうし、あるいはコリアンのケースでいえば民族名のままで日本国籍を取得する人が増えてくるとこれが当然一つのエスニックグループとして意識されるようになるだろうと思います。だから私は、あくまで一人一人の人間が多様な生き方を選択したうえで結果的にグループができる、これが健全なありかたであると考えます。

樋口　構造的に難しいです。日本の場合、結婚移民の比率が高いんです。そうすると、結婚した相手の日本人の側に引き寄せてカテゴライズされるようになるので、集団として形成されにくいんですね。これは韓国や台湾でもそうですが、結婚移民だと同化可能性が担保されているので安心して引き受けるというところがあるので、今おっしゃった話は現実的には難しいです。

張　でも、参政権の問題で考えると、やは、国籍を取得していく人は、まさに被選挙権まで持てるわけで、立候補する人が民族的少数者としての意識をどれだけ持っているかという前提はありますが、仮に、定住外国人が地方参政権として選挙権を持ったとしても、やっぱり投票の対象となる人がいなければ、権利の実効性が保てるかっていう話になってくるので、そういう意味では国籍取得論っていうのも、運動論の中の一つとして考えなければならない。

　それは、在日同胞社会の中でも良く考えなければならない問題ですが、どっちが先かって、なかなか難しい。理論的に言うと、帰化する方が簡単で、現実的な制度として存在しているから、帰化してから政治家になって頑張ればいいんでしょうけど、それもなかなか簡単ではないと思いますから、どこに正解があるかっていうのは難しい議論ではありますよね。

樋口　ただ、参政権を持って票の力で何かを実現する、という実効性はあまりないと思いますよ。外国人参政権が実現した国の研究をみると、外国籍者の投票率はかなり低いです。それは地方参政権しかないからという問題もありますし、言語や階級の問題もあるのですが。だから、基本的に外国人参政権は実効性の問題ではなく、シンボリックな権利の問題だと思っているんです。在日コリアンの場合には失われた権利の問題だったり…。

柳　そうですね。近代国民国家の形成の歴史を見ると、ヨーロッパで普通の人々が選挙権などを与えられながら祖国を持つまで長い時間がかかった。そして、第2次世界大戦後ヨーロッパの国々は「ポスト近代国家」（post-modern state）になっていったわけです。それに対して、日本は近代の短い時間にち密に近代国民国家を作り上げた。1980年代以後ヨーロッパみたいなポスト近代国家へ変わっていくように思われたが、今や再び日本という殻に「引きこもりつつある」ように思えてならない。なぜ国籍と市民権の区分に基づく地方市民権などの議論が起こらないのか。この行き詰まりをどう打開するのか、なかなか出口

が見えませんね。

最後に一言

柳　では時間もだいぶ経ちましたので、これから本日の議論を踏まえて最後一言ずつ話していただきますか。

宮地　今日のお話を全体としてうかがってやっぱり感じたのは、この問題は、まだ国家が先にある議論からどうしても抜けられないのかなという印象を持ちました。もう一つは外国人参政権の問題に限って言うと、これが政治問題化したということ。法律の話が95年に一応決着がついて、その後に政治的イシューになったというのが大きな問題だと思います。しかもそれがちょうど政権交代の時期、自民党政権から民主党政権そしてまた自民党政権という政権交代の時期にあたって、自民党の保守的な考え方とリベラルな考え方との対立軸の一つになった。希望の党の踏み絵の件が典型的ですけれども、外国人参政権に反対するか賛成するか、あるいは夫婦別姓のような政治問題に賛成するか反対するかが保守とリベラルとの分かれ目にされてしまった。そうすると、自民党政権、自民党を中心とした政権である限り外国人参政権問題が進展しないという状況が出来上がってしまったのではないかという気がします。

　当然解決策としては2通りあり得るわけで、1つは、だから保守政権ではダメなんだ、リベラルな政権を作らない限りこの問題は解決しないという考え方をとるか。それともこれを保守とリベラルの対立軸から外すんだ。保守の考え方からも外国人参政権はあり得る話だから、対立軸からは外して、もう一度政治の場に乗せていく、という2つの考え方がありうるという気がします。どちらが現実的かは、私もちょっと分かりかねるところはありますけれども。ただ厳密にいうと、実は自民党内にも外国人参政権賛成派はいるんですよね、細々ながら。これもだから私は結局は必要に迫られてだとは思うんですけれども、

『エトランデュテ』第2号

政治的な対立軸、つまり保守とリベラルとの踏み絵となるような状況を改善するのが正当な筋道なのかなという気はしています。

遠藤　まず、日本では、外国人参政権問題を論じるときに、どうしても「国民」という概念が前に出て、国籍を持つ者でないと権利やサービスを保障しないという、「国籍」ありきの議論になる。「住民」という権利主体を考える視点がなかなか日本では育たない。さっきお話しにあったように、どこの「国民」か、というより、どこの地域に居住しているか、つまり居住の事実に基づいて市民権を保障するのが世界の流れになっているにもかかわらず、日本では外国人を「住民」という主体として考える思想が成長しない。なおかつ、国籍の取得をより簡易にするという方向も進展しない。

　それに、帰化の話も出ましたが、日本では国籍を取ったとしても、さらにそこで「内なる血」というものを重視するんですよね。だから、二重国籍という場合も、蓮舫議員があれだけバッシングを受けたのも、「お前はどっちの血なんだ？」「結局は台湾人の血が大事なんだろ？」というように、日本国籍を取ったとして、その先にもまだ「血」の幻想に基づく差別があるんですね。それがまた、ヘイトスピーチにもつながっている。

　だから、参政権問題の議論と関連して、さきほど「民族的少数者」という話が出ましたけど、日本国籍を取っても「民族」や「人種」といった「血」の幻想に基づく差別が残る、これをいかになくしていくか。そこはやはり、「血」によるルーツというものはこんなにもフィクションなんだよ、ということを発信して理解を広げていくことが歴史研究者のひとつの役割だろうと思っています。

　でも、あまり明るい材料がないですね。気持ちよく終わりたいところだけど（一同笑い）。

張　一票を投じるという視点で見た時、これまで在日の同胞社会が、日本での参政権を取ろうと頑張ったけれどダメで、逆に、韓国の国政選挙権の方が実現

が早く、もう大統領選挙も２回やっています。選挙権を持つと、ちゃんと本国から在日のニーズを聞きに来るんです。それが正に票を持つということの意義だということを、今、在日社会は実感しているんです。そうなると、民団の活動範囲から見れば、やっぱり地域の選挙権が欲しい。私は民団の新宿支部で役員をやっていて、外国人住民のニーズを新宿の区議会の先生たちに区政へと反映して頂く仕事をしていますが、地方選挙権を持っていれば、単にお願いするだけの立場ではなくなる。在日社会としては、実際、すごくモチベーションが上がることだろうと思います。従前のように国籍付与という分断策や、いろんな障害はあると思うんですけど、やはり、まず地方参政権の中で選挙権を取って、そこから地方参政権についても被選挙権まで広げていく、どんどん広げて行って、最後には、国籍・国政参政権の問題にまで繋げることができれば、多分一番理想的なのかなと思います。

　外国人参政権獲得のためには、樋口先生がおっしゃったように、日本社会をどれだけ燃え上がらせるか、日本社会にどれだけこの問題に真剣に取り組ませるかという視点が大切で、在日韓国人が単に権利を欲しいから出てくる問題ではなくて、定住外国人を社会の構成員として迎え入れて日本社会がこれからどうしていくべきかという問題なんだよっていうのを、広くアピールしていかなければならないというのは、すごく良い視点で本当に大切なことだと思いますし、ヘイト解消法案の時と比べてみて、方法論として、戦略論としてすごく大切なんだなというのが、わかりました。

　今日は、本当に、勉強になりました。ありがとうございました。

樋口　外国人参政権は失われた権利の回復問題として始まって、外交問題にすることで確かに推進力を持ったわけです。ただ、それが同時に事態を困難にしてきたというデッドロックに至ってしまっている。本来は女性に対する性暴力の問題であるが、外交に翻弄される「慰安婦」と同様の問題になってしまっているわけです。だから、問題を仕切り直すしかないと思います。筋論としては、

『エトランデュテ』第2号

植民地支配の問題に向き合えということになるのですが、それでは事態が変わらないのでそれを置いておくと、生身の人間の問題として捉えるしかないと思います。

　つまり、生身の人間が自分の住む選挙区で投票できない状況にあるのだと、運動として知らしめる動きがあってもいいと思うんですね。生身の人間の問題の代表たる指紋押捺闘争がうまくいったのは、民闘連のような市民運動が盛んだったというのもあるんですよね。今はもう市民運動の全国集会もやらなくなっているので、そういう運動もない。そういう意味でも状況はきびしいのですが、極論として選挙の時に投票所を占拠するようなことがありえると思います。私は日本で生まれ育ってきました、選挙権がありません、おかしくないですか、私達が離島に移動して乗っ取るなんてことを信じますか、と。

まとめ

柳　あっという間に3時間が過ぎました。とても有益な時間でした。最初に申し上げたように、本テーマを議論する際に必要な専門分野・立場の方々がそろったので素晴らしいコラボができたと思います。遠藤さんは「あまり明るい材料がないですね。」と言いましたが（笑）、宮地さんからはいずれ「必要に迫られること」になるとのお話もありました。真剣に話し合ううちに我々の間で一定のコンセンサスができたと思うので簡単に整理したいと思います。

　今日における外国人地方参政権議論の衰退の背後には、明治国家建設の過程で血統主義に基づく国籍観が作られ、「純粋な日本人」という幻想が出来上がり、それが戸籍へ落とされた。この図式は戦後にも引き継がれ「日本人対外国人」という二分法が頑なに維持されてきた。それが国籍と市民権、国民と住民が、重なり合いながら、区分可能であるという視点の生成を妨げてきたのではないか。日本の変わらない下地の根深さは、本日のテーマを考える際の前提であります。

1980 年代以降比較的にオープンな社会雰囲気の中で 90 年代末に地方参政権付与法案が国会に上程された。しかし、樋口さんのおっしゃるように、本来外国人の権利の問題が、オールドカマーの失われた権利の回復問題として始まって、外交問題になったことで、確かに一時的に推進力を持ったが、やがて東アジア地政学の呪縛に引っかかり今や出口が見えない事態になった訳です。

事態を変えるにはどうすべきか。（多くはない）世論調査は外国人参政権に対する賛成が多いことを示すが、現実は反対論者の声に押され、政治（家）の一部がそれに便乗している。しかし、1980 年代の指紋押捺運動の時代に存在していた市民社会が今や形骸化してしまいなかなか厳しいものがあります。

今の時点で本テーマを議論すること自体、いかに日本社会において「内なる国際化」が進んでいないかを示すものであります。外国人の数が人口の 2% に肉薄し、定住外国人がその半分以上を占める今こそ、内と外の壁を壊し、「日本人対外国人」の二分法を超えることが求められています。前途は厳しいだろうが、忍耐と知恵をもって、定住外国人を対等な社会構成員として受け入れることで、社会が多様化し、そこから創意性が生まれることを真摯に訴えていくことでしょうね。その際に、特に外国人 3 世以下の場合、権利として国籍が与えられ民族的少数者として内側から多様化をもたらすことを併せて模索すべきでありましょう。

学問的には、1980 年代以後外国人類型論、国籍の機能的把握、そして、権利性質説の流れがどこかで滞っている感じである。本質的に限界のある司法権に頼るだけでなく、憲法の規範的要請をくみ取る「憲法政策論」を展開し、実証主義国際法観を乗り越え、人権として外国人の権利の一層の拡張を模索すべきではないでしょうか。

今日の我々の議論が、今後外国人参政権付与と国籍問題についての議論を呼び起こし、消えかかった灯火を蘇らせるのに少しでも貢献できたらという思いを込めて本日の座談会を締めたい。皆様、どうもありがとうございました。

特 集 1

多文化共生社会の家族と国籍

【企画趣旨】

　家族の多様化・国際化、個人主義が進むなかで、家族と国籍をめぐる様々な法的制度的問題が浮上していることは周知のとおりである。本特集は、社会経済的な環境の変化や法制度の変容が行われている中で、「共生」のための「家族法」と「国籍法」の在り方について問うてみることを目的に企画されたものである。

　本特集に寄せられた原稿は、2017年7月29日「多文化共生社会の家族と国籍」というテーマで行われた第5回目の研究会での報告がもとになっている。本特集のため、国際私法がご専門で国籍問題に詳しい青木清教授が「日韓カップルの子の国籍」を、憲法のご専門でやはり国籍問題に詳しい館田昌子教授が「判例に見る氏名権の諸相」をそれぞれ執筆してくれた。研究会では館田教授報告の討論者であったが、家族法の権威で本テーマに造詣の深い常岡史子教授に「家族と戸籍―婚外子と戸籍・外国人配偶者と氏―」を執筆していただいたことは法外な喜びである。研究会で「戸主制をめぐる韓国の「近代家族」の法的形成とその変容」について報告していただいた岡克彦教授の執筆が叶わなかったことは残念だが、次回を期したい。

49

特集1

日韓カップルの子の国籍

青木　清*

目次

Ⅰ．はじめに

Ⅱ．嫡出子の場合（ケース①および②）

　1．重国籍の発生

　2．重国籍への対応

Ⅲ．非嫡出子の場合（ケース③および④）

　1．母の国籍

　　(1) ケース③

　　(2) ケース②

　2．父の国籍

　　(1) ケース③－日本人父による認知

　　(2) ケース④－韓国人父による認知

Ⅳ．むすびに代えて

Ⅰ．はじめに

　本稿では、日本人と韓国人のカップルから生まれた子の国籍問題を考える。

_____

＊南山大学

51

そのカップルの国籍と婚姻の有無を基準に分類すると、①日本人男・韓国人女の夫婦、②韓国人男・日本人女の夫婦、③日本人男・韓国人女の未婚カップル、そして④韓国人男・日本人女の未婚カップル、以上4ケースとなる。その間に生まれた子は、国際私法およびそこで指定される準拠法によれば（詳しくは後述するが）、①と②の子は嫡出子、③と④の非嫡出子となる。

Ⅱ. 嫡出子の場合（ケース①および②）

1. 重国籍の発生

1984年に日本の国籍法が、1997年に韓国の国籍法が、いずれも従来の父系優先血統主義から父母両系血統主義に改められた。施行日は、日本が1985年1月1日、韓国が1998年6月14日である。この改正により、日韓両国は、出生時に「父または母」のいずれかが自国民であれば、その子に国籍を与えることとした（いずれも2条1号）。ここでいう父または母は、当然、法律上の父であり、法律上の母である。このような親子関係の存否は、どのように判断されるのか。国籍法上の先決問題といわれる問題である[1]。日本、韓国のいずれの国籍法も、自国の国際私法に基づき定まる親子関係成立の準拠法により判断するとしている[2]。これを前提に日本の国籍法に則していえば、次のようになる。まずは、日本の国際私法規定である「法の適用に関する通則法」（以下、通則法と呼ぶ）28条の定める「夫婦の（いずれか）一方の本国法」により、嫡出親子関係が発生するか否かを判断する。そして、そこで嫡出親子関係が発生すれば、それを根拠に、その子は父親ないし母親の有する日本国籍を取得す

---

1) 江川英文＝山田鐐一＝早田芳郎『国籍法［第3版］』有斐閣、1997年、27頁以下参照。

2) 韓国では、この点を直接明示したものを見かけないが、석동현『국적법』법문사、2011년、100면は、それを前提とした記述を行っている。なお、この書籍については、石東炫＝具本俊（金汶淑［訳］）『最新・大韓民国国籍法－逐条解説と運用実務上の解釈－』日本加除出版、2011年という形で、日本語版が出版されている。同書76頁。

特集1

ることになる。ケース①および②の場合における通則法28条のいう「夫婦の（いずれか）一方の本国法」は、日本法および韓国法である。従って、日本法または韓国法により法律上の嫡出親子関係が発生すれば、子は、日本人親の有する日本国籍を取得することになる。実際、日本民法は772条で、韓国民法は844条で、ほぼ同じ内容の嫡出推定規定を有している。その結果、日本の国際私法上、これらの事例では嫡出親子関係が発生するので、ケース①の日本人男およびケース②の日本人女は日本の国籍法2条にいう父ないし母に該当し、その子は、出生時に日本国籍を取得することになる。

　この構造は、韓国においても基本的に同様である。すなわち韓国国籍法2条1号にいう「父または母」は、韓国国際私法[3] の定める親子関係の準拠法によって定まる父または母でなければならない。嫡出親子関係については、韓国国際私法40条が、その成否の準拠法を定め、「夫婦の一方の本国法」としている。ここでも、韓国法と日本法が準拠法となる。前述したように、韓国民法および日本民法は、いずれも同様の嫡出推定規定を持つので、ケース①および②については韓国国際私法上も嫡出親子関係が成立する。従って、その間の子は、韓国人親の有する韓国国籍を取得することになる。結局、ケース①および②の子は、出生と同時に、日韓二重国籍を有することになる。

2. 重国籍への対応

　こうして発生する重国籍に対して、日韓両国籍法は、その解消のために国籍選択制度なるものを準備している。その基本枠組みは日韓でほぼ共通するが、具体的には、自国の国籍に加えて他国の国籍も有する者に対して、所定の期限までにいずれかの国籍を選択することを義務づけ、所定の期間内に国籍の選択

3）韓国国際私法については、拙稿「韓国国際私法の改正」国際法外交雑誌100巻6号、2002年、1頁以下で解説を、拙稿「＜資料＞改正韓国国際私法」国際私法年報5号、2003年、288頁以下で条文訳を、それぞれ載せているので参照されたい。

53

をしない二重国籍者には、法務大臣（韓国は法務部長官）が国籍を選択するよう催告（命令）し、それでも選択しない場合には、自国国籍を喪失させるというものである。このような制度を準備しているものの、日韓両国においては、当事者は所定の手続さえ踏めば、所定の期限を超えても日韓二重国籍を維持することはそれほど難しくはない。その手続については、既に別稿[4]で論じているので、この点は、そちらを参照されたい。

　ケース①および②のような嫡出子のうち、日本国外で子が生まれた場合には、若干、注意を要する。この場合には、出生後も日本国籍を維持するために、特別な対応が要求されている。日本の国籍法が、国籍留保制度というものを定めているからである。すなわち、同法12条が、「・・・日本の国籍を留保する意思を表示しなければ、その出生の時にさかのぼって日本の国籍を失う」としている。海外で生まれた二重国籍者は、日本国籍を維持するためには、出生届とともに留保届をも提出しなければならないのである。この制度自身は大正期に創設されたものであるが、国籍選択制度を導入するとした1984年国籍法改正時に、その存廃が大いに議論になった。というのも、重国籍の解消は、国籍選択制度で対応できるはずだからである。しかし、最終的には、国籍留保制度は「重国籍防止の機能を有し、かつ、血統主義による国籍の決定について国籍の実効性という観点から地縁関係を考慮に入れた制度」[5]と評価され、廃止されることなく、むしろ適用対象を拡大する形で存続することになった[6]。

　なお、韓国では、1990年代の国籍法改正作業時に、こうした国籍留保制度

---

4) 拙稿「日韓二重国籍と氏（姓）」加藤新太郎ほか編『加藤雅信先生古稀記念論文集－21世紀民事法学の挑戦（仮題）』信山社、2018年3月刊行予定、参照。

5) 法務省民事局第五課「＜資料＞国籍法の一部を改正する法律案要綱〔解説〕」民事月報39巻2号、1984年、104頁以下。

6) 1984年改正時の議論については、拙稿「国籍法12条の定める国籍留保制度は、憲法14条1項に違反しないとした最高裁判決」法学セミナー増刊特報判例解説vol.19『新・判例解説Watch』2016年10月、329頁以下参照。

特集1

の採用が検討されたが、在日韓国人社会からの反対等もあり、結局、導入されることなく今日に至っている[7]。

Ⅲ. 非嫡出子の場合（ケース③および④）

1. 母の国籍

　親が婚姻をしていないケース③および④においても、日韓両国籍法2条1号により、出生時に法律上の母子関係が成立すれば、子は母の日本国籍ないし韓国国籍を取得することになる。個別に見てみよう。

（1）ケース③

　ケース③で子を産んだのは、韓国人女である。韓国籍取得に関しては、この子と韓国人女の間に法律上の親子関係が発生するか否かが、問われなければならない。前述した、国籍法の先決問題の一例である。韓国国際私法41条は、「婚姻外の親子関係の成立は、子の出生当時の母の本国法による」と定めている。母の本国法、すなわち韓国法によることになる。韓国民法は、婚姻外の親子関係の成立については認知の規定（同法855条）を持つのみであるが、母子関係については分娩の事実により発生するとするのが通説[8]であり、韓国の最高裁判所である大法院の判決[9]の立場でもある。そうであれば、ケース③の子は、出生時に韓国人女との間で婚姻外の母子関係が成立するため、母の国籍である韓国国籍を取得する。

---

7) 석동현・前掲注2)『국적법』67 면이하 및 221 면、石＝具・前掲注2)『最新・大韓民国国籍法』46 頁以下および 197 頁参照

8) 김주수・김상용『친족・상속법－가족법－［제 11 판］』韓国・法文社、2013 년、293 면, 이경희『가족법［8 정판］』韓国・法元社、2013 년、180 면.

9) 大法院判決 1967 年 10 月 4 日 67 다 1791。

55

（2）ケース④

　ケース④で子を産んだのは、日本人女である。母の国籍をその子が取得するか否かは、これまで述べてきた国籍法の基本構造がそのまま当てはまる。すなわち、通則法 29 条の定める準拠法により、その両者間に非嫡出母子関係が成立すればよい。この場合、準拠法は日本法となり、出生時に分娩の事実により法律上の母子関係が発生するため、子は、出生時に日本国籍を取得する。

2. 父の国籍

　一方、父の国籍の取得はどうなるか。具体的には、③のケースでは日本人たる父の国籍を、④のケースでは韓国人たる父の国籍を、子は取得するか。繰り返し述べるように、日韓両国国籍法 2 条 1 号は、子が父の国籍を取得するには、「出生時」に父子関係が成立することを要求している。子が生まれると同時に非嫡出父子関係が成立するのは、日韓双方の家族法とも、胎児認知をした場合に限られる[10]。日韓両家族法は、出生後になされた認知に遡及効を認め、認知されれば、その効力は出生時に遡って発生すると定めている（日本民法 784 条、韓国民法 860 条）。しかし、この遡及効は民法上認められるもので、国籍法上は認められないとするのが、日韓両国に共通した考え方である[11]。そうであれば、通常の認知では、出生時に父子関係が成立することはないので、③のケースも④のケースも出生時には法律上の父は確定していない。従って、子が、出生時に父の国籍を取得することはない。その後、認知が行われれば、子は、認知した父の国籍を取得する可能性が出てくる。こうした場合の国籍取得に関しては、これまで日韓両国でその取扱いをかなり異にしていた。こちらも、

---

10) 日本の判例では、事後の認知を胎児認知と同視することにより、認知した日本人父の国籍取得を認めた例が少なくない。

11) 江川ほか・前掲注 1)『国籍法』67 頁、석동현・前掲注 2)『국적법』100 면이하、石＝具・前掲注 2)『最新・大韓民国国籍法』76 頁以下参照。

特集1

個別にみてみよう。

(3) ケース③−日本人父による認知

まずは、日本人父が認知をするケース③について検討する。

日本の国籍法は、戦前、夫婦国籍同一主義および親子国籍同一主義という考え方[12]を採用していた。これは、家庭の統一という観点から出たものであった。そこでは、日本人男と外国人女が婚姻をした場合には、日本に居住すると否とを問わず、婚姻の効果として外国人女に日本国籍の取得を認めた（当時の5条1号）。また、日本人父が外国人子を認知した場合には、本国法で未成年であること等の要件具備を前提とするが、日本人父による認知を根拠に外国人子に日本国籍を認めた（当時の6条）。明治以来の、日本の立場であった。しかし、戦後、日本国憲法が制定され、個人の尊重が謳われるようになり、婚姻や認知といった個人の身分変動と特定国家との結び付きである国籍の取得を連動させることは不適切であるとされた。その結果、昭和25年の国籍法、すなわち現行国籍法から、個人の身分変動と国籍取得が遮断され、夫婦国籍独立主義、親子国籍独立主義という考え方が採用された。ケース③の子についていえば、戦前であれば認知により日本国籍を取得していたが、戦後はそれが改められ、認知が行われても国籍は変動しないこととなった。従って、日本父により認知がなされても、ケース③の子は、韓国国籍を有するのみである。

日本の国籍法は、前述したように、1984年に父母両系血統主義に改められたが、その際、「準正による国籍取得」という新制度を設けた（当時の国籍法3条）。この改正により、日本人父の認知のみでは、従来同様、国籍取得の効果は生じないが、認知後に両親が婚姻をすれば、その間の子は、未成年等の

---

12) 木棚照一『逐条註解国籍法』日本加除出版、2003年、33頁。

要件具備を前提とするが[13]、法務大臣に届け出ることにより日本国籍を取得することができるようになった[14]。すなわち、認知のみでは不十分であるが、準正であれば国籍取得を認めるというものである。準正と認知をこのように区別した理由としては、「日本国民たる親の婚姻により準正された子は、実質的に日本国民の家族に包摂されることによって日本社会と密接な結合関係を生ずる［こと］・・・、認知により日本国籍の取得を認めるときは仮装認知のおそれがあること」[15]等が示されていた。

　しかし、この制度を創設してから24年後、最高裁判所は、これを違憲とする判決を下したのである（最判平成20年6月4日民集62巻6号1367頁）。

　事案は、婚姻関係にない日本人男とフィリピン人女の間に日本で生まれた子が、出生後、日本人父から認知されたことを理由に、2003年に法務大臣に対して国籍取得届を提出したところ、国籍取得の条件を備えていないとの通知を受けたため、国を相手に日本国籍を有することの確認を求めたものである。認知のみでは国籍取得を認めないとする当時の国籍法3条がまさに問題となった。最高裁は、次のような判断をした。

・国籍の得喪に関する要件をどのようにするかは、立法府の裁量に委ねられる。
・その裁量権を考慮しても、国籍取得に関する要件によって生じた区別が合理的理由のない差別的取扱いとなるときは、憲法14条1項違反となる。
・父母が法律上の婚姻をすることを要求する国籍法3条1項は、制定当時（1984

---

13) 具体的には、1984年改正後の3条は、次の条件を求めていた。

　　1.父母の婚姻および認知により嫡出子たる身分を取得した子、2.届出時に子が20歳未満、3.認知をした父または母が子の出生時に日本国民であったこと、4.認知をした父または母が届出時に日本国民であること、5.子がかつて日本国民でなかったこと。

14) この制度は、準正により嫡出子たる地位を得ると自動的に国籍取得を認めるものではない。嫡出子たる地位を得た上で、法務大臣へ国籍取得の届出をしなければならない。

15) 江川ほか・前掲注1）『国籍法』88頁。

特集1

年）の社会では相応の理由があった。

・今日（2009 年）では、家族生活や親子関係の実態が変化し多様化し、わが
　国との結び付きの強弱を両親が法律上の婚姻をしているか否かをもって直ち
　に測ることはできない。

・国籍法 3 条 1 項は、今日においては、立法目的との合理的関連性の認められ
　る範囲を著しく超える手段を採用しているものというほかなく、その結果、
　不合理な差別を生じさせている。

　以上のような理由のもと、当時の国籍法 3 条 1 項は、憲法 14 条 1 項に違反
すると判断したのである。

　この判決が下されたことにより、直ちに国籍法 3 条が改正され [16]、父母の
婚姻を要することなく日本人父の認知のみで（所定の条件は改正前と変わりな
く）、法務大臣に届出をすることにより日本国籍を取得することができるとさ
れた。これにより、現在では、ケース③の子は、国籍法 3 条に基づく届出をす
れば、日本国籍を取得することができるようになった。出生時に取得する韓国
籍はそのままなので、その子は、これにより日韓の二重国籍となる。

　なお、この改正法で注意すべき点は、認知を根拠とした国籍取得を認めたも
のの、認知による国籍の自動取得を認めたものではないということである。そ
こでは法務大臣への届出という行為をさらに要求している。血統の繋がりを根
拠とする国籍取得ではあるものの、その扱いは、嫡出子とは異なるものとなっ
ている。

（4）ケース④－韓国人父による認知

　韓国国籍法も、認知による国籍取得に関しては、当初の規定に比べると大き
く改められた。韓国成立直後の国籍法（1948 年制定）は、父系血統主義、夫

---

16) 改正法は、前記最高裁判決が出された平成 20 年の年末（12 月 5 日）に成立し、平成 21
　　年 1 月 1 日から施行された。

59

『エトランデュテ』第2号

中心主義、夫婦（家族）国籍同一主義、単一国籍主義を基本原則として採用していた[17]。認知に関していえば、「大韓民国の国民である父または母が認知した者」は、未成年であること等の要件具備を前提にするが、韓国国籍を取得するとしていた（当時の3条および4条）。これにより、認知された子は、従来からの国籍に加え韓国国籍をも持つことになり、二重国籍となった。外国人女が韓国人男と婚姻した場合も同様であった。その後、重国籍への対処が意識されるようになり、1962年に国籍法が改正され、認知や婚姻によって大韓民国国籍を取得できるのは、韓国「国籍を取得することにより6ヶ月以内にその国籍を喪失するに至る外国人」に限るとした。婚姻や認知により自動的に韓国国籍を取得するが、その後6ヶ月間に原国籍を離脱しなければ、韓国国籍を喪失することにしたのである[18]。ちなみに、こうした形で韓国籍を喪失した場合に、再度、韓国国籍を持とうとすれば、帰化手続ではなく国籍回復手続によって行うものとされていた（当時の12条、14条）。

　それはともかく、以上の国籍付与をケース④に即していえば、次のようになる。韓国成立以来、ケース④の子は、出生時に取得した日本国籍に加えて認知により韓国国籍をも取得していた。しかし、1962年改正により、重国籍への対応から、韓国籍を取得してから6ヶ月以内に原国籍を離脱しなければ、認知により付与した韓国籍を喪失させるとした。このため、これ以後は、韓国人父により認知がなされても、原国籍離脱手続をしなければ6ヶ月後に韓国籍を喪失し、その子は、当初の日本国籍のみを有することになった。認知による国籍

---

17) 석동현・前掲注2)『국적법』57 면、石＝具・前掲注2)『最新・大韓民国国籍法』38 頁。

18) 拙稿「夫婦の氏の準拠法について－日韓渉外関係から－」南山法学17巻3号、1994年、10頁以下。韓国国籍の登録原簿である韓国戸籍での取扱いは、韓国人男と婚姻した外国人女や韓国人父に認知された外国人子について婚姻や認知の6ヶ月後に戸籍に登録するのではなく、婚姻や認知に関する届出（韓国では申告）があれば直ちに戸籍に登載する運用を行っていた（同論文12頁）。

の自動取得を維持しつつも、重国籍対策から、上記のような国籍喪失の制度を導入した。

認知と国籍に関するこうした構造がさらに大きく変わるのが、1997年改正である。長く維持されてきた、韓国人父の認知によって韓国籍を自動的に取得させる制度を廃止したのである。認知のみでは国籍取得を認めず、認知に加えて、所定の条件具備を前提に法務部長官へ申告することを求めることとした。すなわち、現行法3条は、韓国人父（または母）に認知された者が韓国民法上未成年であること、かつ出生当時にその父（または母）が韓国国民であったことを条件に、法務部長官に申告をすることによって、はじめて韓国籍を取得することができると定めている。従って、現状は、ケース④の子も、ケース③の子と同様、父による認知に加えて行政機関に対する国籍取得の申告をすることによって、認知した父の国籍を取得できるとされている。

Ⅳ. むすびに代えて

本稿では、日韓カップルの子の国籍について検討した。とりわけ、そのカップルの非嫡出子の場合を中心に検討してきた。両国とも、親子国籍同一主義ないしは家族国籍同一主義といわれる考え方から、当初は、子は認知により認知した者（そのほとんどは父）の国籍を取得するものとしていた。

しかし、戦後の日本は、そうした考え方をやめ、認知によって国籍が変動することはないとした。一方、韓国は、その後も従来の考え方を維持してきた。このように、両国国籍法は、認知と国籍取得について、長く異なる路線を歩んできたが、今世紀に入り、Ⅲにおいて検討したように、極めて類似した法制度をもつこととなった。そのポイントは、認知を根拠とした国籍取得制度を採用する一方、認知のみでの国籍の自動取得は認めず、認知に加えて法務大臣ないし法務部長官に国籍取得の届出（申告）を要求している点である。非嫡出子と認知した親の本国とのつながりは、嫡出子とその親の本国とのつながりほどに

『エトランデュテ』第 2 号

は密接ではないと、両国が考えているからであろう。

なお、ケース③やケース④の子が、認知およびその後の手続を経て父の国籍を取得した場合、その子はその段階で二重国籍となる。その結果、20 歳を迎えれば、日韓両国が準備する国籍選択制度の適用を受けることになる。同制度の内容及び内包する問題点については、別稿ですでに論じているので、そちらを参照されたい [19]。

【追記】

本稿は、JSPS 科研費 JP17K 03389 および 2017 年度南山大学パッヘ研究奨励金 I-A-2 の研究成果の一部である。

---

19) 拙稿・前掲注 4) 論文。

特集1

判例に見る氏名権の諸相

館田　晶子[*]

Ⅰ　はじめに

Ⅱ　氏名権の内容

Ⅲ　氏名権に関する判例

　1．NHK 読み方訴訟

　2．通称使用訴訟（関口訴訟）

　3．夫婦同氏訴訟

　4．イルム訴訟

　5．静岡本名強制訴訟

　6．小括

Ⅳ　氏名権の態様

　1．氏名保持権の二つの側面

　2．氏名保持権の根拠

　(1)　個人識別機能

　(2)　アイデンティティ

　(3)　アイデンティティとアイデンティフィケーション

Ⅴ　名乗りの「自己決定」

Ⅵ　まとめにかえて

────────────

＊北海学園大学法学部教授

『エトランデュテ』第 2 号

I　はじめに

　最高裁は、夫婦同氏を定めた民法 750 条の合憲性が争われた H27（2015）年 12 月 16 日判決[1]において、S63（1995）年の NHK 読み方訴訟最高裁判決[2]を引用し、氏名を「人が個人として尊重される基礎であり、その個人の人格の象徴であって、人格権の一内容を構成するもの」と認めつつも、名と切り離される氏については、その人格権の内容は「憲法上一義的に捉えられるべきものではなく」、「具体的な法制度を離れて、氏が変更されること自体を捉えて直ちに人格権を侵害し、違憲であるか否かを論じることは相当でない」とし、婚姻の際に「氏の変更を強制されない自由」が憲法上の権利として保障される人格権の一内容であるとはいえない」と述べて民法 750 条は憲法 13 条に違反しないとした。

　最高裁は明示的に氏名に関する権利を憲法上の人格権としたことはないが、上記 NHK 読み方訴訟や大学での婚姻前の氏の使用を争ったいわゆる通称使用訴訟[3]では、氏名は個人の尊重の基礎となるものであり[4]、それが憲法 13 条によって保障されると主張されてきた。また、学説もこの主張を後押ししてきた[5]。

　本稿は、人格権から導出される氏名権とりわけ氏名保持権に焦点を当てて判例を検討する。氏名権をめぐる訴訟で取り上げるのは、NHK 読み方訴訟に代

1）最高裁大法廷 H27（2015）年 12 月 16 日判決（判時 2284 号 38 頁）

2）最高裁第三小法廷 S63（1988）年 2 月 16 日判決（判時 1266 号 9 頁）

3）東京地裁 H5（1993）年 11 月 19 日判決（判時 1486 号 21 頁）

4）このこと自体は、NHK 読み方訴訟でも最高裁は言及している。「（氏名は）その個人からみれば、人が個人として尊重される基礎であり、その個人の人格の象徴であって、人格権の一内容を構成するというべきであるから、人は、他人からその氏名を性格に呼称されることについて、不法行為法上の保護を受けうる人格的な利益を有する」。

5）植野妙実子「現代における女性の氏名権」法学新報 100-3=4（1994）p.118-119 など。五十嵐清『人格権法概説』（有斐閣・2003）p.157 以下も、明確に憲法 13 条を援用しているわけではないが、氏名権が人格権、自己情報コントロール権、プライバシー権と関わることを指摘しており同様の立場に立つものと思われる。

表される在日韓国朝鮮人の氏名をめぐる訴訟と、民法 750 条が定める夫婦同氏制度による氏の変更をめぐる訴訟である。いずれも、当該個人が望む氏名のあり方が貫徹されないことによる権利侵害が主張されたものである。

Ⅱ　氏名権の内容

判例の検討の前に、氏名権とは何かを概観する。五十嵐清『人格権法概説』[6] の整理に従えば、氏名権は、氏名専用権、無断使用禁止権、氏名呼称権、氏名保持権、プライバシーとしての氏名権などに整理される。

氏名専用権は、「冒用されない権利」として、屋号や家元の名称、家名、宗教団体の名称などを勝手に使われないことを求めるものであり [7]、「氏名」というよりも「名称」の独占的使用という側面が強く、商標法や不正競争防止法によって保護されるものでもある。無断使用禁止権は主に広告目的で著名人の氏名を本人に無断で使用することを禁ずるものとして主張され、パブリシティ権としての性格を持つ [8]。このように氏名権はまず、私法上の防御権として確立してきたといえる [9]。

これに対し、人格権を援用しつつ積極的に主張されるようになったのが、氏名呼称権や氏名保持権である [10]。氏名呼称権は、「自己の氏名を正確に呼称されるという権利ないし利益」[11] として、上述の NHK 読み方訴訟で主張された。氏名保持権は、自己の氏名を「いつまでも保持する」[12] 権利である。婚姻前の

6）五十嵐・前掲註 5) p.152 以下。

7）同 p.152-153

8）同 p.156-157

9）二宮周平「氏名権と通称使用」阪大法学 44 (1994) p.494-496

10）同 p.496

11）五十嵐・前掲註 5) p.160。

12）同 p.158

戸籍姓を通称として使用する権利や婚姻後も氏を変更しない権利として主張されてきたが[13]、後述の在日韓国朝鮮人の氏名を巡る訴訟でも、本名[14]や通名の使用を妨げられたことによる権利侵害の主張は氏名保持権に基づく構成が可能であろう。そのほか、氏名の公表や秘匿の決定権も、プライバシーとしての氏名権の一態様とされる[15]。また、戸籍名を長年用いてきた通称名に改名することを申し立てた訴訟[16]において、「自己の名を他から干渉されず自由に決定しそれを公証させる」権利ないし「他から干渉されずに自由に自己の名を選択・決定し、それを国家に公証させる」権利としての氏名選択権も主張された[17]。これは通称を戸籍上の氏名とすることを求めたもので、広い意味での氏名保持権といえよう。

Ⅲ　氏名権に関する判例

　ここでは主に、氏名呼称権と氏名保持権をめぐる判例を取り上げ、司法において氏名権がどのように位置付けられてきたかを見てみたい。

1　NHK 読み方訴訟
　本訴訟は、原告である崔昌華氏の氏名につき、被告である NHK が原告の氏

---

13) 同 p.158 は氏名保持権の後にカッコ付で通称使用権と記述し、二つを同義であるかのように記述しているが、これは註3) 通称使用訴訟を念頭に置いたことによるものと思われる。本文に記したように保持すべき氏名は通称に限らない。

14) 本稿では、戸籍制度や住民登録制度などの法制度の下に当該個人を特定するものとして登録された氏名を本名と呼ぶ。

15) 五十嵐・前掲註5) p.162

16) 最高裁第一小法廷 S58 (1983) 年 10 月 13 日決定（判時 1104 号 66 頁）。変更後の名に用いられた漢字が常用漢字（当用漢字）および人名漢字にないことなどを理由に申立が却下されたことに対して抗告・特別抗告したがいずれも棄却・棄却された。

17) 小林節「いわゆる『氏名選択権』と憲法 13 条」判評 306 号 27-28 頁（判時 1117 号 205-206 頁）

名の韓国語音による読み方を知りながら本人の意に反して番組中に日本語読みで読み上げ放送したことに対して、謝罪および韓国人・朝鮮人の氏名の朝鮮語読みを求めた事件である。

第一審[18] は、原告を除く韓国人・朝鮮人一般の氏名の将来の呼称に関する請求については却下とし、その余の請求については棄却とした。控訴審[19] および上告審[20] も第一審をほぼ踏襲している。

最高裁は、氏名につき「社会的にみれば、個人を他人から識別し特定する機能を有するものであるが、同時に、その個人からみれば、人が個人として尊重される基礎であり、その個人の人格の象徴であって、人格権の一内容を構成する」として、氏名を人格権に基礎付けた上で、「他人からその氏名を正確に呼称されることについて、不法行為上の保護を受ける人格的な利益を有するものというべきである」と述べる。しかし、氏名を正確に呼称される利益は必ずしも十分に強固なものとはいえず、不正確に呼称した行為が「当該個人の明示的な意思に反してことさらに不正確な呼称をしたか、又は害意をもって不正確な呼称をしたなどの特段の事情がない限り」違法性はないとした上で、当時は日本語読みで呼称する慣用的な方法が社会一般に是認されていたことから違法性はないとした。

本判決については以下の点が指摘できる。まず第一に、氏名が人格権の一内容を構成すると述べた点である。判決は人格権を憲法上の権利として認めたわけではなく、不法行為法上の保護を受ける人格的な利益とした。本件は私人間での事件であって、判例が直接適用説を採用しないことから、憲法への言及はない[21]。しかし、氏名を「個人として尊重される基礎」としていることから、

---

18) 福岡地裁小倉支部 S52（1977）年 7 月 11 日判決（判時 858 号 48 頁）

19) 福岡高裁 S58（1983）年 7 月 21 日判決（判時 1094 号 55 頁）

20) 最高裁第三小法廷 S63（1988）年 2 月 16 日判決（判時 1266 号 9 頁）

21) 近藤敦「外国人氏名の日本語読みと人格権」メディア判例百選（有斐閣・2005）p.109

『エトランデュテ』第 2 号

個人の尊重を定めた憲法 13 条との関わりを意識しているとも指摘される[22]。

　第二にしかしながら、判決は、氏名の正確な呼称は不法行為法上の人格的利益として十分に強固なものではないと述べ、不正確な呼称が直ちに不法行為になるわけではないとした。テレビ放送における外国人の氏名の呼称につき日本語音読みされることが慣用的な方法であったことを前提に、不法行為が成立するのは、①当該個人の明示的な意思に反してことさらに不正確な呼称をした場合、②害意をもって不正確な呼称をした場合など、特段の事情がある場合に限るとする。この、不法行為成立のための害意要件は、その後の氏名保持権をめぐる訴訟に影響を与えることになる。

　第三に、下級審判決にあった歴史性への言及がないことである。結果としては下級審においても原告の主張は認められなかったが、第一審は、原告の要望をあえて無視して日本語音読みした被告の行為が原告の誇りを毀損したというだけでなく、加えて「過去における日本国による韓国の併合及び隷属化の施策並びにこれに伴ういわゆる創氏改名の施行等一連の不幸な歴史的背景をも考慮に容れれば、原告が被告から自己の氏名を日本語音読みにされたことによって、韓国人・朝鮮人としての民族の誇りを傷つけられたとする心情も又理解し得ないものではない」と述べていた[23]。これに対して最高裁判決では、氏名の読み方については外国人の氏名の呼称一般の問題に解消されている[24] [25]。

2　通称使用訴訟（関口訴訟）

　国立大学教授である原告が、研究教育活動に当たって戸籍名ではなく婚姻前

---

22) 森英樹「氏名権と個人の尊重」法セミ 406 号（1988）p.110

23) この部分は控訴審判決でもほぼ引用されている。

24) 森・前掲註 22)

25) 本訴訟の社会的意味を検討するものとして、大村敦志「NHK 読み方事件—マイノリティの利益 (2)」法教 359 号（2010）p.124。

特集1

の戸籍名を通称として使用することを申し入れてきたが、再三にわたり戸籍名の使用を強要されてきたため、氏名保持権やプライバシー権、表現の自由、職業活動の自由、学問の自由、著作者氏名表示権の侵害を主張して、通称使用の義務付けと、不法行為に基づく損害賠償を求めて争った、氏名権侵害妨害排除等請求事件である。原告は、「自己の氏名を保持する権利あるいは自己の氏名をその意思に反して奪われない権利を基本的な内容とする人格権」である氏名保持権は憲法13条によって保障されており、人格権の対象となる氏名には戸籍名以外の通称も含まれると主張した。

　東京地裁判決[26]は、公務員の同一性を把握することが必要不可欠であり、そのための方法として「その氏名を戸籍名で取り扱うことは極めて合理的」とした上で、「通称名であっても、個人がそれを一定期間専用し続けることによって当該個人を他人から識別し特定する機能を有するようになれば、人が個人として尊重される基礎となる法的保護の対象たる名称として、その個人の人格の象徴ともなりうる可能性を有する」としつつも、通称名の使用が普遍的なものとはいえず、「個人の人格的生存に不可欠なものということはできない」と述べ、氏名保持権は「憲法13条で保障されているものと断定することはできない」とした。また、戸籍名のプライバシー性についても、戸籍によって公証される戸籍名は公的なものであり、また戸籍名による表示が当然に婚姻という身分関係まで開示することにはならないとの理由で否定している。

　ここでは、公務員の同一性を把握することの不可欠性と、戸籍名が「身分関係の公証制度としての戸籍に記載される公証力ある名称」であることから同一性を把握する方法としての合理性が強調されている。そして、戸籍名とは異なる通称名が個人識別機能を有することになる可能性に言及しつつも、そのような事実は認められないとして、通称名を専用する権利（氏名保持権）は保障さ

26）前掲註3）

『エトランデュテ』第2号

れているとはいえないとするのである[27]。

3 夫婦同氏訴訟

本訴訟は、同じ日に同じ大法廷であった女性のみ再婚禁止期間違憲訴訟[28]と併せて、法の下の平等と女性の権利をめぐる訴訟として注目されたものである。夫婦同氏を定める民法750条の規定が憲法13条の自己決定権、14条1項の法の下の平等、24条1項の婚姻における両性の平等、同2項の家族法制における個人の尊厳と両性の本質的平等に反するとして争われた。第一審[29]、控訴審[30]ともに、婚姻の際に氏の変更を強制されない権利は憲法上保障されているとはいえないとして、原告の請求を棄却した。

最高裁は、NHK氏名読み方訴訟を引用して、「氏名は、社会的にみれば、個人を他人から識別し特定する機能を有するもの」であると同時に「個人からみれば、人が個人として尊重される基礎であり、その個人の人格の象徴であって、人格権の一内容を構成する」とする一方、名から切り離された氏については、「氏は、家族の呼称としての意義があ」り、家族集団の一員であることを対外的に公示し識別する機能があること、そのように「婚姻及び家族に関する法制度の一部として法律がその具体的な内容を規律している」ので「氏に関する上記人格権の内容も、憲法上一義的に捉えられるべきものではなく」「具体的な法制度を離れて、氏が変更されること自体を捉えて直ちに人格権を侵害し、違憲であるか否かを論ずることは相当ではない」とする。そして結論としては、婚姻の際に氏の変更を強制されない自由は「憲法上の権利として保障される人格権の一内容であるとはいえない」とするのである。

---

27) 本件は控訴されたが、控訴審で和解が成立している。

28) 最高裁大法廷平成27（2015）年12月16日判決（判時2284号20頁）

29) 東京地裁平成25（2013）年5月29日判決（判時2196号67頁）

30) 東京高裁平成26（2014）年3月28日判決（民集69巻8号2741頁）

特集1

　ただし最高裁は、氏が名と相俟って「人が個人として尊重される基礎であり、その個人の人格を一体として示すものでもある」ことも認めており、氏を改めることにより、アイデンティティの喪失感、他人から識別し特定される機能が阻害される不利益、個人の信用、評価、名誉感情等への影響などの不利益は否定できないという認識を示している。もっとも、この認識は結論に影響を与えることはなく、氏の変更を強制されることによって損なわれる上記利益は憲法上保障されているものではなく、また氏の変更による不利益は通称使用の拡大によって緩和されることを理由に、夫婦同氏制度は合理性を欠くものではないとされる。

　本件においては氏名とりわけ氏は、婚姻・家族制度という国家の法制度との関わりで把握されている。氏が変わることにより個人識別機能が損なわれることや、氏名のアイデンティティや人格への影響を認識しつつも、それらの憲法上の権利性を否定することで、家族の呼称としての氏が当該家族の一員であることを公証するという家族法制上の意義を優先させたといえる[31]。

4　イルム訴訟[32]

　在日韓国朝鮮人が自らの本名を名乗る権利を主張した最近の事件として、イルム訴訟がある。大阪でビルの解体工事現場に日雇いで従事した際に、事務手続上の手間を省略するため通名で登録された原告が、通名の使用を強制され精神的苦痛を与えられたとして業者と国を相手取って国家賠償（使用者責任）を求めた事例である。第一審[33]は通名の強制はなかったとして訴えを棄却した。

31）高橋和之「夫婦別姓訴訟：同氏強制合憲判決にみられる最高裁の思考様式」世界879号（2016）p.138-150。石埼学「夫婦同氏訴訟──民法750条の合憲性」新・判例解説Watch、憲法 NO.104（2016）p.3 もこの点を指摘する。

32）尹チョジャ「裁判にみる『社会通念』と在日コリアンの民族名」エトランデュテ創刊号（2017）p.180 参照。

33）大阪地裁 H25（2013）年1月30日判決（訟月60巻6号1265）

『エトランデュテ』第2号

　控訴審[34]で原告は、「控訴人にとって本名を名乗ることは、在日韓国人としてのアイデンティティを守るために最も大切なものであり、人間の生き方に結びついている」もので、「自らの生き方の問題として」9年間、日雇労働を含む「生活のすべての領域で本名を名乗り続けてきた」のに、本件において何らの説明もなく「わけが分からないまま通名使用を押しつけられた」ことは「控訴人の本名使用の権利を尊重し、人格を配慮すべき義務に背いたものである」と主張している。

　控訴審判決は、第一審では触れられなかった氏名権に関連して、NHK読み方訴訟を引用して、本人が求める場合には「『本名の正確な呼称』について不法行為上の保護を受けうる人格的な利益を有する」と述べた。本名の読み方が争われたNHK読み方訴訟と、本名か通名かが争われた本件とが事案を異にすることは判決においても認識されており、判決は、本件において問題とされる行為について「本名による呼称」「本名の正確な呼称」「通名の呼称」「通名の使用」等としている。しかし控訴審は続けて、当時の外国人登録証に本名と通名が併記されていたことを指摘し、「在日韓国人に関する通名による呼称は、社会的には当該個人を他人から識別し特定する氏名としての機能を有し、わが国社会一般の認識として是認されてきた」として、通名の個人識別機能を本名のそれと遜色ないものと認定する。そして、「在日韓国人が『本名による正確な呼称』を明示的に求めている場合に、そのことを認識しながら、在日韓国人に対して、害意をもって、ことさらに通名の呼称をするなどの特段の事情がない限り、通名による呼称や通名の使用を求める行為は違法性のないものとして容認されるべきである」と一般論を結論づける。

　控訴審判決の特徴としては以下のふたつがあげられよう。第一に「本名の正確な呼称」が不法行為法上の人格的利益を有するとされるのは、当人が明示的

34）大阪高裁 H25（2013）年11月26日判決（訟月60巻6号1239）

に「本名による呼称」を求める場合であるとしている。そして第二に、本名を正確に呼称しないことが不法行為と認定されるにあたって、害意の存在が要件とされている。この場合の「害意」は、当人が本名を使用する意向を示している（つまり人格的利益が生じている）ことを認識しているにもかかわらずことさらに通名を用いるような場合に認定される。本件では、本人の明示的意思表示と害意とがともに認定されず、従って不法行為は成立しないとされた。

本件は上告されたが、不受理とされている[35]。

5　静岡本名強制訴訟[36]

韓国籍の在日三世である原告が就業先の社長から他の従業員の前で本名（韓国名）を名乗るよう執拗に求められたことに対して、不法行為による精神的苦痛に対する損害賠償を求めた事案である。原告は日常生活で通名（日本名）を用いており、他の従業員の前で韓国名を名乗るよう強要する発言をしたことが原告の「人格権と個人の尊厳を著しく傷つけるものであり、原告に対する不法行為を構成する」ことなどを主張した。

第一審[37]は、これまでの氏名権をめぐる訴訟と同様、NHK読み方訴訟を引用して氏名が人格権の一内容を構成すると述べた上で、在日韓国人の多くにとって韓国名と日本名のどちらを使用するかという問題は「極めて当該個人の内心、自己決定に関わる事柄であって、それ自体、自己決定権の一内容を形成」し、従って選択した氏名がアイデンティティを形成するものであるとする。そして、他者がこれを無視して他方の氏名の使用を強要するなどした場合には、自己決定権を侵害するものとして不法行為になる場合があるとする。また、在

35）最高裁第二小法廷 H26（2014）年 10 月 15 日決定（判例集未登載）

36）本訴訟に関しては、エトランデュテ創刊号（2017）p.157 以下で「本名問題を通じてみた『在日コリアン』のアイデンティティ」として特集されており、判決文も掲載されている。

37）静岡地裁 H27（2015）年 4 月 24 日判決（労働判例ジャーナル 42 号 50 頁）

日韓国人であるという事実（氏名ではないことに留意）を秘匿されるべき個人情報として、これをみだりに他者に開示又は公表した場合にはプライバシー権の侵害として不法行為となる場合があるとも述べる。これを本件についてみれば、被告による各発言は「社会通念上、著しく原告に不快感を与えるものであり、原告の自己決定権及びプライバシー権を実質的に侵害するもの」であったとして不法行為責任を認め、損害賠償の支払いを命じた。

　一方、控訴審[38]では氏名権やアイデンティティの問題には触れず、使用者によって労働者の人格的利益が侵害される場合に不法行為が構成される場合として「他人にみだりに知られたくないプライバシー情報の開示」を挙げる。そして、在日韓国人があえて通名を使用している場合は、「本名である韓国名を使用することによって社会生活上の不利益を受けるおそれがあることを慮ってこれを秘匿していることが少なくないものと解され、そのような行動を取る者にとって、本名である韓国名が別にあるという事実は、他人にみだりに知られたくないプライバシー情報ということができる」ため、「当該事実をみだりに公開されないこと、その限りで、通名使用の下においてそれまでに形成している社会生活の平穏を当該事実の公表により害されないことにつき一定の法的保護に値する利益を有している」とする。そして本件各発言について人格的利益を侵害する嫌がらせであると評価して不法行為を認定した[39]。

　上にみたように、第一審は、氏名は人格権の一内容であり、その選択は自己決定権の一内容であって当人のアイデンティティを形成するものであるとし、本名の強制は自己決定権の侵害にあたるとした。第一審も控訴審判決同様プライバシーには言及しているが、そこでいうプライバシーとは氏名ではなく在日韓国人であるという事実そのものである。それに対し控訴審は、氏名の人格的

---

38) 東京高裁 H27（2015）年 10 月 14 日判決（労働判例ジャーナル 47 号 43 頁）

39) 上告審は棄却・不受理となっている。最高裁第一小法廷 H28（2016）年 6 月 16 日決定（労働判例ジャーナル 54 号 32 頁）

利益には一切触れず、在日韓国人の本名を秘匿されるプライバシー情報とした
上で、その不当な開示は人格的利益を侵害し、労働契約上の職場環境配慮義務
に違反するとした。

いずれも、在日韓国人が本名の他に通名を有するに至った事情やヘイトス
ピーチの社会問題化を背景に[40]、事実関係から被告使用者側による言動がこ
とさらに原告に対する嫌がらせの様相を呈していたと認定されたため結論を同
じくすることになったが、氏名の選択を自己決定権とした第一審判決と、氏名
を秘匿すべきプライバシー情報とした控訴審判決では、在日韓国人にとっての
氏名に関する利益について異なる見解を示している。

6 小括

氏名をめぐる訴訟においては、氏名は人格権と関連づけられつつも、多くの
場合、その保持や呼称は権利ではなく「人格的利益」とされている。このた
め、自らの氏名に関わる選択・決定に対して社会的制度的な個人識別機能が優
先し、また意に反する氏名の使用が不法行為であると認定されるにあたって害
意の存在が求められることになっている。

Ⅳ 氏名権の態様

判例が氏名に関わる要求の権利性を明示的には認めてこなかったのに対し、
学説は前述のように氏名権を権利として論じてきた。以下では改めて、氏名権
とりわけ氏名保持権について整理したい。

---

40) ヘイトスピーチという言葉が「ユーキャン新語・流行語大賞」トップテンに選ばれた
のは 2013 年末のことであった。http://singo.jiyu.co.jp/old/nendo/2013.html（last view
2018/1/31）

『エトランデュテ』第2号

1 氏名保持権の二つの側面

　民法上の権利として伝統的に論じられてきた、冒用されない権利としての氏名権は、防御権的としての性格を有するものだが、氏名保持権として主張される「氏の変更を強制されない権利」もまた防御権的性格をもつことが指摘されている[41]。自らの氏名の使用が妨げられない自由としての消極的権利とも言うことができる。これに対し、国家や組織において自らが選択した氏名が用いられることを要求する権利としての積極的氏名権が対置されよう[42]。

　婚姻に伴い従前の戸籍姓を通称として使用することを妨げられない権利や、戸籍上の氏を変更されない権利としての氏名保持権は、消極的氏名権としての性質といえる。他方、防御権的主張を超えて婚姻前の氏を使用することを要求する場合、それは積極的氏名権としての性格を帯びることになる。NHK読み方訴訟のように自らの氏名について一定の読み方を要求する権利や、本名と通名など氏名の使用につき複数の選択肢があり得るときにいずれを使用するかを自らが選択し、その使用を相手方に求める権利もまた同様である。

　もっとも、たとえば夫婦同氏制度に関して従前の氏を変更されない権利と従前の氏を使用し続けることの要求とは、表裏の関係にあり、截然と区別することは困難である。氏名保持の要求は、いうなれば本人の望まない氏の使用を強制されることへの異議申立である。この側面は、在日韓国人の氏名保持権をめぐる訴訟においては特に顕著に表れているといえよう。ただし、この「望まない氏名の強制」が制度的になされるのか、あるいは私人間においてなされるの

---

41) 佐々木くみ「民法750条を改廃しなかったという立法不作為の国賠請求が棄却された事例」新・判例解説 Watch、憲法 No.5（2014）p.29

42) 内野正幸「国立大教官の旧姓通称使用の権利」判評429号41頁（判時1503号203頁）は前者を消極的通称使用権、後者を「国家機関などの他者に向かって通称表示を要求する権利」として積極的通称使用権と呼んで、当該訴訟においては後者が重要であるとしている。

かという違いは重要である。夫婦同氏の強制のように民法及び戸籍法上の氏名に関わる法制度による制約の場合は、具体的な法制度との関係で立論に困難が伴うことも指摘されている[43]。

2 氏名保持権の根拠

　氏名保持権は人格権を根拠に主張されるが、その核心は大きくふたつある。ひとつは氏名の個人識別機能すなわちアイデンティフィケーション機能であり、もうひとつはアイデンティティとの関連である。このふたつの要素は判例においても最三認められており、その点ではすでに異論の余地はない。ただし、その評価は事例によって微妙なずれを見せている。

（1）個人識別機能

　氏名の個人識別機能は氏名の本来的な機能というべきものである。もっとも、氏名の個人識別機能は氏名の保持の根拠となり得ると同時に、判例にみられるように、氏名呼称権や氏名保持権の制約原理にもなり得る。NHK読み方訴訟や通称使用訴訟においては、氏名の個人識別機能は、本人の望む氏名のあり方の要求を制約する論理となった。とりわけ通称使用訴訟では公務員の同一性を把握することの必要不可欠性を理由に、個人の同一性を把握する手段として戸籍名を用いることは「極めて合理的」としたのであった。

　しかしながら、社会的機能という視点で見れば、婚姻による改姓後の戸籍名を用いることはむしろ個人識別機能を損ねているという評価も可能である。この点は、通称使用訴訟において原告が主張しており、さらに夫婦同氏訴訟の岡部裁判官意見においても指摘されている。岡部意見は、婚姻後も稼働するなど社会と広く関わりを持つ女性が増加したことをふまえ、「婚姻前の氏から婚姻

---

43) 佐々木・前掲註41)。また、石埼・前掲註31) p.4 にも同様の指摘がある。

後の氏に変更することによって、当該個人が同一人であるという個人の識別、特定に困難を引き起こす事態が生じてきたのである」と述べる。かつて通称使用訴訟において、通称が「当該個人を他人から識別し特定する機能を有するようになれば、人が個人として尊重される基礎となる法的保護の対象たる名称として、その個人の人格の象徴ともなりうる」と述べられた認識はすでに定着したものといえよう[44]。

　個人識別機能はそれ自体が権利や利益なのではなく、最高裁自身が述べるように、個人識別機能によって個人がアイデンティファイされることにより、当該個人がそれまでに形成してきた社会的信用、評価、名誉などの人格権ないし人格的利益が保持されることが、その意義である。もっとも夫婦同氏訴訟の多数意見は、これらを維持する利益は憲法上の人格権には含まれないとした上で、戸籍名を用いることで個人の識別が困難となり被る不利益は通称使用が拡大することにより緩和されうるものであるから、家族の呼称としての夫婦同氏制度は合理性を欠くものではないとした。制度に起因する不利益が、制度外の次善の策の存在を理由に相対化されていることになる。

(2) アイデンティティ

　他方、氏名がアイデンティティと深く関わることは、氏名が個人の尊重の基礎であり個人の人格を示すものであることから導かれている。例えば夫婦同氏訴訟においては、同氏制度によって氏が変更されることによりアイデンティティの喪失感を抱くことも否定できないとされる。

　個人のアイデンティティが、氏名の変更ない使用拒否（それは当人の意に反する氏名の強制を伴う）によって毀損されうるという認定は、氏名の機能とそ

---

44) 実際、現在では公務員も婚姻前の氏の通称使用を認めるのが一般的である。最近では、2018年1月に最高裁判事に就任した宮崎裕子氏が、就任会見で最高裁判事としては初めて、従前より使用してきた通称姓を引き続き使用することを表明した。朝日新聞 H30 (2018) 年1月10日朝刊など。

れに付随する実利が問題にされるのではなく、その氏名を名乗ること自体が人格的権利ないし利益であることを示唆している。言い換えれば、自己を表象するものとして用いてきた氏名によって他者から認知されることが、アイデンティティの維持に不可欠だということになる。もっとも、判例はアイデンティティの維持を憲法上の権利として構成することには消極的である。また、仮に憲法上の権利であるとしても、法制度としての氏名のあり方との関係で考察する必要性の指摘があることは、先に述べたとおりである[45]。

（3）アイデンティティとアイデンティフィケーション

上にみたように、氏名が持つ個人識別機能は、当該個人がそれまでに築いてきた社会的評価を伴う人格を纏う者としてアイデンティファイされることに意義がある。そしてそれゆえに、氏名の持つアイデンティティの表象に結びつく。アイデンティティの欲求は、他者に当該個人として承認されることによって満たされるのである[46] [47]。

人格権が寄って立つ個人の尊重の原理は、「個人の自律的な社会関係の形成を尊重すること」[48]を要請するとされる。氏名が自己のアイデンティティの一部であるならば、当該個人がいかなる氏名で他者から同定されるかをコントロールすることは、積極的権利として認められる余地がある。氏名保持権はこのような、アイデンティティとアイデンティフィケーションの関係につき自らそれを統制す

---

45) 前掲註 43) 参照

46) 糠塚康江「隠された＜私＞／顕れる＜私＞」辻村みよ子・長谷部恭男編『憲法理論の再創造』日本評論社（2011）p.46

47) アイデンティフィケーションとアイデンティティの相互関係は、社会学や文化人類学の立場からも指摘されるところである。たとえば国籍と越境の研究においては、「アイデンティフィケーションによって、個人の行動、権利が左右され、そして場合によってはアイデンティティの形成にも影響を及ぼす可能性」が示唆されている。陳天璽・近藤敦・小森宏美・佐々木てる編『越境とアイデンティフィケーション』新曜社（2012）p.3。

48) 野中俊彦・中村睦男・高橋和之・高見勝利『憲法 I【第5版】』有斐閣（2012）p.275

ることを含むと考えられる[49]。戸籍制度の個人識別機能や家族制度上の家族の名称としての氏が強調されるとき、あるいは自己が望まない名で登録され呼ばれるとき、自己のアイデンティティを反映しないアイデンティフィケーションが強制される。それは、他者や社会や国家から、自らが自己のアイデンティティとは別のものとして認知され同定されることを強いられることになるのである。

V　名乗りの「自己決定」

　本稿で取り上げた氏名権に関わる訴訟では、従来からの名のりを維持するという防御的・消極的主張であるか、複数の名のりのうちいずれを選択するかという積極的主張であるか違いはあるが、自らの名のりの否定または制限が争われた。本名強制訴訟第一審判決は、通名か本名かの問題は自己決定に関わる事柄であり、自己決定権の一内容を形成するとした。氏名の選択の自己決定という構成である。

　もっとも、この「自己決定」には留保が必要である。たとえば本名強制訴訟第一審判決への批判として、在日韓国朝鮮人が創氏改名などの歴史的経緯や現実の差別の中で通名を名乗ることを余儀なくされてきたという事情を考慮せず、日常の名のりとして通名を選択したことを自由に選択した自己決定と言うのは問題であるという指摘がある[50]。実質的には選択の余地のない、「強いられた選択」であるという。

　この「強いられた選択」論は、夫婦同氏判決においても少数意見で言及されていた。多数意見が、自らの意思で婚姻という身分行為を選択する以上、その結果としての改姓も自らの意思に関わりなく強制されるものとはいえない、と

49）棟居快行は、人間が多様な社会関係を形成する自由を前提として、プライバシー権を「自己イメージのコントロール権」と定義する。棟居快行『人権論の新構成』信山社出版（1992）p.192

50）山根俊彦「名前の『自己決定権』の危うさ」エトランデュテ創刊号（2017）p.196-197

特集1

の趣旨を述べたことに対応するかたちで、岡部意見は次のように述べる。すなわち、婚姻に際して称する氏を選択することは夫婦の協議によるものではあるが、圧倒的多数（96％！）が夫の氏を選択するという現実は、「女性の社会的経済的な立場の弱さ、家庭生活における立場の弱さ、種々の事実上の圧力など様々な要因のもたらすところ」であり「その意思決定の過程に現実の不平等と力関係が作用している」と[51]。

　もっとも自己決定が真に自由な意思による結果か否かの評価を裁判所が行うのは、それ自体が争点になっていない限りは困難である。従って、本名強制訴訟のように原告が自らの意思表示について強制性を争っていない場合、裁判所も「在日韓国人の社会的立場等の具体的事情」（第一審判決）、「かつて日本名を使用していた時期があるなどの歴史的経緯」「本名である韓国名を使用することによって社会生活上の不利益を受けるおそれがある」（控訴審判決）等を背景事情として述べるにとどまらざるをえない[52]。とりわけ私人間の問題に関しては、事案に応じた個別具体的な判断がなされることになろう。

Ⅵ　まとめにかえて

　本稿で取り上げた事例は、自己が、自己を正しく表していない氏名で呼ばれ、

51）これを敷衍して辻村は「完全な自由意志による選択の結果として96％になったわけではない」とする。辻村みよ子「『個人の尊重』と家族」法時増刊『戦後日本憲法学70年の軌跡』p.116。

52）在日韓国人の本名をプライバシー情報と認定した控訴審判決においては、そのプライバシー性の認定にあたって在日韓国朝鮮人の通名使用に関わる事情により踏み込んで触れることも可能ではあった。その意味では、地裁も高裁も歴史的経緯への言及は控え目すぎる嫌いはある。しかし、原告がこのような事情を通名を用いる理由として主張しないのであれば（そして実際にしなかったのではないかと思われる）、裁判所がこれに積極的に言及することを求めるのは、過度の期待ではないだろうか。裁判という制度の限界と言ってよいかもしれない。

81

『エトランデュテ』第 2 号

登録され、認知され、それがオフィシャルに流通していく事に対する異議申立だった。夫婦同氏訴訟における戸籍名、通称訴訟使用訴訟、イルム訴訟、本名強制訴訟における職場で使用される氏名の使用はいずれも、公の場で用いられる氏名である。NHK 読み方訴訟で問題となったのも、公に向けて放送される場面での呼称であった。これらは、公の場で使われる自己の氏名が自己のアイデンティティと合致しないという問題であり、それが事ある毎に自己に向かって突きつけられることの苦痛と不利益を、権利侵害であると主張してきた。

　繰り返すが、「他者からどう呼ばれるか」は、「自己をどのように認知されたいか」と表裏であり、アイデンティティの表出であるということができる。自己の表象としての「名乗り」は、当該個人の尊重／尊厳に密接に関わる。名乗りをめぐる一連の訴訟で求められている「氏名保持権」とは「意に反する名乗りを強制されない権利」であり、これを一般化すれば、自らの選択を尊重される権利ということになろう。そしてその根拠はやはり、憲法 13 条の個人の尊重とそこから導かれる人格権に求められるのではないか。その論理は私人間で起きる不法行為においても応用可能であろう。

　氏名に関連する制度と氏名権との関係については、本稿では十分に論じることができなかった。また、承認をめぐる議論との接続も課題である。これらについては他日を期したい[53]。

---

53) これらの問題を検討するにあたっては、憲法 13 条の個人の尊重に個人の尊厳とりこみ人格権を再構成する山本達彦や志田陽子による研究が参考になろう。山本は「国家による名誉毀損」という表現でこの問題を論じる。山本龍彦「国家的『名誉毀損』と憲法 13 条―私生活上の自由／個人の尊厳―」判時 2344 臨時増刊号『法曹実務にとっての近代立憲主義』(2017) p.217。また志田は、性的マイノリティのアウティング（当人が行うカミングアウトに対して、他者が当人の了解を得ずに暴露すること）の問題を論じる文脈で自己決定権を論じているが、通名と本名をめぐる在日韓国朝鮮人の葛藤にも通じるように思われる。志田陽子「LGBT と自律・平等・尊厳」法セミ 753 号 (2017) p.60。

特集 1

家族と戸籍

——婚外子と戸籍・外国人配偶者と氏——

常岡　史子＊

目次

I　日本における民法の家族像と法律婚

II　近時の最高裁判所の憲法判断に見る夫婦制家族観

　1.　婚外子の相続分と法律婚

　2.　出生届の記載と嫡出子・婚外子の区別

　3.　夫婦同氏原則と法律婚家族

III　婚外子と戸籍

　1.　子の氏の取得と戸籍に関する現行法のルール

　2.　裁判例に見る婚外子の氏の変更審判

IV　外国人配偶者と氏

　1.　国際結婚と日本人配偶者及び子の氏

　2.　外国人配偶者の氏と戸籍法 107 条

V　結び

I　日本における民法の家族像と法律婚

　日本の現行の民法と戸籍法は、夫婦と未成熟子から成る近代的小家族（夫婦制家族）を念頭に置いた法律であると解されている[1]。かつての明治民法の親

＊横浜国立大学国際社会科学研究院　教授

1）利谷信義「戸籍制度の役割と問題点」ジュリスト 1059 号、1995 年、14 頁、青木義人＝大森政輔『戸籍法全訂版』日本評論社、1982 年、4 頁。

族編・相続編の諸規定及びそれと連動する形で「家」を画する役割を果たした旧戸籍法は、戸主を長とする「家」を核とした家族（直系制家族）を法の対象とする家族と位置づけていた。それが、第二次世界大戦後、日本社会を「民主化」するという目的のもと民法の親族編・相続編及び戸籍法の全面的改正を行うにあたり、立法者は、旧法下の「家」制度を克服し民主化家族を徴表するものとしてこの近代的家族像を用いたということができる。ただし、戦後の家族のひな形とされた近代的小家族は、それ自体、夫婦に対する未成熟の子という位置づけにおいて家族内での家族構成員の序列づけの可能性を有していた。たとえば、親権に関する民法820条は、2011年の民法の一部改正で「子の利益のために」という文言が加えられるまで、「親権を行う者は、子の監護及び教育をする権利を有し、義務を負う。」と規定して親を主体とする形の条文であったし、同法821条の居所指定権や822条の懲戒権にも同様の契機が残っている。

　また、夫婦についても配偶者間の性差や実社会における経済的・社会的立場の差異を捨象した抽象的平等の形で法律の文言が規定されたことにより、事実上、家族内において夫を長とする夫婦の性別役割分業を正当化し夫婦間の実質的な不平等を引き起こす要素を内包していた[2]。その典型として、夫婦同氏原則を規定する民法750条がしばしば上げられるところである。すなわち、「夫婦は、婚姻の際に定めるところに従い、夫又は妻の氏を称する。」と定める同条は形式的には夫婦について平等に規定するが、実際の氏の選択に際して、統計ではたとえば2015年に婚姻した夫婦のうち妻の氏を選択した者は4％にとどまり、96％の夫婦は夫の氏を選択している[3]。この数字はこの10年ほぼ横ばいであり、著しい増加傾向は見られない。

　さらに、現行民法は法典中に「家族」に関する定義を有さず、「家族」を画

---

2) 利谷信義「家族観の変遷と家族法」法律時報65巻12号、1993年、36頁。

3) 厚生労働省「平成28年度人口動態統計特殊報告『婚姻に関する統計』の概況」(http://www.mhlw.go.jp/toukei/saikin/hw/jinkou/tokusyu/konin16/dl/gaikyo.pdf)10頁。

する役割は明治民法時代と同様に戸籍に委ねられている。そこでは、「氏」が民法と戸籍を媒介する役割を担っている[4]。そして、民法が法律婚主義を採り、戸籍への届出を婚姻の成立要件とすることから（民法739条、戸籍法74条）[5]、現行法が念頭に置く近代的小家族とはこの届出の手続を履践した夫婦とその子を意味するということになる。

　しかし、近年このような法律の予定する近代的家族像に対して疑問が突きつけられ、それが司法の場で争われるケースが増加していると考えられる。その代表例の一つが、婚外子の法定相続分を嫡出子の2分の1と規定する民法900条4号旧ただし書前段を違憲とした最高裁平成25年9月4日大法廷決定（民集67巻6号1320頁）である。同大法廷決定を受けて民法900条4号旧ただし書前段は民法から削除され[6]、現行法では婚外子の相続分は嫡出子の相続分と同等である。ただし、これは相続法の一条文の改正であって、法律婚と法律婚外の男女関係、嫡出子と婚外子との区別を基礎とする民法の制度設計自体を廃したものではない[7]。それは、民法がなお子の氏[8]と親権者[9]に関して嫡出

---

4) 青木＝大森・前掲注1) 4頁。

5) 民法739条1項は、「婚姻は、戸籍法（昭和22年法律第224号）の定めるところにより届け出ることによって、その効力を生ずる。」と規定するが、この届出はすでに成立した婚姻の効力発生要件ではなく、成立要件とするのが通説である。

6) 民法の一部を改正する法律（平成25年12月5日成立、同月11日公布・施行）。

7) たとえば戸籍法について、最一判平成25年9月26日民集67巻6号1384頁は同法49条2項1号（嫡出子・婚外子出生届書の区別）を合憲とする。

8) 民法790条は子の氏に関して、第1項で嫡出子につき「嫡出である子は、父母の氏を称する。ただし、子の出生前に父母が離婚したときは、離婚の際における父母の氏を称する。」とするのに対して、婚外子は第2項により「嫡出でない子は、母の氏を称する。」として、原則として母の氏を称するとされている。婚外子が父の氏を称するためには同法791条により家庭裁判所の許可の手続をとらなければならない。

9) 嫡出子について父母はその婚姻中、共同親権を持つが（民法818条3項）、婚外子に関する親権は単独親権であり、原則として母が親権者となる。ただし、婚外子について父母の協議や家庭裁判所の審判によって父を親権者と定めたときは、父が親権者となることができる（同法819条4項）。

『エトランデュテ』第 2 号

子と婚外子を区別することにも現れている。

　さらに、この最高裁平成 25 年大法廷決定に続いて問題を提起したのが、夫婦同氏原則に関する民法 750 条の合憲性が争われた最高裁平成 27 年 12 月 16 日大法廷判決（民集 69 巻 8 号 2586 頁）である。同大法廷判決は、民法 750 条が憲法 13 条、14 条 1 項、24 条に違反しないと判断したが、その判決理由中で民法が念頭に置く「家族」について言及している [10]。

　また、大法廷の判断ではないが、上掲最高裁平成 25 年大法廷決定の直後に、戸籍法における嫡出子と婚外子の区別の合憲性に関し最高裁平成 25 年 9 月 26 日第一小法廷判決（民集 67 巻 6 号 1384 頁・注 7）が出ている。同最高裁判決は、戸籍法 49 条 2 項 1 号が出生の届出に関する届書に嫡出子又は嫡出でない子の別を記載すべきと定める部分について、憲法 14 条 1 項に違反しないと判断した。

　そして、これら近時の最高裁判所の判断を見ると、民法の予定する家族と法律婚に関する理解についてトーンの違いがあるように思われる。

II　近時の最高裁判所の憲法判断に見る夫婦制家族観

1.　婚外子の相続分と法律婚

　婚外子の相続分に関する民法 900 条 4 号旧ただし書前段が憲法 14 条 1 項に違反するとした前掲最高裁平成 25 年 9 月 4 日大法廷決定は、決定理由中で「相

---

10) 2017 年 7 月 29 日開催の在日本法律家協会第 5 回研究会「多文化共生社会の家族と国籍」における館田晶子教授（北海学園大学）の報告では、法律婚に基づく家族概念についての最高裁判所の言及として、他に最高裁平成 20 年 6 月 4 日大法廷判決（国籍法違憲訴訟）民集 62 巻 6 号 1367 頁、「性同一性障害者の性別の取扱いの特例に関する法律」3 条 1 項により男性への性別取扱いの変更の審判を受けた者の妻が婚姻中に懐胎した子の嫡出推定に関する最高裁平成 25 年 12 月 10 日第三小法廷決定（戸籍訂正許可申立て却下審判に対する抗告棄却決定に対する許可抗告事件）民集 67 巻 9 号 1847 頁が挙げられていた。

特集 1

続制度は、被相続人の財産を誰に、どのように承継させるかを定めるものであるが、相続制度を定めるに当たっては、それぞれの国の伝統、社会事情、国民感情なども考慮されなければならない。さらに、現在の相続制度は、家族というものをどのように考えるかということと密接に関係しているのであって、その国における婚姻ないし親子関係に対する規律、国民の意識等を離れてこれを定めることはできない」と述べつつ、同号旧ただし書前段の規定の合理性については「種々の要素を総合考慮し、個人の尊厳と法の下の平等を定める憲法に照らし、嫡出でない子の権利が不当に侵害されているか否かという観点から判断されるべき法的問題であり、法律婚を尊重する意識が幅広く浸透しているということや、嫡出でない子の出生数の多寡、諸外国と比較した出生割合の大小は、上記法的問題の結論に直ちに結び付くものとはいえない。」と説示した。すなわち、相続制度の背景にある法の予定する家族像や一般的な国民の意識、社会の実態はそれとして、民法上の相続に関する一条文の合憲・違憲の判断については婚外子という子の個人に関する尊厳と法の下の平等に直接目を向けるべきことを示したといえる。

　そして、同大法廷決定は、①昭和22年民法改正時から現在に至るまでの間の社会の動向、日本における家族形態の多様化やこれに伴う国民の意識の変化、②諸外国の立法のすう勢及び日本が批准した条約の内容とこれに基づき設置された委員会（国連の関連組織である自由権規約委員会や児童の権利委員会）からの指摘、③嫡出子と嫡出でない子の区別に関わる日本の諸法制の変化（1994年の住民基本台帳事務処理要領の一部改正や2004年の戸籍法施行規則の一部改正（平成16年法務省令第76号）、最高裁平成20年6月4日大法廷判決に基づく国籍法改正）、④これまでの最高裁判所判例における本件の問題に関する指摘等を総合的に考察すれば、「家族という共同体の中における個人の尊重がより明確に認識されてきたことは明らかであ」り、「法律婚という制度自体は我が国に定着しているとしても、上記のような認識の変化に伴い、上記制度の下で父母が婚姻関係になかったという、子にとっては自ら選択ないし修正する

87

『エトランデュテ』第2号

余地のない事柄を理由としてその子に不利益を及ぼすことは許されず、子を個人として尊重し、その権利を保障すべきであるという考えが確立されてきている」として、民法900条4号旧ただし書前段は憲法14条1項違反との判断を下した。そこには、法律婚主義の採用と維持は子の個人としての権利とその尊重を制約するものではないとの立場が見て取れる。

2. 出生届の記載と嫡出子・婚外子の区別

　一方、最高裁平成25年9月4日大法廷決定に続いて出された前掲最高裁平成25年9月26日第一小法廷判決は、出生届の記載につき嫡出子と婚外子の区別を規定する戸籍法49条2項1号が憲法14条1項に違反しないと判示した。そこでは、「出生の届出は、子の出生の事実を報告するものであって、その届出によって身分関係の発生等の法的効果を生じさせるものではなく、出生した子が嫡出子又は嫡出でない子のいずれであるか、また、嫡出でない子である場合にいかなる身分関係上の地位に置かれるかは、民法の親子関係の規定によって決せられるものである。」として、嫡出子と婚外子の区別は民法の問題であるとする。そして、「民法は、婚姻は戸籍法の定めるところにより届け出ることによってその効力を生ずるものとして法律婚主義を採り（739条1項）、これを前提として、父母の婚姻関係の有無によって、法律上の父子関係など子の身分関係について異なる規律を定めている。すなわち、民法は、嫡出子については、婚姻中の妻の懐胎の事実から当然に夫との父子関係が推定されるものとして嫡出推定の制度（772条）を採用し、父母の氏を称する（790条1項）などとする一方で、嫡出でない子については、認知によって父子関係が発生するものとして認知制度を採用し（779条、787条）、母の氏を称する（790条2項）」としているが、「戸籍法は、戸籍の編製について一の夫婦及びこれと氏を同じくする子ごとに編製するものとしている（6条）ところ、原則として、嫡出子については父母の戸籍に入るものとし（18条1項）、嫡出でない子については母の戸籍に入るものとする（同条2項）などとしている。」「このように、民法

88

及び戸籍法において法律上の父子関係等や子に係る戸籍上の取扱いについて定められている規律が父母の婚姻関係の有無によって異なるのは、法律婚主義の制度の下における身分関係上の差異及びこれを前提とする戸籍処理上の差異であって、本件規定は、上記のような身分関係上及び戸籍処理上の差異を踏まえ、戸籍事務を管掌する市町村長の事務処理の便宜に資するものとして、出生の届出に係る届書に嫡出子又は嫡出でない子の別を記載すべきことを定めているにとどまる。」との立場を示し、戸籍法49条2項1号によって婚外子と嫡出子との間で子又はその父母の法的地位に差異がもたらされるものではないとして同号を合憲と判断した。

　なお、同最高裁判決は、戸籍法49条2項1号の違憲性を否定する理由として、具体的には①出生の届書に嫡出子・嫡出でない子の別が記載されない場合はその子が嫡出子・嫡出でない子のいずれであっても記載の欠缺により届出不受理の理由となり得るものであること、②本件訴訟提起後に平成22年法務省民一第729号法務局民事行政部長及び地方法務局長宛て法務省民事局民事第一課長通知（平成22年3月24日付）が発出され、届書への嫡出子又は嫡出でない子の別の記載に届出人が応じない場合には、届書の「その他」欄への子の氏又は入籍すべき戸籍の記載や付せん又は余白への記載をもとに出生の届出の受理が可能となり、また職権による戸籍の記載（戸籍法34条）も可能であること、③届書の開示には戸籍の開示よりも厳格な要件が定められ（戸籍法48条2項、10条、10条の2）、出生の届出に嫡出子又は嫡出でない子の別を記載することによってその内容が第三者に容易に知られ得る状態に置かれることにはならないこと、④届書の記載に区別を義務づけることは市町村長の事務処理の便宜に資し、合理性を欠く扱いとは言えないこと[11]、⑤民法及び戸籍法で「嫡出でない子」という用語は法律上の婚姻関係にない男女の間に出生した子を意味するものとして用いられ、そこに婚外子に対する不合理な差別的取扱いがあるものではないことを挙げている。ただしこれについては、特に、出生届に子が嫡出であるか否かの記載を求めることが戸籍事務処理の便宜に資するもので

『エトランデュテ』第2号

あるとしても、平成22年通知にあるように他に確認の手段があるのであるから、必ずしも事務処理上不可欠な記載とまではいえず、「本件のような事態に陥る嫡出でない子の問題の発生を将来にわたって極力避けるためには、父母の婚姻関係の有無に係る記載内容の変更や削除を含め、出生届について、戸籍法の規定を含む制度の在り方についてしかるべき見直しの検討が行われることが望まれる」と指摘する櫻井龍子裁判官の補足意見が付されていた。

同最高裁判決は、嫡出子と婚外子の区別及びその法的効果の相違は民法に依拠するものであり、戸籍法における両者の取扱いの差異も民法の法律婚主義を前提とした戸籍処理上の差異にすぎないと述べるにとどまり、現在の日本社会における家族像と法律婚主義の関係にまで踏み込むものではない。しかし、本件では実際には子が出生から7年以上にわたり戸籍に記載されず、住民票も作成されないという状態が生じていたのであり、同様の事態を招かないためには平成22年通知等による補完にとどまらず、戸籍法49条2項1号の立法による見直しが不可欠であることが多くの論者により指摘された[12]。

その後、法務省は、婚外子の相続分に関する民法900条4号旧ただし書前段の削除とあわせて戸籍法49条2項1号の改正も検討対象としたが、結果として法案提出に至らなかった。2013年の第185回臨時国会及び2014年の第186回通常国会（いずれも参議院）に提出された同号に関する議員提出法案（同号から「及び嫡出子又は嫡出でない子の別」の文言を削ることを内容とする）も不成立に終わっている[13]。

---

11) この点につき、市町村長の事務処理の便宜は補足的理由にとどまり、戸籍法49条2項1号はその合理性の判断を待つまでもなく憲法14条1項に違反する差別的取扱いに当たらないとするのが平成25年9月26日判決の趣旨であると解されている。清水知恵子「住民票記載義務付け等請求事件」最高裁判所判例解説民事篇平成25年度437頁。

12) 清水・前掲注11)439頁等。

13) 富田哉「最高裁平成25年9月26日判決解説」訟務月報61巻2号249頁。http://www.shugiin.go.jp/internet/itdb_gian.nsf/html/gian/kaiji185.htm#02;http://www.shugiin.go.jp/internet/itdb_gian.nsf/html/gian/kaiji186.htm#02

特集1

3. 夫婦同氏原則と法律婚家族

　夫婦同氏原則を定める民法750条の合憲性が争われた前掲最高裁平成27年12月16日大法廷判決は、法律婚主義と民法が念頭に置く家族について判決理由の中でかなり詳細に言及している。最高裁平成25年大法廷決定により民法900条4号旧ただし書前段は民法から削除されるに至ったが、それと並行して、相続における生存配偶者の保護等を目的とした相続法改正が遡上に載ったことはつとに知られており[14]、ワーキングチームや法制審議会民法（相続関係）部会での検討を経て2018年2月16日に法制審議会が改正要綱を答申している。

　最高裁平成27年大法廷判決はこのような動きの中で出されたものであったが、夫婦が婚姻の際に定めるところに従い夫又は妻の氏を称すると定める民法750条の規定が憲法13条、14条1項、24条に違反するかという各争点につき、いずれも違反しないとの結論を導きつつ、これは立法裁量の問題であると指摘した。すなわち、①婚姻の際に氏の変更を強制されない自由は憲法上の権利として保障される人格権の一内容ではなく、民法750条は憲法13条に違反するものではないが、婚姻前に築いた個人の信用、評価、名誉感情等を婚姻後も維持する利益等は「氏を含めた婚姻及び家族に関する法制度の在り方を検討するに当たって考慮すべき人格的利益」であり、憲法24条の立法裁量の範囲の検討に当たって考慮すべき事項である、②民法750条の文言自体に男女間の形式的な不平等が存在するわけではなく、現実に夫の氏を選択する夫婦が圧倒的多数を占めるとしてもそれは同条自体から生じた結果とはいえず、同条は憲法14条1項に違反するものではないが、夫の氏を選択する夫婦が圧倒的多数を占めていることにつき社会の差別的な意識や慣習の影響があるのであれば、それを排除して夫婦間に実質的平等が保たれるように図ることは憲法14条1項の趣旨に沿い、これは憲法24条の立法裁量の範囲の検討に際して留意すべき

---

14) 堂薗幹一郎「嫡出でない子の相続分に関する民法の改正と相続法制等の見直し」NBL1016号12頁。

事柄である、③民法750条は婚姻の一効力として夫婦が夫又は妻の氏を称することを定めたものであって婚姻自体の直接の制約を定めたものではなく、婚姻と家族に関する法制度の内容が意に沿わないとして婚姻をしない選択をした者がいるとしても、それにより直ちに当該法律が憲法24条1項の趣旨に沿わない制約を課したものと評価することはできず、ある法制度の内容により婚姻が事実上制約されるという事態は国会の立法裁量の範囲を超えるか否かの検討に当たって考慮すべき事項である、④憲法24条2項は、具体的な制度の構築を第一次的に国会の合理的な立法裁量に委ね、立法に際して同条1項も前提としつつ個人の尊厳と両性の本質的平等に立脚すべきであるとの要請と指針を示すことにより、その裁量の限界を画したものであり、「婚姻及び家族に関する法制度を定めた法律の規定が憲法13条、14条1項に違反しない場合に、更に憲法24条にも適合するものとして是認されるか否かは、当該法制度の趣旨や同制度を採用することにより生ずる影響につき検討し、当該規定が個人の尊厳と両性の本質的平等の要請に照らして合理性を欠き、国会の立法裁量の範囲を超えるものとみざるを得ないような場合に当たるか否かという観点から判断すべき」である、そして、それによれば民法750条の夫婦同氏制は直ちに個人の尊厳と両性の本質的平等の要請に照らして合理性を欠く制度であるとはいえず、憲法24条に違反するものではない、という諸点がその判決理由中で述べられている。

　そこでは、司法が憲法問題として、夫婦同氏を強行規定とする法律の条文に可否の評価を下すことには限界があり、本来これは立法による解決に委ねられるべき性格のものであるとの意向がうかがえるが、さらに同大法廷判決で注目されるのは、法廷意見が、現行民法の氏に関する諸規定は「氏の性質に関し、氏に、名と同様に個人の呼称としての意義があるものの、名とは切り離された存在として、夫婦及びその間の未婚の子や養親子が同一の氏を称するとすることにより、社会の構成要素である家族の呼称としての意義があるとの理解を示している」ものであって、「家族は社会の自然かつ基礎的な集団単位であるか

特集1

ら、このように個人の呼称の一部である氏をその個人の属する集団を想起させるものとして一つに定めることにも合理性がある」と述べる点であろう。法廷意見は、「特に、婚姻の重要な効果として夫婦間の子が夫婦の共同親権に服する嫡出子となるということがあるところ、嫡出子であることを示すために子が両親双方と同氏である仕組みを確保することにも一定の意義があると考えられる。また、家族を構成する個人が、同一の氏を称することにより家族という一つの集団を構成する一員であることを実感することに意義を見いだす考え方も理解できるところである。さらに、夫婦同氏制の下においては、子の立場として、いずれの親とも等しく氏を同じくすることによる利益を享受しやすいといえる。」とも説示しており、法律婚の意義の一つが子に関する嫡出性に基づく効果であるとの立場を示すものであった。

このような最高裁平成27年大法廷判決の説示について、法律婚主義を採ることが嫡出子と婚外子を問わず憲法で保障された個人の尊重と法の下の平等の実現に差異を生みうる一因とされるべきではないとの批判は当然にあり、特に「家族は社会の自然かつ基礎的な集団単位である」とする言辞が、同様の文言を掲げる世界人権宣言[15] や「市民的及び政治的権利に関する国際規約」（自由権規約）[16] とは異なるニュアンスで使用されていることへの懸念も指摘されているところである[17]。

---

15) 世界人権宣言16条3項は、「家庭（ママ）は、社会の自然かつ基礎的な集団単位であって、社会及び国の保護を受ける権利を有する。」（外務省 http://www.mofa.go.jp/mofaj/ gaiko/ udhr/ 1b_002.html）と定める。

16) 「市民的及び政治的権利に関する国際規約」23条1項は、「家族は、社会の自然かつ基礎的な単位であり、社会及び国による保護を受ける権利を有する。」（外務省 http:// www. mofa.go.jp/mofaj/gaiko/kiyaku/2c_004.html）と定める。

17) 大谷美紀子「夫婦別姓訴訟最高裁大法廷判決 − 国際人権法の視点と家族・子の利益をめぐる議論」学術の動向2016年12月号87頁以下。

18) 高橋和之「『夫婦別姓訴訟』同氏強制合憲判決にみられる最高裁の思考様式」世界879号、2016年、144頁等。

93

同最高裁大法廷判決については憲法上も多くの批判的議論が出されている[18]。1947年の民法改正で妻の無能力者制度が廃止され[19]、住所（22条）や夫婦の財産関係（762条）についても夫婦を各自独立にとらえる原理が導入されるなかで、氏についてのみ夫婦の一体性を強制することにどのような必要性があるのかという批判がかつてなされたが[20]、婚姻時に夫婦を同氏とし、夫婦の選択した氏を称していた方の配偶者を筆頭者として戸籍と氏を律するという仕組みは現在も変わっていない。

ただし、上掲最高裁平成27年大法廷判決が少なくとも憲法24条に関する最高裁の見解を示したことは一定の意味を持つのではないかと考えられる。すなわち、婚姻及び家族に関する事項ついては関連する法制度の制度設計が重要な意味を持つこと、憲法24条はこの法制度構築の場面における立法裁量の限界を画する意味があることを明らかにした点である。現在の憲法改正論において憲法9条と異なり24条の改正については世間の注目度が大きくないと言われているが、同大法廷判決は、憲法24条は「憲法上直接保障された権利とまではいえない人格的利益をも尊重すべきこと、両性の実質的な平等が保たれるように図ること、婚姻制度の内容により婚姻をすることが事実上不当に制約されることのないように図ること等についても十分に配慮した法律の制定を求めるものであり、この点でも立法裁量に限定的な指針を与える」と述べており、たとえ規範性の弱い法原則であるとしても憲法24条の個人の尊厳と両性の本質的平等が立

---

19) 明治民法は14条から18条で妻の無能力を規定し、妻が不動産の得喪や金銭の借入れ等一定の重要な行為をなすには夫の許可を要するとしていた。

20) 外岡茂十郎「氏とその法理」全国連合戸籍事務協議会編『身分法と戸籍』帝国判例法規出版社、1953年、102頁。

21) 石埼学「夫婦同氏訴訟－民法750条の合憲性」新判例解説Watch18号、2016年、34頁、畑佳秀「最高裁大法廷時の判例」ジュリ1490号、2016年、102頁、尾島明「再婚禁止期間と夫婦同氏制に関する最高裁大法廷の判断」ひろば2016年4月号70頁。消極的評価として高橋・前掲注18)148頁。

特集1

法裁量の限界をなす客観法原則であることを示したものと解されている[21]。同条が憲法上積極的な意義を付与された条文であるならば、その改正にもいっそう慎重で十分な議論が求められると考えられるからである。

Ⅲ　婚外子と戸籍

1.　子の氏の取得と戸籍に関する現行法のルール

　現行法は具体的にどのような条文によって家族を画しているのであろうか。ここでは、現在の日本の家族において生じうる問題として、子の相続分に関する民法 900 条 4 号旧ただし書前段削除後になお民法に残された課題の一つである婚外子と戸籍について取り上げたい。前掲最高裁平成 25 年 9 月 26 日判決は、出生届に嫡出子と婚外子の区別を記載することを定める戸籍法 49 条 2 項 1 号は憲法 14 条 1 項違反ではないと判断した。しかし、さらに問題はこの出生届の記載事項のみならず、その後の嫡出子と婚外子の戸籍への登録ルールの差異にある。

　現行法上、子が出生により取得する氏は父母の婚姻関係の有無によって決まる。すなわち、民法 790 条 1 項は「嫡出である子は、父母の氏を称する。ただし、子の出生前に父母が離婚したときは、離婚の際における父母の氏を称する。」、同 2 項は「嫡出でない子は、母の氏を称する。」と規定し、子に出生と同時に法律上当然に氏を取得させる仕組みを備えるが、そこでは嫡出子の氏を父母の氏とするのに対して婚外子は母の氏と定められている。そして、このようにして定まる子の氏（民法上の氏）は子の入籍する戸籍の基準にもなる。戸籍法 18 条が、「父母の氏を称する子は、父母の戸籍に入る。」（同条 1 項）、「前項の場合を除く外、父の氏を称する子は、父の戸籍に入り、母の氏を称する子は、母の戸籍に入る。」（同条 2 項）と規定するのがそれである。これらの規定の目的は、子の氏とそれに基づいて入るべき戸籍を出生とともに特定し、生まれた子の戸籍への記載を確保するという点にあり、その限りで戸籍の身分公証

95

機能、国籍登録機能において子の利益と権利を確保するという妥当性が認められる。しかし、さらに問題となるのは現行法が子の氏と戸籍の決定につき嫡出子と婚外子で異なるルールを定めることの必然性であり、その背景に強行法規としての夫婦同氏原則があることは言を俟たない。夫婦同氏を必須の原則とせず、たとえば「同氏選択の可能性を伴う夫婦別氏原則」を採った場合には、嫡出子か婚外子かを問わず出生した子の氏を母の氏とするルールも可能であることが指摘されている[22]。

　また、このような出生時の子の氏決定の規律のみならずそれをもとにした規定の運用においても、婚外子の氏に関しては現行法上問題が見られる。民法790条2項に基づき婚外子は出生によって母の氏を称するが、その後に父の氏を称することは可能である。民法791条1項は「子が父又は母と氏を異にする場合には、子は、家庭裁判所の許可を得て、戸籍法の定めるところにより届け出ることによって、その父又は母の氏を称することができる。」と規定しており、これにより婚外子は家庭裁判所の許可を得て父の氏を称することができる。ただし、同項の手続きをとるには父と婚外子の間に法律上の親子関係が存在していることが前提となり、そのためには認知の手続（民法781条の任意認知又は787条の裁判認知）を要する。

　婚外子が出生とともに母の氏を原始的に取得し母の戸籍に入ることについては、他者の同意や家庭裁判所の許可等の要件は一切付されていない[23]。嫡出子が父母の氏を取得し、父母の婚姻中は父母の戸籍に入ることに要件が付けられていないのと同様である。それに対して、婚外子が父の氏を名乗るときのみ家庭裁判所の許可が要件とされるのであるが、その趣旨は、一般に、子が氏を恣意的に変更することの防止と家庭裁判所による関係者間の利害対立の調整を通

---

22) 常岡史子「婚姻の（一般的）効力－婚姻当事者間の権利義務－」家族〈社会と法〉33号、2017年、112頁（条文提案・高橋朋子）。

23) 青木＝大森・前掲注1)162頁。

特集1

じた子の利益の保護にあると言われている[24]。ただし、同条は未成年の婚外子のみを対象とするものではなく、成年の婚外子が父の氏を称することを求める場合もありうる[25]。また、父の氏に変更した婚外子は、そのことによって父やあるいは父の法律婚の家族と実生活を共同にすることになるというものでもない。

2. 裁判例に見る婚外子の氏の変更審判

　民法791条1項による子の氏の変更に関する家庭裁判所の許可審判（家事事件手続法160条、別表第一〈60の項〉）は、婚外子が父の氏への変更を申し立てるケースのみならず、たとえば父母が離婚し、離婚前の父母の氏である父の氏を称する子を離婚後母の戸籍に入籍する場合にも必要とされる。しかし、氏の変更について争いとなるケースの多くは婚外子の氏の変更であり、事実婚の夫婦の子の氏の変更の事案[26]見られるものの、ほとんどは法律婚をしている父が別の女性との間に子をもうけ、当該婚外子の父の氏への変更が求められた事案である。民法791条1項の子の氏の変更に際して、家庭裁判所は、氏の変更を申し立てた者とともに変更に異議を申立てる側の利害も検討し、両者の利害得失を比較した上で変更の許否を決する裁量を有し、そこでは形式的要件の審査にとどまらず実質的判断を加えて判断すべきものとされている[27]。そして、この実質的判断においては、法律婚の妻や嫡出子の事情や意向が考慮要素とし

---

24) 札幌高決平成23年1月28日家庭裁判月報（以下、家月と表記）64巻4号46頁等。

25) 東京高決平成2年5月11日東京高等裁判所（民事）判決時報41巻5-8号28頁（法律上の妻の反対はあるが、父と妻は長年別居しその間の嫡出子も独立している等の事情の下で、婚外子が氏の変更によって受ける社会生活上の利益が優先するとして変更を許可）。

26) 札幌高決定平成20年1月11日家月60巻12号42頁。同決定は、事実婚の父母と同居する未成年の婚外子の氏の変更について、共同生活を営む親子間で氏を同一にしたいとの要請及び他の利害関係人の利害感情も考慮し、当該子が父の氏を称することが父母以外の者の利益を害するおそれがないこと等から、親権者が母のままであっても父の氏に変更することを妨げる事由とはなり得ないと判示した。ただし、この場合と母の氏が異なることになる。

27) 名古屋高裁昭和44年4月25日決定家月21巻11号128頁。

97

『エトランデュテ』第2号

て事実上大きなウエイトを占めてきた。実際の審判例では、未成年の婚外子の
父が当該子やその母と同居している場合において、親権者である父又は母が子
を代理して民法791条1項による氏の変更（母の氏から親権者である父自身の
氏への変更）を申し立てたが[28]、父の法律婚の妻や嫡出子が婚外子の氏の変更
に強く反対しているという事案が目につく。このようなケースで変更を認めな
い裁判例は、子の父は法律上の妻との正当な婚姻生活に復帰すべき義務がある
のにこれを怠り、子の母と同棲の上もうけた子を正式に自己の戸籍に入れよう
とすることに対して妻や嫡出子が反対感情をいだくことや、婚外子が法律婚家
族と氏や戸籍を同じくすることに対して抵抗のあることは一般の国民感情とし
てもっともと考えられること、それによれば妻と嫡出子が様々な社会的不利益
を避けるため婚外子の氏の変更に反対することは単なる感情の問題として一蹴
することはできないこと等の理由を挙げている[29]。

　一方、同様の事案において婚外子の氏の変更を認めた裁判例も従来から少な
からず存在する。そこでは、婚外子の氏の父の氏への変更は子の福祉を重視し
て決定することが原則であり、父の妻らの感情や事情は必ずしも顧慮する必要
はないとするもの[30]、反対に、婚外子の父の氏への変更は父の妻その他の同

---

28) 民法791条3項により、子が15歳未満であるときはその法定代理人（親権者）が子に
　　代わって同条1項の氏の変更手続をとることができる。そして、婚外子は出生とともに
　　その母が親権者となるが、父母の協議又は家庭裁判所の審判によって、認知した父に子
　　の親権者を変更することが可能である（民法819条4項）。

29) 大阪高決昭和43年3月12日家月20巻9号64頁、前掲注26) 名古屋高裁昭和44年4月
　　25日決定、東京高決昭和45年11月17日東京高等裁判所（民事）判決時報21巻11号
　　232頁、東京高決昭和50年4月15日東京高等裁判所（民事）判決時報26巻4号51頁、
　　東京高決昭和55年6月16日東京高等裁判所（民事）判決時報31巻6号130頁、東京高
　　決昭和59年3月30日家月37巻3号76頁、大阪高決昭和62年12月3日家月40巻6号
　　39頁、高松高決平成5年11月10日判例タイムズ863号268頁等。

30) 福岡高決昭和43年12月2日家月21巻4号137頁、東京高決昭和60年9月19日家月
　　38巻3号69頁（ただし事案の結論としては、子がまだ乳児である等諸般の事情を考慮し、
　　氏の変更を認めなかった）。

特集1

一戸籍者が反対する場合には特段の事情がない限り許すべきでないとしつつ、特段の事情を認めたもの[31] があるが、許可裁判例の多くは、婚外子の父の氏への変更は、子の保護の面のみでなく、その改氏により婚外子の受ける利益と父の妻及び嫡出子のこうむるべき不利益とを比較検討して許否を決すべきであるとした上で、各事案の具体的事情を勘案し、法律上の妻や嫡出子の反対があるとしても変更を認めるべきと判断したものである[32]。

これらの裁判例からは、民法791条1項による婚外子の氏の父の氏への変更について、これを許可するのであれ斥けるのであれ、家庭裁判所は、子の利益と福祉を重視することはもちろんのこと、申立ての動機や変更の必要性とともに関係者らの意向を考慮するにあたり、父の法律上の妻や嫡出子の利害との比較衡量も無視できない要素であるととらえてきたことがうかがえる。しかし、これは、親子は同一氏を称したいという国民感情に配慮して、子に親と同一の氏を称するか否かの選択権を与えるという民法791条の本来の趣旨を後退させる危険をはらむ。

裁判例において法律婚家族の利害や感情との調整が婚外子の氏変更に際して考慮されることとなった背景には、子に配偶者がある場合を除いて（戸籍法20条）、氏の変更を許可された婚外子は父の戸籍に入るという現行の戸籍制度（戸籍法18条2項）のあり方がある。そのため、婚外子と法律婚の家族が同じ戸籍に記載されることに対する法律上の妻や嫡出子の懸念が、婚外子の氏の変更に関する家庭裁判所の判断に影響を及ぼす余地を生じることに繋がっている[33]。

---

31) 仙台高決昭和46年1月30日家月25巻1号40頁。

32) 東京高決昭和44年7月4日家月22巻3号66頁、東京高決昭和46年2月9日家月23巻10号65頁、東京高決昭和47年9月6日東京高等裁判所（民事）判決時報23巻9号135頁、東京高決昭和48年1月27日家月25巻11号83頁、広島高決昭和49年6月7日家月27巻4号58頁、大阪高決平成9年4月25日家月49巻9号116頁。

33) 松川正毅＝窪田充見編『新基本法コンメンタール親族』〔窪田〕、日本評論社、2015年、153頁。

99

『エトランデュテ』第2号

さらに、父の氏に変更し父と法律婚家族の戸籍に入籍した婚外子が未成年の場合には、子の分籍手続もできない（戸籍法21条）という事情も、事態を硬直的にしていると考えられる。

Ⅳ　外国人配偶者と氏

1．国際結婚と日本人配偶者及び子の氏

　日本法上、日本国籍を持たない者（外国人）について戸籍は編製されない。ただし、外国人が日本国内で出生や死亡した場合には戸籍法の適用を受け、市区町村の戸籍届出窓口に届出をしなければならないとされている（戸籍法25条2項）[34]。これらの届出は10年間保存される。

　婚姻については、日本人と外国人又は外国人同士が日本で婚姻する場合、戸籍届出窓口に婚姻の届出をし、両当事者に婚姻の要件が備わっていると認められて届出が受理されると、有効な婚姻が成立する（法適用通則法24条2項）。婚姻の届出が受理されると、日本人の当事者についてはそれが戸籍に反映される。外国人同士の婚姻の場合には、婚姻の届書が50年間保存される[35]。

　日本人と外国人が婚姻した場合、外国人は戸籍に登録されないため、日本人配偶者について新戸籍が編製される（ただし、日本人配偶者がすでに戸籍の筆頭者である場合は新戸籍を編製するに及ばない。戸籍法16条3項）。この場合、戸籍実務では日本人と外国人が日本で婚姻するときには民法750条の夫婦同氏原則は適用されないと解されており、婚姻によって日本人配偶者の氏が変更さ

34）南敏文「グローバル化と戸籍制度－渉外戸籍と国際私法との関連で」アジア家族法会議編『戸籍と身分登録制度』日本加除出版、2012年、72頁。

35）法務省 http://www.moj.go.jp/MINJI/minji15.html#name1 なお、双方とも外国人の婚姻の場合、日本にある当該国の大使館ないし領事館にその国の方式に従って婚姻の届出をしたときは、日本の戸籍届出窓口への届出は不要である。

100

れることはない（昭和 26 年 4 月 30 日民事甲 899 号民事局長回答等）。その理由について、個人の呼称のルールは国によって異なり、呼称の変動原因が日本と同一でないこと、日本の戸籍法は民法の規定する氏に従って取り扱われるため、外国法又は慣習や習俗によって定まる婚姻後の個人の呼称を戸籍に記載することは必ずしも容易でないことが挙げられている[36]。なお、日本人と外国人の夫婦に子が生まれた場合、この子は日本国籍を取得し、日本人配偶者の戸籍に入ってその氏を称する（国籍法 2 条、戸籍法 6 条ただし書、18 条 2 項）

　ただし、日本人配偶者は婚姻の日から 6 ヶ月以内に届け出ることによって、自らの氏の呼称を外国人配偶者の氏に変更することができる（戸籍法 107 条 2 項）。この届出に際して家庭裁判所の許可等は要せず、日本人配偶者が届け出ることで足りる[37]。なお、6 ヶ月の期間を過ぎた場合は、日本人配偶者は戸籍法 107 条 1 項に従い家庭裁判所の許可を得て外国人配偶者の氏に変更することが可能である。

　子の氏については、日本人と外国人の夫婦にすでに子がいて日本人配偶者の戸籍に記載されているとき、戸籍法 107 条 2 項の氏の変更の届出により日本人配偶者の氏は変更できるが、それによって子の氏は当然には変更されない。この場合、日本人配偶者について新しい戸籍が作られ、子はそれまでの戸籍に残ることとなる（戸籍法 20 条の 2）。子の氏も変更したいときは、子の入籍届を提出して子を日本人親の戸籍に入れることにより、子は親と同じ氏を称することができる。

　一方、日本人配偶者の戸籍に入っている子のみが外国人である親の称する氏に変更することも可能である。この場合は戸籍法 107 条 4 項に従い、家庭裁判

36）大阪高決平成 3 年 8 月 2 日家月 44 巻 5 号 33 頁。

37）従前は、日本人配偶者の氏を外国人配偶者の称する氏に変更するには戸籍法 107 条 1 項に拠り家庭裁判所の許可が要件とされたが、1984 年に同条が改正されて現行同条 2 項が 1 項の特則として新設され、家庭裁判所の許可は不要となった。

『エトランデュテ』第2号

所の許可を得て氏の変更をなすことになる。同項によって子が氏を変更したときは、その子について新戸籍を編製する（戸籍法20条の2第2項）。子が15歳未満であるときは、その法定代理人（親権者）が戸籍法107条4項の手続をとることができる（民法791条3項、昭和59年11月1日民二5500号民事局長通達第2の4（3）ウ）。

　このように日本人配偶者や子が外国人配偶者の称する氏に変更することは可能であるが、外国人配偶者が日本人配偶者の氏に変更することについて現行の戸籍法には規定がない。氏は戸籍への登録と連動し、外国人は戸籍の登録対象ではないことがその理由とされている[38]。ただし、外国人が市区町村への届出手続により通称氏名を使用することは現行でも可能であり、市区町村が適当と認めたときは住民票にこの通称氏名が登録される。これは法的な氏名の変更ではなく住民基本台帳制度における扱いにとどまるが、外国人配偶者が日本人配偶者の氏を通称氏として登録し、印鑑登録等社会生活において日本人配偶者の氏を称するという方法をとることはできる。通称氏名の登録は婚姻を契機とする場合に限られないが、多くの市区町村では、通称氏名の登録・変更には一般に当該氏名を日常的に社会生活で使用していることの確認書類を要求するのに対して、婚姻を理由に日本人配偶者の氏を通称氏として登録する場合には、そのような証明を要せず登録を認める扱いがなされている。

2. 外国人配偶者の氏と戸籍法107条

　ところで、裁判例では、日本人配偶者が戸籍上の氏を外国人配偶者の通称氏

38）外国人配偶者の氏はその者の本国法により定まる（昭和40年4月12日民事甲第838号民事局長回答）。本国法に基づく効果として外国人配偶者の氏が日本人配偶者の氏に変更される場合において、日本人配偶者の戸籍の身分事項欄や夫婦間の嫡出子の父母欄の外国人配偶者の記載を日本人配偶者の氏（漢字）を用いて表記したいときは、権限ある本国官憲の作成した証明書等を添付して申請することができる（昭和55年8月27日民二第5218号民事局長通達）。

特集1

へ変更することを求めて変更の申立てをするケースがしばしばある。この場合、外国人配偶者の氏ではなく通称氏（住民票への登録の有無は問わない）への変更であるため、婚姻の日から6ヶ月以内であっても戸籍法107条2項ではなく同条1項の手続によらなければならない。そして、このような事案の大半は在日外国人である夫と婚姻している日本人妻が申し立てるケースである。

戸籍法107条1項が氏の変更につき家庭裁判所の許可を要件とすることについては、氏が社会における個人の特定識別機能を持つものであることに鑑みれば、同条の氏の変更が呼称上の氏[39]の変更にすぎないものであっても個人の完全な自由意思に任せるべきではないと考えられ、家庭裁判所の審査を課すことには一定の合理性があると見ることができる[40]。また、名の変更の場合には「正当な事由」で足りるのに対して（戸籍法107条の2）、戸籍法107条1項が氏の変更には「やむを得ない事由」を要するとし、より厳格な要件を課していることからは、法律が「氏」における呼称秩序の安定性を重視していることがうかがえる[41]。

ただし、外国人夫の通称氏への日本人妻の変更の申立てにおいて、裁判所は「やむを得ない事由」を比較的緩やかに認定し、氏の変更を許可する傾向が

---

39) 戸籍実務では「民法上の氏」と「呼称上の氏」を区別する扱いをしており、「民法上の氏」は氏の取得・変動が民法によって規定され戸籍変動の基準となる氏（民法750条や790条による氏の変動・取得がこれにあたる）、「呼称上の氏」は戸籍に記載されている氏の呼称それ自体であって、戸籍の変動とは関係なく字体呼称を同じくするか否かにより同一性が決まる氏と解されている。戸籍法107条による氏の変更は後者の呼称上の氏に関するものである。鳥澤孝之「夫婦及び子の氏と戸籍制度」レファレンス平成23年3月号、2011年、59頁。

40) 青木＝大森前掲・注1)438頁。

41) 戦前は名についてのみ余儀ない場合に限り知事又はその委任を受けた市町村長の許可によって改名が可能とされ（明治5年8月24日太政官布告235号）、氏の変更は認められていなかった。青木＝大森・前掲注1)438頁。

『エトランデュテ』第2号

見られる。そこでは、「外国人の配偶者と婚姻した日本人が、その婚姻生活を
円満に営んでいくために、外国人の配偶者と同じ氏を称することを希望する場
合においては、この希望を尊重すべき十分な理由があることはいうまでもない
ところであり、外国人配偶者が通称である日本名を永年にわたって使用し、社
会生活において、その通称が定着していると認められるときには、これを実氏
名の場合と同様に取り扱い、外国人配偶者の通称に従った氏の変更は、戸籍法
107条1項所定の『やむを得ない事由』が具備されているとしてこれを許可す
べきものと解する」[42] という判断がなされている。すなわち、外国人夫の通
称氏が社会生活において定着していれば、戸籍法107条1項の「やむを得ない
事由」にあたるという理解である[43]。

　かつては日本人妻自身による外国人夫の通称氏の使用がいまだ長期間に及ん
でいない場合、妻につき永年使用とはいえず社会生活で定着したものではない
等の理由により氏の変更を否定した裁判例[44] もあった。しかし、特に1984年
の戸籍法改正による107条2項の創設を契機として、夫による通称氏の使用の
定着が認められれば、日本人妻による永年使用を必ずしも要件とせず、婚姻後
間を置かずに妻が夫の通称氏への変更を申し立てた場合にも社会生活上妻が通
称氏を使用する必要性があるとして「やむを得ない事情」を肯定し、変更を許
可すべきとするのが現在の裁判例の方向性であると言える[45]。

---

42) 福岡高決平成22年10月25日家月63巻8号64頁。

43) 前掲注36) 大阪高決平成3年8月2日。

44) 大阪家審昭和51年10月8日家月29巻7号65頁、大阪高決昭和60年10月16日家月
　　38巻2号134頁、大阪高決平成元年10月13日家月42巻10号70頁（原審判・大阪家
　　審平成元年7月13日家月42巻10号68頁）。

45) 札幌家審昭和60年5月11日家月37巻12号46頁（ただし妻による15年間の永年通称
　　氏使用のある事案）、広島高決昭和63年11月25日家月41巻4号78頁、広島家三次支
　　審平成2年5月24日家月42巻11号58頁、前掲注36) 大阪高決平成3年8月2日、前
　　掲注42) 福岡高決平成22年10月25日。

特集1

　このことは、離婚や夫の死亡によって婚姻関係が解消した後にも、裁判所は日本人妻による外国人夫の通称氏使用を認めることに肯定的な姿勢をとることにも現れている。すなわち、裁判例には、日本人妻が外国人夫の日本における通称氏への変更許可を申し立てた後に夫が死亡した事案において、戸籍法107条2項の趣旨に基づき亡夫の通称氏を称した生活を維持しようとする妻の社会生活上の便宜に配慮して「やむを得ない事由」があると認め、変更を認容した事例[46]や、外国人夫との婚姻に際して夫の氏に変更した妻が、婚姻以来公的に必要な場合以外は夫の日本における通称氏を使用し、離婚後もこの通称氏を使用して延べ10年以上にわたり通称氏の使用を継続してきた事案において「やむを得ない事情」があると認め、通称氏への変更を認容した事例[47]がある。

V　結び

　戸籍法107条1項による氏の変更に関し本稿で挙げた上記IVの諸裁判例は、いずれも夫が韓国籍の在日外国人であり、歴史的・政治的経緯により永年にわたって日本氏名を称し、それが定着して日本社会において実氏名と同様に扱われてきたという事情の認められる事案であった。そのような外国人夫と婚姻した日本人妻が夫の通称氏を称することを希望するときはそれを尊重すべきであるとの裁判所の考慮の背景には、日本において日本人の妻が夫の氏を名乗ることを求めるのは社会上自然な感覚であり、日常生活においても夫の氏を称することに便宜があるとの認識があることがうかがえる[48]。

　戸籍法107条により変更される氏は呼称上の氏にとどまり、それによって

46）大阪高決平成9年5月1日家月49巻10号93頁。

47）東京高決平成9年3月28日家月49巻10号89頁。

48）前掲注46）大阪高決平成9年5月1日。

105

『エトランデュテ』第2号

法律上の身分関係の変動を伴うものでもなく、「人を特定表示するための呼称以上の観念的要素を持つものとはいうことができない」[49] との指摘が法的には異論のないところであろう。他方で、戸籍法107条に2項が加えられたことをもって「外国人との間であれ婚姻生活を円滑に営むために必要であれば、夫婦が同一の氏を称することを肯認し、その手続を緩和しようとしたもので、同規定は、このような場合には当然に戸籍法107条1項にいう『やむを得ない事由』に該当することを前提としており、夫婦同氏の原則を尊重する意図に出たもの」[50] という理解のもと、戸籍法107条1項の適用される外国人夫の通称氏への変更についても、婚姻を契機として日本人妻が夫と同じ氏、しかも法律上の氏ではなく実生活における個人特定の呼称として他者からの認識が定着している通称氏の使用を求めることは、日本社会における民法750条を前提とした社会生活上の夫婦同氏呼称への要請として肯定的にとらえられるべきであるとの裁判例の考慮は、それ自体否定されるものではない。しかし、翻って考えると、日本人と外国人の夫婦について、日本人を対象とした登録制度という戸籍の趣旨に由来することを理由としつつも別氏を原則とし、その上で、日本人配偶者（特に妻）の選択により外国人配偶者の氏ないし通称氏を呼称上の氏として戸籍において称することを緩やかに認める方向に立法と裁判例があるのに対して、日本人同士の夫婦については夫婦同氏を動かすことのできない民法及び戸籍法上の原則とし、別氏への選択を認めないとする法制度を維持することにどこまでの妥当性が現在なおあるといえるか、検討がいっそう促されるように思われる。民法750条が民法上の氏に関するものであり身分関係の変動にかかわるものであるとしても、法律のシステムとして同条を再考し婚姻当事者に氏の選択権を与える制度を施する必要性は高いと思量される。

49）前掲注36）大阪高裁平成3年8月2日。

50）前掲注46）大阪高決平成9年5月1日。

特集1

　氏と戸籍については、さらに日本社会の持つ家族像という観点において婚外子の氏の問題がある。現行法上、婚外子は母の氏を称し（民法790条2項）、母の戸籍に入る（戸籍法18条2項）。父が認知すれば婚外子は家庭裁判所の許可を得て父の氏に変更することができるが（民法791条1項）、その場合、戸籍も母の戸籍から父の戸籍に移ることになる。そこで、民法791条1項による子の氏の変更に際して、家庭裁判所は子の利益とともに氏の変更に異議を申立てる者すなわち多くは父の法律婚の妻や嫡出子の利害もあわせて検討し、両者を比較衡量した上で変更の許否を決する裁量を有するとされてきた。

　しかし、婚外子の氏の変更以前の問題として、婚外子と父との法律上の親子関係を生じさせる手段である認知については、民法は父による任意認知であれ子からの訴えによる裁判認知であれ原則として関係人の同意を要件とはしておらず[51]、ましてや認知に際して法律婚家族の意向を斟酌しうる規定振りにはなっていない。そのようにして認知された婚外子が民法で認められた父の氏の選択を妨げられる要因に法律婚家族との同一戸籍への入籍という事情があるとすれば、それは現行の戸籍制度が民法の認める個人の権利（婚外子による父の氏の選択）を阻害するという状況を作り出しているということになろう。同時に、婚外子を認知することによって父の戸籍にはその旨が記載されるのであり、すでに父の戸籍において認知の事実は明らかであるにもかかわらず[52]、さらに婚外子が入籍することについて法律婚家族の利害との衡量が必要であると考えるところに、日本において戸籍が家族の正当性の公示として持たされている

51）例外として、成年の子を認知するには当該子の承諾が必要であり（民法782条。他に、成年の直系卑属の承諾を要する場合につき783条2項）、また、胎児を認知するときは母の承諾が必要である（民法783条1項）。

52）東京高決昭和50年11月14日家月29巻3号91頁はこの点をとらえて、認知が戸籍に記載されている以上、婚外子の氏の変更を認めることによって法律上の妻や嫡出子の利害に大きな違いが出るとはいえないとして、変更を許可した。

『エトランデュテ』第2号

意味を思わせられる。なお、日本では1994年に戸籍法が一部改正され戸籍事務の電子処理が行われるようになったが（戸籍法118条-120条）、電算化された戸籍でも、婚外子が認知されれば父の戸籍の身分事項欄に認知事項が追加され、認知の事実は戸籍上明らかとなる。さらに婚外子の氏を父の氏に変更した場合、当該子に配偶者のある場合を除いて、婚外子が父の戸籍に入籍されることは電算化後も同様である。

　現行の民法及び戸籍法をめぐって生じるこれらの課題を見るとき、夫婦の氏・戸籍と親子の氏・戸籍の問題は相互に連動していることがあらためてわかる。特に子について、出生とともに親の氏を取得すると法律で定めることによりその個人の特定性を確保することの必要性と意義は言を待たないことであるものの、その後に同じく法律で認められた氏の選択について、当該子の意思以外の考慮要素を持ち込む余地が法制度上の仕組みとして存在するのであれば、その是正に吝かであってはならないと考える。

> 海外特別寄稿

Toccata and Fugue of a Stranger

Jin Y. Park [*]

When Korean-American writer Chang-rae Lee's *Native Speaker* (1995) received the Hemingway Foundation/PEN Award for best first fiction, a reviewer described the book as a "reimagination" of Ralph Ellison's classical novel, *Invisible Man* (1947). The two stories share much common ground. One similarity concerns the irony involved in their titles. *Native Speaker* tells the story of a Korean-American who can never—in the literal sense—be a native speaker of American English. *Invisible Man* is an account of an African-American whose visibility of blackness renders him invisible in racist America. In both novels, the titles convey irony: How does a non-native speaker remove the "accents" in his language and become a native speaker? How does an invisible man make himself visible? What do language and in/visibility represent for understanding ourselves, others, and our relationships? And who are the strangers, those who are marginalized in our society?

---

[*] American University

1. Non-native Native Speaker

Native Speaker portrays the story of a Korean family living in New York. The plot develops around the main character, Henry Park, who feels that two sides of his identity are inevitably contradictory. An unbridgeable gap exists between the culture Henry has inherited from his parents and the culture in which he wishes to locate himself.

Probably for that reason, at the outset of the story, Henry expresses a negative attitude toward both Korean and American cultures. The negative aspects of Korean culture for Henry are epitomized in his father, a typical first-generation Korean immigrant. Willingly giving up his past as a well-educated intellectual in Korea, Henry's father has become a successful grocery owner who sells fruits and vegetables. Family is everything to Henry's father, whose life revolves around earning money for his family's benefit. Ironically, however, Henry's father rarely has time to spend with his family since he devotes most of his life to his store and financial security.

To Henry, the limited vision of his father's life is evidence of Korean-Americans' inability to make any significant contributions to American society. Henry feels that Korean- Americans like his father are invisible. The Confucian legacy of taking family as the basis of life has no serious meaning to Henry; such a concept merely confines people within the limited boundary of family life. Henry detests Korean-ness in lifestyle and codes of behavior. From his American perspective, living a life like his father's neither represents an ideal for individuals nor serves much good to society. The irony, however, is that as much as he refuses to comply with what he counts as the Korean attributes of his father, Henry also does not want to challenge this cultural foundation by adopting the American lifestyle. The inability to reconcile Korean and

海外特別寄稿

American cultures creates a major dilemma in Henry's understanding of his identity. Caught between the two cultures, Henry evades the question of his identity and tries to erase both sides of the scale of his double identity. He is neither a Korean nor an American; he is a spy. His wife, Lelia, defines him as a "surreptitious . . . illegal alien; emotional alien; neo-American; stranger; traitor; spy."[1]

A turning point occurs when Henry accepts an assignment to spy on John Kwang, a New York councilman and potential Democratic frontrunner for the next mayoral race. A public figure such as John Kwang, whose mission is to unite the diverse ethnic communities in Queens, seems to demonstrate to Henry that he might not have to choose between his Korean heritage and his American ambitions or use the latter to betray the former. The visible identity of John Kwang in American society begins to have a magnetic power on Henry. He confesses:

> Before I knew of him [John Kwang], I had never even conceived of someone like him. A Korean man, of his age, as part of the vernacular. Not just a respectable grocer or dry cleaner or doctor, but a larger public figure who was willing to speak and act outside the tight sphere of his family. He displayed an ambition I didn't recognize, or more, one I keept these together: hadn't yet envisioned as something a Korean man would find significant or worthy of energy and devotion; he didn't seem afraid like my mother and father, who were always wary of those who would try to shame us or mistreat us. [2]

---

1) Chang-rae Lee, *Native Speaker* (New York: Riverhead Books, 1995), p. 5.

2) Lee, *Native Speaker*, p. 129.

Henry's refusal to maintain a certain identity mirrors his inability to make himself visible in American society. To Henry, being Korean is synonymous with being a grocer or dry cleaner—with being an apathetic loser. Kwang is living proof that a Korean man can be a visible figure in American society. Following this awareness, Henry's attitude toward Korean culture starts to change. He begins to internalize the Korean lifestyle he rejected when such practices were associated with his father. He performs Korean drinking customs; adopts the Korean way of expressing mourning by bowing; and eventually feels that Korean language can tie him to John Kwang:

> I grunt in assent, sipping the liquor. I can't offer anything more. It is in these moments that I wish for John Kwang to start speaking the other tongue we know; somehow our English can't touch what I want to say. I want to call the simple Korean back to him the way I once could when I was Peter's age, our comely language of distance and bows, by which real secrets may be slowly courted, slowly unveiled. [3]

The emotional distance and formality of bowing as well as the Confucian legacy of orderliness begin to have positive implications to Henry; such behaviors are perhaps the only way to reveal whatever secret the two men share. Ironically, these are the Korean practices that Henry refuses to appreciate from his father—who, unlike John Kwang, has failed to be a visible figure in American society.

While Henry opens a door for John Kwang to appreciate his Korean heritage and evolve beyond his negative attitudes toward both Korean and American cultures, the novel's conclusion suggests that the councilman is not

---

3) Lee, *Native Speaker*, p. 256.

海外特別寄稿

the answer to Henry's problem. Despite Henry's eye-opening experience about the possibility of Korean-American identity, corruption and disguise eventually bring the downfall of John Kwang. At the end of the story, Henry remains uncertain of his identity. He reflects:

> Washing the sleep from my face, I remembered how for a time in my boyhood I would often awake before dawn and step outside on the front porch. It was always perfectly quiet and dark, as if the land were completely unpeopled save for me. No Korean father or mother, no taunting boys or girls, no teachers showing me how to say my American name. I'd then run back inside and look in the mirror, desperately hoping in that solitary moment to catch a glimpse of who I truly was; but looking back at me was just the same boy again, no clearer than before, unshakably lodged in that difficult face. [4]

John Kwang's failure cannot be considered a critique of a certain career; instead, such failure poses questions about the very nature of the visibility that Henry aspires to achieve. *Native Speaker* ends with Henry working as an assistant to his wife in the profession of language therapy. Together they help immigrants' children learn their second language and become native speakers. The conclusion is symbolic in various aspects and also brings the story full circle. At the beginning, Lelia accuses Henry of being a "false speaker of language"; Henry is finally trying to learn how to speak native language.

---

4) Lee, Native *Speaker*, p. 300.

『エトランデュテ』第2号

2. Seeing the Invisible

Of which language will he eventually be a native speaker? The author once explained his novel's title: "One reason I call this book *Native Speaker* is to suggest that . . . these people [immigrants] are a native as you are. English is not the definition of who is American. What's American is always changing, dynamic. I think we're forgetting that, trying to strictly define who belongs here and who doesn't." [5]

Lee's statement on who should and should not be considered American is more acute in the current American atmosphere. Increasing visibility of hate crimes and white supremacy have alarmed many Americans about themselves and what American society has been and should be. Asian immigrants, with their visibly different appearances and audibly different accents, have been as much targets of discrimination as African- and Latino-Americans have. In a sense, Korean-Americans are doubly marginalized in American society. The model-minority theory projects Koreans as model "immigrant" and "minority" citizens who come to the land of opportunity; work hard to earn money, like Henry's father, by running green groceries and laundromats; and send their children to Ivy League schools. However, the model-minority theory cannot be a way to compliment and appreciate Koreans' contributions to American society. To the contrary, the theory has been utilized to create an environment of minority against minority—as evident in the racial tensions between Korean- and African-Americans during the 1992 LA Riot. Why should Koreans be victims of uprising caused by the acquittal of white policemen who killed

---

5) Kimber Williams, "Chang-rae Lee: A Profile." *Korean Culture* 16/3 (Fall 1997): 26-32, p. 28.

海外特別寄稿

African-Americans?

By highlighting the stark contrast between the invisible existence exemplified by Henry's father and the seemingly visible life of John Kwang, Chang-rae Lee suggests that Asian-American identity is not the issue of choosing between the two—that is, what's Asian or what's American. Rather at stake is understanding the nature of the relationship and of the "changing" and "dynamic" aspects of one's identity.

At its primary level, the relationship between Asian and American aspects in Asian-American identity can be classified as the visible and the invisible. When compared to American culture (or Americanness), which constitutes the privileged cultural majority, immigrant culture is invisible in American society. However, what is Asian is visible because it locates itself against the background of what is "seemingly" American. Asian-Americans are identified as such primarily by the sheer visibility of their physical identity as Asians. One is an Asian because he or she has yellow skin, brown eyes, and black hair. American education and American culture are invisible in Asian-Americans' visible shape—until one makes such culture visible through language, behaviors, and expressions. Asian-America and the Asian-American body are the places of chiasm in which the visible and the invisible meet at the crossroad of *chi* (X).

Understanding the chiasmic nature of the Asian-American body constitutes part of the Asian-American identity search. In the case of Henry Park and his negation of both cultures, Henry's body becomes versatile; he does not exist. Only the pseudo-identity he assumes as a spy does. His body, the physical evidence of his Korean-Americanness, needs be restored in order for him to have any kind of identity of his own and make possible the visibility of his existence as an "Asian-American."

115

『エトランデュテ』第2号

Twentieth century French philosopher Maurice Merleau-Ponty (1908-1961) explains the logic of visibility through the chiasm of the visible and the invisible. Dualistic worldview assumes that the seeing subject is exercising its power over the seen object. Merleau-Ponty critiques this one-way understanding of the act of seeing and explains it in terms of mutual commitment made in the act of seeing. He develops this idea by employing the Greek word *chi* (X). The two lines in *chi* are crossed to form the letter. The same is the case for visibility. When one sees, one sees the seen object, which is visible. However, one cannot see one's vision, which sees the visible. Thus, one's vision is invisible. Visibility—the occurrence of "I see an object"—becomes possible only when the two elements—the visible (that which is seen) and the invisible (that which is seeing)—come together. This intertwining of vision and the visible is what Merleau-Ponty calls "visibility."

Frequently forgotten in Asian-America is this intertwining of the two aspects. In an attempt to create a solid identity as either an Asian or an American, Asian-Americans comes to completely erase their identity — as in the case of Henry Park.

3. Speaking in Silence

The invisible nature of Asian immigrant culture along with the visible "difference" of the Asian-American body frequently go together with the image of a silent foreigner. American culture has employed verbalization rather than silent communication as a main means of expression. As opposed to such a "linguistic" culture, Asian culture has placed a strong value on "silence" not only in religious practice but also in daily life. The "muteness" in Asian heritage, when confronted with the "eloquence" of American culture, is

海外特別寄稿

frequently misunderstood as indifference or lack of capacity to care for others. Henry describes the difficulty of verbal communication he experienced with his father as follows:

> Even the most minor speech seemed trying. To tell him [father] I loved him, I studied far into the night. I read my entire children's encyclopedia, drilling from aardvark to zymurgy. I never made an error at shortstop. I spit-shined and brushed his shoes every Sunday morning. Later, to tell him something else, I'd place a larger bouquet than his on my mother's grave. I drove only used cars. I never asked him for money. I spoke volumes to him in this way, speak to him still, those same volumes he spoke with me. [6]

However, silence is not the "negative" side of verbalization but a different kind of language. Silence is the invisible aspect of visibility, whereas verbalization constitutes its visible aspect. Without silent communication, which presupposes shared emotion and understanding, verbal communication cannot be complete. To borrow Merleau-Ponty again, the phenomena of speech cannot be explained by the common presupposition of "I speak, you listen." Rather, linguistic communication involves at least two kinds of language, which Merleau-Ponty defines as *le langage parlé* (spoken language; sedimented language) and *le langage parlant* (speech; speaking language). The two languages can also be identified as direct and indirect language.

Direct language is language "after the fact, or language as an institution, which effaces itself in order to yield the meaning which it conveys.[7] "

---

6) Lee, *Native Speaker*, p. 119.

7) Maurice Merleau-Ponty, *The Prose of the World* (1969). Trans. John O'Neill. (Evanston, IL: Northwestern University Press, 1973/1981), p. 10.

『エトランデュテ』第2号

Indirect language, on the other hand, is "the operation through which a certain arrangement of already available signs and significations alters and then transfigures each of them, so that in the end a new signification is secreted."[8] This indirect language is the voices of silence; as Merleau-Ponty states: "If we rid our minds of the idea that our language is the translation or cipher of an original text, we shall see that the idea of complete expression is nonsensical, that all language is indirect or allusive—that is, if you wish, silence."[9]

Silence is part of communication but only when speakers share common understanding. Until silence is incorporated in one's communication, spoken language floats in the gap between speaking subjects. Unless the silence of their native tongue is incorporated into their second language, Asian-Americans remain in the world of muteness, with their invisibility.

4. Whose Language is it Anyway?

Henry's efforts to learn the native language points us to another dimension in which language is the measure of belongingness. Jacques Derrida (1930–2004), one of the most well- known philosophers of the second half of the 20th century, addresses this topic in his discussion of the impossibility of being a "native speaker" of his own native language.

Explaining the genesis of his philosophy known as "deconstruction," Derrida says he created a philosophical structure to make sense of his life

---

8) Merleau-Ponty, *The Prose of the World,* p. 3.

9) Maurice Merleau-Ponty, *Signes* (Paris: Édition Gallimard, 1960), p. 70. English translation by Richard C. McCleary, *Signs* (Evanston: Northwestern University Press, 1964), p. 43.

海外特別寄稿

experiences, especially one event that happened when he was 11 years old in 1942. Derrida was an Algerian-born French Jew living in Algeria, and he had yet to understand the meaning of anti-Semitism. A school official called Derrida to his office one day and expelled him saying, "You are going to go home, my little friend. Your parents will get a note."[10] Reflecting upon the incident, Derrida says, "At the moment I understood nothing, but since?"[11] Not knowing about anti-Semitism as an 11 year old boy means a simple lack of knowledge that can be fixed. But to make sense of a system that allowed anti-Semitism, he would have to confront the entire history of Western philosophy. He explains, "1942 for me denotes a fracture or a trauma. An unconscious sedimentation formed, hardened in me at that time, but also, no less unconsciously, an intellectual determination." The fracture, or trauma, inflicted by his expulsion from school introduced Derrida to the abyss of human understanding behind it, and his philosophy later would address racism, marginalization, justice and equality, illegal immigration, and the meaning of being human. After being expelled from his school, Derrida was sent to a Jewish lyceum, which he did not like, and he skipped school for a year. "To really do something more than just tell stories about what went on at that time, it would be necessary to find new categories," Derrida writes.[12]

The new categories Derrida developed to explain the traumatic experience of his exclusion and sense of alienation from his own culture became seminal

---

10) Jacques Derrida, *La Carte postale: De Socrates à Freud et au-delà* (Paris: Flammarion, 1980), p. 70. English translation by Alan Bass, *The Post Card: From Socrates to Freud and Beyond* (Chicago: The University of Chicago Press, 1987), p. 87.

11) Ibid.

12) Jacques Derrida, "I Have a Taste for the Secret," *A Taste for the Secret* (Polity, 2001), p. 38.

119

aspects of his philosophy. At the center of this search for new categories was the problem of identity. The people who expelled the 11-year-old "Jackie" were not Germans occupying French territory but the French, people of his own country. Considering language in light of his alienation, Derrida says, "French is the only mother tongue I have, but while still a child I had a vague sensation that this language was not really my own."[13] This was because proper French was limited to the French spoken in Paris, the language of the center, and the French spoken in France as a whole or in Algeria were not considered as one. Derrida was aware that speaking proper Parisian French, or the language of the center, also meant understanding the rules, regulations, customs, and habits of mind created from the perspective and privilege of those in power. Similarly, by learning English, Henry's students aspire to be like the people at the center of American society who have power over cultural customs.

For both Henry and Derrida, the experience of exclusion is a paradigmatic example showing that the identity people believe as their own is moveable and subject to the control of societal power structures. These structures decide the legitimacy of the categories through which meaning and values are evaluated. The logic of exclusion is based on the identity principle, and identity in this case is not limited to self-identity; it includes ethnic identity, gender identity, sexual orientation, nationality, and even life itself.

If my country expels me or society tells me I do not speak my language properly, how should I respond? One common reaction would be to blame myself and try to learn appropriate behaviors and proper language skills to fit societal norms. Evaluations of actions, based on the identity principle,

---

13) Ibid.

海外特別寄稿

lead us to a binary postulation of right and wrong. Derrida's deconstruction introduces new categories that challenge the notion of the identity principle, rigorously demonstrating that the two sides of binary opposites are always interconnected. From this perspective, a center is only a center because of its margins. "The outside is the inside," Derrida writes, crossing out "is" to illustrate his point. [14] Not only are the insiders (the people at the center) and the outsiders (the people expelled) mutually dependent, but their existence is also moveable, and their positions cannot be stabilized with the verb "to be." The inside is, but also is not, because the inside is the outside when considering that their existences depend on each other.

5. The Visible and the Invisible

As visible as a person's language is his skin color. The protagonist of Ellison's *Invisible Man* tells us:

> I am an invisible man. No, I am not a spook ⋯ I am a man of substance, of flesh and bone, fiber and liquids ⋯ I am invisible ⋯ simple because people refuse to see me. Like the bodiless heads you see sometimes in circus sideshows, it is as though I have been surrounded by mirrors of hard, distorting glass. When they approach me, they see only my surroundings, themselves, or figments of their imagination — indeed, everything and anything except me."[15]

---

14) Jacques Derrida, *De la grammatologie* (Paris: Le Éditions de Minuit, 1967), p. 65. English translation by Gayatri Chakraorty Spivak, *Of Grammatology* (Baltimore: The Johns Hopkins University Press, 1974), p. 44.

15) Ralph Ellison, *Invisible Man* (1947) (Vintage Books, 1972), p. 3.

『エトランデュテ』第2号

Marginalized existence does not end with a person being invisible to society. Instead, it leaves a person visible in only a specific, limited way. Henry in Lee's novel perceives his father and other Korean Americans as visible to American society only as hard-working money makers who do not complain, while the rest of their qualities go unseen or unnoticed. The work of Jeffrey Reiman, a scholar of continental philosophy and criminal justice, suggests that the invisibility of an economically marginalized group in a capitalist society makes that same group visible in the world of crime. Criticizing the American criminal justice system, Reiman invites us to the following thought experiment:

Think of a crime, any crime. Picture the first "crime" that comes into your mind. What do you see? The odds are you are not imagining a mining company executive sitting at his desk, calculating the costs of proper safety precautions, and deciding not to invest in them. Probably what you do see with your mind's eye is one person attacking another physically or robbing something from another via the threat of physical attack. Look more closely. What does the attacker look like? It's a safe bet he (and it is a *he*, of course) is not wearing a suit and tie. In fact, my hunch is that you—like me, like almost anyone else in America — picture a young, tough, lower-class male when the thought of crime first pops into your head. You (we) picture someone like the Typical Criminal described above. [16]

Reiman argues that people have preconceived notions about typical criminals and crimes, where crime is harm related to "physical injury, loss of something valuable, or both." Excluded in this definition are white collar crime, discrimination, political corruption, and the exploitation of humans and nature, among other categories. Employing various forms of documentation and media

---

16) Reiman, *The Rich Get Richer the Poor Get Prison,* pp. 70-71.

海外特別寄稿

reports, Reiman demonstrates that American society is constantly generating a biased view of criminals as being low-income individuals. According to his research, the public record on white collar crime in the United States has consistently diminished over the past several decades. Reiman concludes that "the acts labeled crimes, instead of being all dangerous acts, were predominantly acts of the poor in society. And the dangerous acts not labeled crime were predominantly acts of the well-off." [17] Reiman did not include the racial profile of the "typical criminal," but race is also likely tied to these stereotypes.

Henry's agony over his own identity as well as the identities of his father and John Kwang, Derrida's reflection on the power of the center and its violence, and the Invisible Man's depiction of the dehumanization of African Americans have a common thread: their conflicts all arise from the fear of the stranger, the outsider. The outsiders are considered the cause of evil and the problems in their societies. The moment that certain groups establish themselves as "the inside," they also create a sense of insecurity and even threat that "the outside" may try to steal their privilege and power. However, as Derrida points out, the inside and outside are mutually constructed, and the insider cannot exist without the outsider. When the insider claims it to be the insider and naturalizes its desire, power, and the violence to maintain the privilege of being the insider, the outsider becomes its threat.

In the book *Strangers to Ourselves*, Julia Kristeva, a Bulgaria-born French feminist philosopher and psychoanalyst, writes that the stranger is a "symptom that precisely turns 'we' into a problem, perhaps makes it impossible."

---

17) Reiman, *The Rich Get Richer the Poor Get Prison*, p. 244.

『エトランデュテ』第2号

Kristeva says "the foreigner comes in when the consciousness of my difference arises, and he disappears when we all acknowledge ourselves as foreigners, unamenable to bonds and communities." [18)]

Henry in *Native Speaker* also has something to tell himself in this regard. Realizing the status he desired by associating with John Kwang, he sees that his Korean-American identity is not a dismissible element in the society he wants to belong to. Instead, his identity is a testimony to the failures and glories of American society. Henry declares:

My ugly immigrant's truth, ⋯, is that I have exploited my own, and those others who can be exploited. This forever is my burden to bear. But I and my kind possess another dimension. We will learn every lesson of accent and idiom, we will dismantle every last pretense and practice you hold, noble as well as ruinous. You can keep nothing safe from our eyes and ears. This is your own history. We are your most perilous and dutiful brethren, and the song of our hearts at once furious and sad. For only you could grant me these lyrical modes, I call them back to you. Here is the sole talent I ever dared nurture. Here is all of my American education. [19)]

The outside illuminates the problems the inside refuses to see in itself. The experiences of immigrants expose societal limits and deceptions when a country exploits their labor for the benefit of their economy and refuses to appreciate their labor and pay them their due salaries. The history of African Americans shows the hypocrisy of white America as racist policies and customs aim to limit people of color's success while also casting blame

---

18) Julia Kristeva, *Étrangers à nous-mêmes* (Paris: Gallimard, 1988), p. 9; English translation by Leon S, Roudiez, *Strangers to Ourselves* (New York: Columbia University Press, 1991), p. 1.

19) Lee, *Native Speaker*, p. 297.

124

海外特別寄稿

on them for societal problems. And backlash against women's empowerment demonstrates the ingrained fears that men have of people who are different.

6. Imagining Homesickness

Theodor Adorno (1903–1969), a German philosopher and composer, once said that writing poetry after Auschwitz was barbaric. Adorno was exiled in the United States while Nazis controlled Germany, but he returned to the country in 1949. In Adorno's writings he describes homesickness as not only a sickness for home, but also a sickness at home. Without problems in one's home country, a person may never have left. But over time a person forgets the "sickness" at home and develops a longing for home, a sickness for home. Adorno's reflection on homesickness informs us that our hometown or home country is not the answer to our alienation: loneliness is tied to the human condition as much as social environment. As Kristeva said, being strangers to ourselves, we might want to ostracize others, as though that action could help us secure our identities.

Our time is known for its increasing globalization. In this fast-moving, multicultural world, in which cyber space enables us to connect to the world in our fingertips, everybody is in some way a stranger, foreigner, or minority. People tend to suppress their marginal positions and forget the situations in which they are considered outsiders, as they want to exercise the privilege of being insiders. But what is that uncanny feeling that leaves us insatiable at unexpected moments? Is it the desire to be home, to feel secure, to confirm we are alright? We do not have answers yet for the questions about the unknown world inside each human. But as Kristeva said in her analysis of Freud, "The strangeness is within me, hence we are all foreigners. If I am a foreigner, there

125

are no foreigners." [20] This is the ethics of the stranger: they entice us to look back, look inside, and, by realizing the uncanny dimension of our own existence, urge us not to "add" them to the existing list of our life, but to respect their existence as who they are. We the foreigners will continue to juggle between the multifold roles we play, including the role of being humans as well as animals, until we find our home, if there is one for us.

---

20) Kristeva, *Étrangers à nous-mêmes*, p. 284; English translation, *Strangers to Ourselves*), p. 192. Translation modified.

> 研究論文

寡占株主と「株主権の実質的行使」に関する考察

崔　先　集[*]

はじめに

Ⅰ．親会社の子会社支配

　1．支配（control）とは何か

　2．コントロールのメガニズムと程度

　3．親会社の経営政策と子会社に対するコントロール

Ⅱ．親会社の子会社支配における責任

　1．グループ企業の法人格否認

　2．法人格否認の法理

　3．法人格否認における契約と不法行為の区別

Ⅲ．法人格否認の要素としてのコントロール

Ⅳ．親会社に契約責任を負わせる法人格否認の実質的要素

　1．過剰コントロールの行使

　2．会社資産の操作

　3．過少資本

　4．その他補完的要素

---

[*]弁護士

Ⅴ. 親会社に子会社の不法行為責任を負わせる法人格否認における実質的要素
　1. 過剰コントロールの行使
　2. 会社資産の操作
　3. 財務的統合
　4. その他補完的要素
Ⅵ. 契約責任と不法行為責任における各要素の比重
Ⅶ. 終わりに

はじめに

　大韓民国の憲法は、私有財産権を保障しており、こうした精神は株式会社制
度を活性化させるために、株主有限責任の原則としても具現化されている。こ
の原則によれば、株主は、会社の内部関係は無論のこと、対外的にも会社の債
権者に対して、出資額以上のいかなる責任を負わないとされる。このように、
株主の財産を保障・保護することで、株式の自由な取引を通じた、巨大資本の
形成を可能にする利点がある[1]。
　一方で、租税の公平と租税徴収の確保という公益目的の達成のために、こう
した株主有限責任の原則の例外も認められている。すなわち、国税基本法上の
寡占株主の第二次納税義務[2]、並びに、地方税法上の寡占株主に対する、みな

1）大法院 2003.7.8 宣告 2001 두 5345 判決、2003.9.26 宣告 2002 두 4723 判決
2）国税基本法第 39 条（出資者の第二次納税義務）
　　　法人の財産でその法人に賦課され、又はその法人が納付する国税・加算金及び滞
　　納処分費に充当しても不足した場合には、その国税の納税義務の成立日現在、次の
　　各号のいずれかに該当する者は、その不足額に対して第二次納税義務を負う。但し、
　　第2号による寡占株主の場合にはその不足額をその法人が発行する株式の総数（議
　　決権のない株式は除外する。以下、この条では同様である。）又は出資総額で割っ
　　た金額に該当する寡占株主が実質的に行使する株式数（議決権のない株式は除外す
　　る。）又は出資額を掛けて算出した金額を限度とする。＜改正 2013.5.28.、2014.12.23.＞

研究論文

し取得税の課税制度 [3] である。

　形式上は法人が納税義務を負っているが、その法人の寡占株主に対してもその納税義務を拡張させるものであり、また、形式上は法人が不動産を取得したため、取得税の納税義務を負っているが、その法人の株主である寡占株主に対しても、法人を超えて、株主が取得課税の対象である物件を取得したとみなす

---

1. 無限責任社員
2. 株主又は有限責任社員一名、及びその者と特殊関係にある者のうち大統領令が定める者として、その者の所有株式の合計又は出資額の合計が当該法人の発行株式総数又は出資総額の100分の50を超え、その者に関する権利を実質的に行使する者（以下、「寡占株主」とする。）
3) 2015憲バ282：みなし取得税は寡占株主の財産権を侵害しないと判断している。関連する法規定は以下の通りである。
地方税法第7条（納税義務者等）
①取得税は不動産、車両、機械装備、航空機、船舶、立木、鉱業権、漁業権、ゴルフ会員権、乗馬会員権、コンドミニアム会員権、総合体育施設利用会員権、又はヨット会員権（以下、この章では「不動産等」とする。）を取得したものに賦課される。
　……
⑤法人の株式又は持分を取得したことで「地方税基本法」第46条第2号により、寡占株主（以下、「寡占株主」とする。）となった場合には、その寡占株主が当該法人の不動産等（法人が「信託法」により信託した財産で、信託者名義で登記・登録されている不動産等を含む。）を取得（法人成立時に発行した株式又は持分を取得したことで寡占株主となった場合には取得とみなさない。）したものとする。この場合、寡占株主の連帯納税義務に関しては「地方税基本法」第44条を準用する。＜改正2014.1＞
地方税基本法第46条（出資者の第二次納税義務）
　法人（株式を、「資本市場及び金融投資に関する法律」に従い証券市場として大統領令の定めた証券市場に、上場した法人を除外する。）の財産でその法人に賦課されたか、その法人が納める地方自治団体の徴収金に充当しても不足する場合は、その地方自治団体の徴収金の課税基準日又は納税義務成立日（これに関する規定がない税目の場合には納期開始日）現在、次の各号のいずれかに該当する者は、その不足額に対して第二次納税義務を負う。但し、第2号による寡占株主の場合にはその不足を、その法人発行株式総数（議決権がない株式は除外する。以下、この条では同様である。）又は出資総額で割った金額に、当該寡占株主が実質的に権利を行使する所有株式数（議決権のない株式は除外する）又は出資額を掛けて算出した金額を限度とする。
2. 株主又は有限責任社員一名、及びその者の特殊関係にある者のうち大統領令が定める者として、その者の所有株式の合計又は出資額の合計が当該法人の発行株式総額又は出資総額の100分の50を超え、その株式に関する権利を実質的に行使する者（以下、「寡占株主」とする）

129

観点である。これは、組合（partnership）の納税義務を組合ではない組合構成員に負わせるものとは異なり、法人に関しては第一次納税義務者であることを認め、二次的に、足りない部分に関しては、株主に納税義務を負わせる第二次納税義務である。地方税法上のみなし取得税の場合には、法人の株主が株式を取得したことを、課税対象の物件を取得したものとして、取得税義務を賦課するものである。これら二つの課税要件における寡占株主とは、当該法人の発行株式総数または、出資総額の100分の50を超過し、その株式に関する権利を実質的に行使する者を指す。

　株主有限責任の原則の例外となる寡占株主の納税義務の基準は（発行株式総数の50を超過し、かつ）その株式に関する権利を実質的に行使しているか、という点である。「実質的行使」の意味が、単純な保有を超えて、特定の行為様態を要求するのかに関して、以下検討を行う。

　大韓民国の裁判所は、二次納税義務に関する事件の判断において、株式を所有しており、株主総会に出席して、議決権を行使し、有償増資に関わった事実を基にして、実質的な権利行使であるとみている[4]。

　他方で、地方税法上のみなし取得に関する事件においても、法人の運営を実質的に支配することができる地位にいることを要している。これは、法人経営

---

[4] 大法院 2008.01.10 宣告 2006 두 19105 判決：

　「この事件の不正還付関税等の納税義務成立日現在、原告は、訴外1株式会社の発行株式総数のうち100分の30に該当する株式に関する権利を実質的に行使する者であることが分かり、更に記録によれば、原告の兄である訴外2は、訴外1株式会社の法人登記簿上の代表理事として、発行株式総数のうち100分の30を、原告の兄嫁である訴外3は訴外1株式会社の法人登記簿上の監事として発行株式総数のうち100分の15をそれぞれ所有しており、どちらも、株主総会に参加して、議決権を行使し、二度にわたる有償増資にすべて参与した事実を見て取れることから、このような事実関係に先立ち確認した法理に照らし合わせてかんがみると、上の訴外2及び訴外3は、この事件の不正還付関税等の納税義務成立日現在、原告と、親族その他の特殊関係にある者として、法第39条第2項所定の寡占株主に該当し、さらに各々が保有株式に関する権利を実質的に行使したと見る余地が大きいことから…」

研究論文

の実質的支配によって、法人の不動産等の財産を、使用収益・処分する等の権限を行使したことを要求しているものではなく、所有している株式に関して、議決権の行使を通して株主権を実質的に行使することができる地位にいれば、要件を満たすものとしている。

しかし、株主権の実質的行使を伴わずに、株式保有の事実のみを基に、租税法に規定している制度も存在する。相続税及び贈与税法上の特殊関係当事者取引や事業機会提供に対する贈与利益課税がこれに関する規定である。この条項を適用する際には、株主権の実質的行使の有無は考慮せずに、株式保有比率のみを考慮することになっている。株式保有、または株主権の存在のみを課税要件としているのである。

このように、租税法は、株式保有それ自体と、株主権の実質的な権利行使を区別して規定しており、更に、寡占株主の場合は議決権の50%を超過した場合にのみ認められる制度であるため、実質的な権利行使の意味は、単純に保有しているという事実 [5] を超えて、寡占株主が会社を支配しているという観念に近いと言える。

しかし、大法院（最高裁判所）の判例において見たように、株主権の実質的行使を、株主総会への参加、議決権行使、有償増資への参加程度に解釈するのであれば、株主権の存在自体を要件とすることと、特に変わりがないように思われる。

5）大法院 2004.10.15 宣告 2003 두 8418 判決、大法院 2003.7.8 宣告 2001 두 5354 判決、大法院 2008.09.11 宣告 2008 두 983
　　「法第39条の立法趣旨、及び改定経過等と照らし合わせてみると、法第39条第1項第2号（イ）目の意味は、寡占株主の中で、発行株式総数の100分の51以上の株式に関する権利を実質的に行使する寡占株主に該当する者は、すべて、第二次納税義務を負担するが、ただし、その責任の範囲は自身の所有持分の範囲内に制限されるとする趣旨として捉えることが適当であり、寡占株主に該当する株主一人が、100分の51以上の株式に関する権利を実質的に行使することを要求するものではなく、（大法院 2008.1.10 宣告 2008 두 19105 判決等を参照。）、上の（イ）目にて述べられている100分の51以上の株式に対する権利行使を、必ず現実的に株主権を行使した実績がなくてはならないことを要求するものではなく、納税義務成立日現在、所有している株式に関して株主権を行使できる地位にいれば、要件を備えているものとする。」

寡占株主は、会社に対して、支配権を行使することができる株主である。寡占株主のこうした実質的な性格を考慮し、株主有限責任の原則の例外を認めた。しかし、こうした支配権が理論上存在するに過ぎず、事実上行使されていない場合には、どのように捉えるべきなのかについての議論が必要である。大韓民国の判例は、寡占株主に対するみなし取得税の場合に、寡占株主の相互間で共有者、もしくは共同事業者の地位において、法人財産に対して管理処分権を「行使することができる」とする趣旨で判示している[6]。

---

6) 大法院 2008.10.23 宣告 2006 두 19501 判決

「旧地方税法（2005.12.31. 法律第 7843 号にて改定された前のもの。以下、同様である。）第 105 条第 6 項本文によって、取得税の納税義務を負担する寡占株主は、同法第 22 条第 2 号所定の形式的要件を備えているだけでなく、当該寡占株主が、法人の運営を実質的に支配することができる地位にいることを要するが（大法院 1994.5.24 宣告 92 두 11138 判決参照）、このとき、法人の運営を実質的に支配することができる地位というのは、実際の法人の経営支配を通じて、法人の不動産等の財産の使用収益した、もしくは処分した等の権限を行使したことを要求するものではなく、所有している株式に関する議決権行使等を通じて、株主権を実質的に行使することができる地位にいれば、要件を備えているものとする。

同様の趣旨の原審判断は正当であり、そこに上告理由のような、寡占株主の取得税の課税要件に関する法理誤解等の違法はない。」

(中略)

「旧地方税法第 105 条第 7 項は、同条第 6 項の取得税納税義務を負う寡占株主に対しては同法第 18 条を準用するようにし、連帯納税義務を負担するよう規定している。

寡占株主を形成する親族、その他特殊関係にある者らは、実質的に当該法人の財産に関して、共同事業者又は共有者の地位にて管理・処分権を行使することが可能であり、その財産に対する権利義務も寡占株主に実質的・経済的に共同で帰属する。よって、その担税力もまた共同で把握することが衡平課税・実質課税の原則に合致するものであり、租税債権の確保のため彼らに連帯納税義務を負担させる上記の法律条項は、自己責任又は株主に対する有限責任を超えて、不当に納税義務を拡張させた、又は、租税法律主義が追求する適法手続の原則に違反した、とすることはできない。（大法院 1999.7.13 宣告 99 두 2222 判決参照）

さらに、上記の法律条項は寡占株主が当該法人の財産に対して共同で持つ実質的、経済的担税力を基礎として租税債権を確保しようとするものであり、寡占株主相互間に求償権を行使し、その被害を最小化することができるようにしており、連帯納税義務を通じて得ようとする租税債権の確保という公益もまた決して小さくはない点から、過剰禁止の原則に違反し、憲法上保障される財産権等の基本権を侵害しているとすることもできない。」

研究論文

　さらに、株主総会への参加、議決権行使、増資への参与が、寡占株主の第二次納税義務の目的上、果たして株主権の実質的行使と呼ぶほどのものなのかについて検討する必要がある。たとえこれらを、実質的株主権の行使と命名したとしても、果たしてこれが株主権の存在それ自体とどのように実質的に異なるのか、すなわち、株主総会に不出席、増資に不参与した株主と比較したとき、これほどの明確な租税負担上の差異をつけるべきなのかについて検討が必要である。

　これより、民事上の 親会社と子会社との間の支配における責任を確認し、租税法上の解決への糸口を見出すことを試みる。

I．親会社の子会社支配 [7)]

1．支配（control）とは何か

(1) コントロールの存在と行使

　子会社の事業活動に対して、親会社に義務と責任を負わせる上での基礎となるコントロールを検討する場合に、コントロールの存在（existence of control）だけで足りるのか、あるいはコントロールの行使（exercise of control）も必要となるのか、という問題がある。前者に関して、企業グループの本質は、グループを構成する会社が株式所有によって連帯しているだけでなく、共同のコントロールの下で運営されていることであり、企業グループに関する限り、コントロールの存在は推定されると言える。しかし、後者、すなわちコントロールの行使の程度は、特定グループ内での集中化、または分散化の程度によって異なる。したがって、これを特定させるには個別的な検討が必要になる。

　様々な制定法において、「支配（コントロール）」という用語が使用されているが、コントロールと呼ぶ基準が、特定の目的のために、企業グループを含

7）井原　宏『グローバル企業法』東信堂、p.167 以下 参照。

む法的主体（legal entity 概念を拡大することに使用される場合がある。また、コントロールの基準が、制定法の規制的プログラムを忠実に遂行する上で、制定法の目的達成や、子会社組織を利用した脱法を防止するために使用される場合もある。どの場合でも、コントロールの行使に関連する場合は、個別のケースによって行使の有無を検討する必要がある。

（2）支配の定義

コントロールに関する定義は、以下の通りである。

ⅰ）まずは、数字的な定義である。規制対象の会社における（議決権のある）少数株式のどの程度が当該制定法の目的上コントロールを意味すると見るのかによって決定する。一般的に推定規定によって決まっている。

ⅱ）次は、会社間の連帯関係を表示することで、コントロールに関する包括的な定義をする規定である。

ⅲ）最後に、機能的な基準である。アメリカの雇用年齢差別法（Age Discrimination in Employment Act of 1984）において用いられているように、会社運営の相互関係、共通のマネージメント、労働関係の集中的コントロール、共同所有または財務的コントロールとされる基準である。

アメリカの法律協会によれば、コントロールとは、事業組織の経営・政策に対して、直接的もしくは間接的に支配的な影響を与える力であり、資本の25%以上を所有する、または投票する権限を持つ者は、他の者がこれよりも多い比率の所有していない、または投票する権限を持っていない場合、コントロールしていると推定するとしている。

2．コントロールのメガニズムと程度

これは一般的に当該企業グループの業種、規模、構造、性格等によって異なるが、意思決定が戦略的な問題と関連しているのか、あるいは、日常の運営的な問題に関連しているのかによって大きく左右され。戦略的な問題として企業グループ全体に影響を与えているのであれば、その場合は親会社が自ら決定を

行なっていることになり、子会社の段階で効果的な意思決定が可能であれば、子会社による運営の問題となる。

ここには、(1) 財務管理の側面、(2) 販売管理の側面、(3) 生産管理の側面、(4) 技術管理の側面、(5) 人材管理の側面からの検討が必要である。

3. 親会社の経営政策と子会社に対するコントロール

会社経営政策もしくは企業グループ全体の戦略的な側面から、子会社をコントロールする必要性が経営上生じる。例えば、親会社による子会社への、資金、人材、技術等の提供は、子会社に対するその分野におけるコントロールを同伴することは当然である。この場合、コントロールが過剰なものではなく、抑制された限定的なものであれば、(無論、この場合にも、程度の問題であり、その境界は曖昧であるが) 子会社の法的契約責任に関しては、有限責任の原則による遮断が可能となるだろう[8]。こうした企業の有限責任は、関係当事者が特定の環境下で、企業のリスクをより効率的に負担者に配分することが可能であるように見えるからである。そのため、有限責任の最も重要な正当化理由は、契約当事者に、当該取引のリスクを配分するために会社形態使用を認めたこと、であると言える。有限責任会社と取引を行う契約上の債権者は、リスクを反映するために取引価格を上げる、または担保を要求することがある。

一方で、企業の不法行為によって被害を受けた不法行為債権者は、企業と事前に協議を行う、または信用分析を行うことはできない。こうした点から見ると、子会社の不法行為責任に関しては、契約責任の問題と同じ扱いをすることはできないと言える。

---

8) 法的責任を超えた、経営責任に関しては別の問題となる。

Ⅱ. 親会社の子会社支配における責任

　親会社がグループ企業に対して支配権を行使し、その事業の経営及び活動に対する意思決定に深く関与した場合、グループ企業の事業活動の結果に対して、どのような責任を負うことになるのだろうか。アメリカの制度を中心として、グループ企業に対する親会社の責任を検討する。

1. グループ企業の法人格否認

　会社の有限責任とは、支払不能となった会社が、債権者に対して支払いをしないままにしておくことであり、こうした状況にある債権者は裁判所に、当該会社を超え、責任を拡大させるか、会社の法人格を否認することを求め、当該会社の株主を提訴することが一般的である。

　法人格否認の法理（pierce the corporate veil：道具 instrumentality 理論、分身 alter ego 理論、同一人 identity 理論の三つの理論に分類可能であり、これらの理論は実質的に同一のものであり、大多数の裁判所では、これらの理論を相互に置換可能なものとして見ている。）は親会社に、子会社の（契約上もしくは不法行為上の）行為に対する責任を負わせるために裁判所が採ってきた伝統的なアプローチである。

　子会社もしくは関連会社の契約・不法行為に対して、親会社または姉妹会社に責任を負わせるためには子会社の法人格を否定することが必要になる。会社法は、会社システムの基礎を成す、有限責任の原則を支えるために存在している。したがって、法人格を否認することは例外的なケースである。例外的であるとは、当該子会社が親会社によってコントロールされた結果、親会社の道具、分身、道管 conduit、代理、見かけに過ぎないと裁判所が判断した場合のみを意味する。しかし、裁判所によるこうしたアプローチは形式上確立しているように見えるが、実質は不明瞭である。そのためこれに対する批判が多く展開されている[9]。

研究論文

2. 法人格否認の法理

　米国法における法人格否認の法理米国法における法人格否認の法理の一つである道具理論は以下の三つの要素を含んでいることが一般的である。まずは、親会社による過剰コントロールである[10]。どの程度のコントロールが過剰であるかに関する裁判所の判断は二通りある。一つは、親会社によるコントロールによって、子会社という分離した存在が否定される程に子会社の意思決定に介入した場合である。もう一つは、子会社が多くの部分で分離した組織として機能し続けたとしても、親会社が直接、子会社のために意思決定を行った場合には過剰コントロールであると判断される。こうしたコントロールの程度に関する裁判所の判断に関しては、契約の場合と不法行為の場合とに分けて検討をする必要がある。二つ目は、親会社の不法もしくは不当な行為である。子会社の資産を親会社が奪取する行為が不法行為として広く認められているが、不

---

9) まず、メタファー (metaphor) の使用は、特定のケースに関して法人格否認を決定する基礎としていかなる有用な基準も提示せず、混乱だけを生じさせる。他の批判は以下のものである。裁判所は、判例上法人格否認に至った事実関係のリストを作り出し、そのリストに列挙された事実と、係争事件の事実関係を比較し、その事実の多くの部分がリスト上の事実に該当するのであれば法人格を否認する、といういわゆる template approach を採っている。しかし、このようなアプローチにおいては、当該事実が法人格否認に至るほどのものか、に関する評価をせずに、先例から抽出して作成されたリスト上の事実関係と比較を行い、リスト上の事実が、その意義において疑問がある場合ですら、必然的にリストに含まれることとなり、リストに列挙された事実の関連性は状況によって異なる。また、多くの事実や要素に依拠するアプローチは相当な不確実性を招来する。すなわち、リスト上のほとんど全ての要素が必要なものなのか、どの程度の要素が必要なのか、どの要素がより重要なのかを把握することは難しい。

10) コントロールというものは全ての親子会社関係において存在し、100% の株式所有及び共通の役職員・代表理事の存在事実だけでは、責任を負わせる上では不十分であると、ほとんど全ての裁判所が一致している。つまり、コントロールの存在事実それ自体では不十分であり、行使が必要となる。子会社が道具に過ぎないと見られるほどに、親会社によるコントロールの行使、及び、子会社という独立した存在の欠如を立証する上では、子会社を操作したことや、経営における他の要素が必要である。

法・不当な行為という用語は一般的に使われるものであり、親会社による「過剰コントロール」の行使に加えて、訴訟要件として立証することが常に求められているものではない。三つ目は、親会社の行為と損失の因果関係である。

3. 法人格否認における契約と不法行為の区別

　法人格否認の法理を分析する上でより一層進んだ議論を行うためには、契約の場合と不法行為の場合で、各々の法の目的及び政策がいかに異なるのか、またその性質の違いが法人格否認の法理を適用する際にどのような影響を与えるのかについて検討する必要がある。

　契約に関する事件において、契約を締結する場合、「当事者の期待」、並びに不法行為の事件においては通常扱われない要素を典型的に扱っている。当事者の信用が取引上重要である自由な契約では、契約責任が生じる場合、裁判所は契約の当事者の期待を実行しようとするため、法人格を無視して当該取引及び関連する信用の限界から債権者を解放しようとすることはない。換言すれば、契約債権者による法人格否認の追及問題を扱う場合には、何故会社自身が責任を負い、会社の株主は責任を負わないのか、について考えてみる必要がある。その理由は、当事者がそのように合意したからである。会社の所有者は会社形態としてビジネスを行うことを選択し、有限責任に合意することを債権者に実際に依頼したのである。そのため、（会社の所有者－株主－ではない）債権者は、会社とビジネスを行うことを選択し、個人的な保証を要求しないことで、その要求に実際に合意したのである。したがって、契約債権者によって提起された法人格否認のケースにおいて生じる基本的な問題は、どのような根拠を基にして、契約債権者を「損害回復を会社に対してのみ要求する」とした契約から解放することが正当化可能なのかということである。契約当事者をこうした契約の範疇の外へと解放するためには、契約はどのような根拠を提供できるのか、ということを検討する必要がある。

　まずは、詐欺の場合である。例えば、被告が不実表示を行い、会社と取引を

行うよう債権者を誘引したことを債権者が立証した場合には、こうした行為は法人格を否認する理由となる。次に、会社と契約することで有限責任を前提にビジネスを行う契約は、会社の支配的な所有者、すなわち支配株主が、会社の財産をどのように扱っているのかに関して、一定の黙示的義務が伴うとする主張がありうるだろう。

　一方で、不法行為の被害者によって提起された法人格否認のケースの場合、子会社が惹起した不法行為責任は、例えば代位責任 vicarious liability や製造物責任に由来する。こうした法理の正当化は、事故を起こした製品やサービスの費用（製品生産もしくはサービス提供費用）の一部となるよう事故の費用 cost of accident を内部化 internalization することにあり、製品・サービスの生産者である企業は事故予防策を講じるインセンティブを持つようになる。事故の費用を反映した価格を支払う消費者は、問題の製品やサービスに使用された資源（事故損失 accident loss を含む）の全てを見ることになる。。不法行為に起因する訴えの提起に対して、子会社の有限責任を許容することは、その費用の内部化 cost internalization を毀損するものである。有限責任の原則を提供する社会的便益が含まれていることは否定できない。しかし、例外的な場合、すなわち、有限責任に由来する社会的便益が微々たるものでも、有限責任によって生じた事故費用の外部化が厳酷な場合があり得る。換言すれば、被害者に十分な救済を提供することのできない悲惨な状況が生じる場合があり得る。こうした場合には、不法行為の債権者のために法人格を否認することが適切である[11]。

Ⅲ．法人格否認の要素としての control

　アメリカの裁判所は、一人またはそれ以上の株主が会社に対してコントロールを行使することのみを理由に法人格を否認することはない。法人格否認の定

---

11) Franklin A. Gevurtz, Piercing Piercing: An Attempt to Lift the Veil of Confusion Surrounding the Doctrine of Piercing the Corporate Veil, 76 Or.L.Rev. 861

式化では、「容認できないコントロール（impermissible control）」という、単純なコントロールを超えて会社が分離し、それ自身の心（no separate mind of its own）を持たないほどの支配状況にまで至った場合であると説明されている。しかし、会社は擬制的実体であるため、それ自身の心を持つ会社というものは存在しないものであり、このような表現は、法人格否認における評価基準として有用なものとは言えない。したがって、多くの裁判所では「容認できない支配またはコントロール」もしくは「過剰コントロール」というテストの一部分として、他の要素を付加している。

　それでは、コントロールという基本的な要素は法人格否認のケースにおいて、どのような実際的機能を遂行するのであるだろうか。まず、コントロールの要求によって、実際のところコントロールを行使していない公開会社の株主は法人格否認の対象外である。次に、裁判所の役割は、閉鎖会社の場合に重要になる。例えば、閉鎖会社の株主が支配株主及び少数株主で構成され、その支配株主が閉鎖会社を利用し、詐欺または不公正な行為を行い、少数株主はそうした行為に関与していない場合、裁判所が支配株主によるコントロールと不当・不公正な行為が法人格否認の根拠になると判定可能ならば、支配株主は責任を負わなくてはならない。法人格否認は、専ら閉鎖会社と企業グループを対象にした法理であると知られている。アメリカで、公開会社において法人格を否認するケースがほとんど見受けられないのは、有限責任制の前提を疑う程の要素が公開会社には存在しないことを表している。閉鎖会社の株主にしばしば責任を負わせ、公開会社の株主に責任を負わせないことは、公開株式市場の促進における有限責任の積極的な役割が、いかなる法人格否認の正当化理由をも克服することができるほどに強力であることを示唆している[12]。

---

12) Robert B. Thompson, Article: Piercing the Corporate Veil: An Empirical Study, 76 Cornell L. Rev, 1036, 1047, 1070 (1991)

研究論文

Ⅳ. 親会社に契約責任を負わせる法人格否認の実質的要素

1. 過剰コントロールの行使（Wrongful Dealings）

コントロールの過剰行使は子会社の契約責任を親会社に負わせる上での重要な要素である。

親会社の理事・役員である者が、子会社の理事や役員として行為を行った事実それ自体は、こうした責任問題を発生させない。親会社を指揮している者が同時に子会社を指揮した事実は、子会社の為に行った行為が子会社の理事または役員という身分として行われたのであれば、こうした責任問題において致命的な点とはならない。このような行為は当該理事または役員が子会社の帽子をかぶり子会社の為の行為を行ったものであり、コントロールの過剰行使を示すものではないとされるからである。

しかし、こうした伝統的な見解が支配的であるにも関わらず、親会社に責任を負わせる上での要素として、「理事や役員の共通」を強調する裁判所もある。親会社の理事や役員が、親会社の行為を行いながら子会社の為の意思決定を行うとき、その意思決定は親会社に責任を負わせる理由となる「不適切なコントロールの行使」に該当するためである。一方で、親会社は、理事・役員または従業員を通してのみ行為を行うことが可能であるため、親会社の役職員が親会社の雇用の範囲内で、子会社の行為に対して親会社に責任を負わせる行為を行ったのかどうか、という点が議論の対象となる。だが、親会社の誰が、どのように、子会社に対して過剰コントロールの行使のような法人格否認の対象となる行為を行ったのか、ということを特定することは容易なことではない。

2. 会社資産の操作（Abusive Dealings with Corporation's Assets）

親会社が子会社の資産を操作した事実は、親会社に子会社の契約責任を負わせる重要な要素であり、こうした資産操作の様態は、親子会社間での収奪、混合、移動などの形で現れる。契約上、債権者と取引を行うとき、債権者が子会

社の信用を基にして取引を行うことに合意したとする黙示的条項に、親会社が従わなかったことが法人格否認を正当化する理由になる。当事者が含意する条件の中で重要なのは、親会社が子会社の資産を自身の財産として使用すること、または、子会社をしてお金を借りさせ、物件を購入し、（こうして購入した物件を親会社が使用しながらも）債権者にお金を支払わないことである。多くの法人格否認のケースにおいて、こうした会社資産の操作はいわゆる自己取引の問題に帰結すると言える。裁判所がしばしば不公正な自己取引に詐欺であるというレッテルを貼るケースが見受けられるが、実際に否認の根拠を提供する自己取引は、多くの場合において詐欺的な譲渡であるとして非難されているのである。

(1) 資産の収奪

子会社の資産を流出させ、その債務を返済する能力を大きく損傷させる行為は、不当な行為として広く認識されており、法人格否認によって親会社に子会社の責任を負わせる重要な要因となる。

(2) 資産の混合

親会社による資産の混合は、子会社の債務支払における資産の特定を困難もしくは不可能にしており、資産の混合は、子会社の財務的完全性が欠如し、親会社が「子会社の分離」を無視していることを意味する。また、資産の混合は、子会社の資産が親会社に向けて使用され、子会社とその債権者の状況を困難にする。

(3) 資産のグループ企業間での移動

親会社に便益提供する目的のため親子会社間で資産を移転または再移転する行為は、法人格否認によって親会社に子会社の責任を負わせる上での根拠とされてきた。こうした行為は、通常のビジネスの慣行に反するものであり、子会社の独立性を毀損させ、独立した子会社としての完全性の欠如を表すものである。

親会社が子会社の資産を操作するこうした行為は、上述したどのような形態をとるものであれ、不当・不公正な行為であるため、法人格否認によって、

親会社は子会社の責任を背負うこととなる。そのためこうした評価は、契約の場合と不法行為の場合の双方において基本的に異なる余地がないとされる。その理由は、資産の操作という事実は、子会社が自身の利益よりも親会社の利益を優先して経営が行われたことを意味しており、こうした行為は、子会社がその債務を履行する能力を喪失したために、債権者の利益を害するためである。

3. 過少資本 (Inadequate Capitalization)

「コントロールの過剰行使」は、不当または不公正といった補完要素の証明がない場合、子会社の責任を親会社に負わせるには不十分であると判断する裁判所においても、異常な過少資本はこうした責任を負わせる根拠を提供する、とされている。しかし、過少資本は、裁判所が法人格を否認する際に、最も引用される要素ではなく、また否認の一般的な可能性に関連する要素でもなく、数少ない判例に登場するに過ぎないものである。換言すれば、過少資本という不適切な資本は、裁判所が考慮すべき多くの要素の中の一つに過ぎないと評価されている。だが、過少資本であると主張された場合、否認の成功率は相当高いと言える。さらに、親会社が子会社の財務状況を十分に開示上で債権者が子会社の信用にのみ頼り取引することに合意した場合、裁判所は不適切な資本を根拠にして否認することはできない[13]。

4. その他補完的要素
(1) 「分離した存在」の欠如

人や施設に関連して、子会社が親会社から分離した存在であることを示すことができないことがある。このような分離した存在の欠如は、子会社の事務所

---

13) Gevurtz, supra note 2, p.p.883-884

がない場合や、親会社と共通の事務所の使用している場合、親会社と共通の理事や役員を持ち別途子会社の役員や従業員がいない場合、銀行口座がない場合、親会社と同一の会計士や弁護士が起用されている場合などであるが、同一の者が起用されていること等で現れる。

（2）経済的統合

子会社が独立して機能することを阻む程に、親会社との事業活動に統合され事業が進行している、または子会社が親会社の利益ばかりに向けて奉仕している場合のように、子会社の事業活動が親会社の利益にまさに従属している場合には、子会社の責任を親会社に負わせるための重要な要素の一つとなる。

（3）組織運営における統合

子会社が組織運営において、必要となる人材を自ら保有しておらず、まして重要な運営面において親会社に依存していることのように、親会社の依頼なしには自ら組織運営を直接行えず、組織運営の基盤を喪失している場合、この場合は、子会社の責任を親会社に負わせることが可能となる経済的統合の一つの側面である。

（4）財務的統合

経済的統合の別の側面として、親会社の財務的資源の活用がある。子会社が、ある事業活動において必要な資金調達を、親会社に頼るケースがしばしばある。こうした、親子会社間の取引が独立した当事者間の取引ではない場合、上述した資産操作であると言える。

（5）共通のグループ人格の使用

親会社と共通したグループ名、商標、ロゴ等を使用していることで、親会社と子会社がいわゆる一つの企業であるとみられるように、親会社と共通のグループ人格を使用していることも、親子会社間の統合的性格を反映している一つの要素である。こうした場合、子会社と取引を行う者に、親会社と取引を行っていると誤解を招く余地が高まるが、そのことのみを基に、親会社に責任を負わせるには不十分であり、取引の当事者を誤解させる程の混乱の惹起およびこ

れに対する本来的な不実表示が必要である[14]。

(6) 会社形式の不遵守

会社形式を遵守していないというのは以下の状況を指す。

ⅰ）理事の不選任、銀行口座がないこと等といった、通常の会社慣行とは距離があり、会社の業務が一般的な方法で行われていないこと。

ⅱ）株主総会や理事会が開かれていないこと、子会社と親会社との共同理事会の開催等、理事会や株主総会における変則があること。

ⅲ）株主総会や理事会の議事録がないこと、会社帳簿が不在もしくは不完全・不明瞭であること、重要な取引記録の不在等、通常の会社にあるような帳簿や記録がないこと、である。

こうした会社形式の不遵守に関するケースは、どの場合でも限定的な意味しか持たず、子会社の責任を親会社に負わせるための多くの要素の中の一つに過ぎない。一方で、会社形式を厳格に遵守しているからといって、他の要素によって責任を負う状況を回避できるわけではない。結論としては、会社形式の不遵守は、子会社の責任を親会社に負わせる上での重要な要素ではない。

Ⅴ. 親会社に子会社の不法行為責任を負わせる法人格否認における実質的要素

1. 過剰コントロールの行使

契約責任同様に、親会社に不法行為責任を負わせる最初の要素は、コントロールの行使である。単純なコントロールの行使では不十分であり、経営に対するその方法と程度が過剰な干渉であると裁判所が判断するほどにコントロールを行使したことが求められる。裁判所は、不法行為責任を負わせる要素として、

---

14) Phillip I. Blumberg, *The Corporate Groups: Tort, Contract, and Other Common Law Problems in the Substantive Law of Parent and Subsidiary Corporations* (Little and Brown Company, 1987, 2001), , p. 445

以下のものを挙げている。

ⅰ）子会社の日常的な事業活動における親会社による関与。

ⅱ）子会社の重要な政策的決定事項における親会社による決定。

ⅲ）子会社のビジネス決定事項において、子会社の理事等を排除したうえでの親会社による決定。

ⅳ）子会社の人材における親会社による指示、または子会社の業務遂行における親会社の人材の使用、である。

　一方で、親会社からの子会社に対する指示の方法を特定せずに、親子会社間で相互に関係する運営の性格をもって、親会社の子会社に対するコントロールを一般的に結論付ける裁判所もある。こうしたアプローチにおいては、コントロールは親子会社間で不法行為責任を負わせる決定的な要素ではなく、コントロールの存在が当然のこととして想定されている。判例上、親会社と子会社の共通の理事や役員の兼職が度々見受けられるが、裁判所は100％資本所有および共通役員という関係自体は法人格を否認する上では十分ではないと説示している。しかし、すべての不法行為の場合において、こうした見解を採っているわけではない。

　子会社の債権者に対する親会社による不当な行為または不当な取引が、相手方の子会社の法人格を否認する上で、最も説得力を持つ正当化理由として認められてきた事例が多い。不当な取引の典型は、債権者を子会社との取引に誤導した親会社の表示や行動であり、その詐欺の行為が、一般的な法人格否認の根拠を提供していることを示している。以下の三つの表示がその対象である。第一に、財務的地位に関する表示[15]、第二に、子会社の債務履行約束に関する表示[16]、第三は、子会社以外の誰かが背後に存在していると債権者に信じさせる表示である。

---

15) 子会社に関する財務的な情報要請に対して、親会社が重要な情報を隠蔽した場合。

16) 親会社が、約束時点で子会社を債務不履行させる意図があったのならば、詐欺の行為となる。

2. 会社資産の操作

契約責任において論じた通りである。何よりも、支払不能や事業停止の直前の期間にこうした行為があった場合には、親会社に責任を負わせる要素となり、不法行為責任を負う多くのケースにおいてはこうした点が重要な役割を果たしている。

3. 財務的統合

不法行為責任を負う最も重要な要素として挙げられている。

4. その他補完的要素

(1) 経済的統合

不法行為責任を負う多くのケースで重要となる要素は、親会社と子会社との経営における高度な経済的統合である。子会社は、典型的に親会社のビジネスに実質的に結合してビジネスを行っている。しかし、経済的統合は他の要素と共に責任を負わせる基礎を提供するが、そのことだけでは単独な決定的要素とはなり得ない。そのため、高度な経済的統合が存在しても、親会社に不法行為責任を負わせることを拒否するケースは多々存在する[17]。

(2) 組織運営による統合

親会社に不法行為責任を負わせる多くの場合、子会社自身に完全な運営組織を伴っていない場合が多い。子会社は、基本的な運営組織を親会社に依存している場合が多い。

(3) 共通のグループ人格の使用

子会社の法人格を否認し、親会社に不法行為責任を負わせるケースの多くの場合は、子会社が公衆に対して親会社と共通する人格を使用しているとする追

---

17) Blumberg, supra note9, p.195. p. 218

『エトランデュテ』第2号

加要素を同伴している。その中でも子会社による親会社との共通の商標や人格の使用を伴った行為は、取引相手に対して、親会社と子会社の同一性に関して誤認するような不実表示、もしくは親会社の評判や財務力に対する信頼を生じさせる場合がありうる。こうした不実表示や信頼が無い場合には、親会社との共通の人格使用が親子会社間の経済的相互依存を強調する上では重要となるが、責任を負担させるには不十分であるとされるのが一般的である[18]。

(4) 過少資本[19]

上述したように、過少資本の要素は、契約責任の場合に一定の重要な役割を果たしているが、親子会社間の不法行為責任の場合には、一般的にはそれほど重要な役割を果たしていない。

(5) 会社形式の欠如

この要素は親子会社間の不法行為責任を認めるケースにおいては、ほとんど議論されていない。

VI. 契約責任と不法行為責任における各要素の比重

これに関するアメリカの裁判所の見解は管轄によって異なるが、同一管轄内においてもしばしば対立があり、こうした状況で、何かしらの役割や原則を集約し導出することはかなり困難である。契約法、不法行為法はそれぞれの持つ政策 policy と目的に照らし合わせて各要素を評価する必要があり、契約責任と不法行為責任における各要素の比重は以下のように定めることができると思われる。

ⅰ) 過剰コントロールは、子会社の契約責任や不法行為責任のどの場合におい

---

18) Blumberg, supra note 9, p. 220. しかし、大韓民国の場合、商法第24条において、他人に、自身の姓名もしくは商号を使用して営業することを許可した者は、営業主として誤認し取引を行った第三者に対して、その他人と連帯して弁済する責任があると規定している。

19) Walkovszky v. Carlton 223 N.E. 2d 6 (N.Y. 1966), Minton v. Cavaney 364 P.2d 473 (Cal. 1961)

ても、親会社の責任を追及する前提をなす基本的な要素であるが、契約責任の場合、一般的なコントロール行使の分析にとどまるのに対して、不法行為責任の場合には、コントロール行使の容態にまで立ち入り分析することが求められ、さらには、他の要素よりも重要視されているように見られる。

ⅱ）子会社の契約責任のケースにおいて、親会社に責任を負わせる基本的な要素は、過剰コントロール、会社資産の操作、および過少資本であり、これら以外の要素は一般的には補完的な要素とし考えられている。

ⅲ）子会社の不法行為責任のケースにおいて、親会社に責任を負わせる基本的要素は、過剰コントロール、不当な行為・取引、会社資産の操作、および財務的統合であり、他の要素は一般的には補完的な要素として考えられている。

ⅳ）親会社に責任を負わせる上での基準または要素は、契約責任の場合の方が、不法行為責任の場合よりも厳格であると言える。

ⅴ）過少資本のような資本の不適切性は、契約責任を認める上での重要な要素として見なされているが、不法行為責任の場合ではその役割は補完的なものに過ぎない。

ⅵ）経済統合のような要素は、不法行為責任のケースにおいて度々重要な役割を果たしているが、契約責任の場合にはほとんど認知されていない。

Ⅶ. 終わりに

　以上概観したように、会社の有限責任の範囲を超えて、法律上別個の主体であるその法人の株主に責任を問うには、法理上克服しなくてはならない難点が多い。これは、法人の有限責任の原則を認めた結果であり、尚且つ、租税の債権債務関係は、国家と納税者との関係であるため、国家が法人という制度を創設し、法人の責任は専らその法人に限定され、株主には、会社に対する責任を問わないとする原則から出発しているからである。

　租税の債権債務関係は、民事上の契約関係に類似し、こうした法人の有限責任の原則の例外を認めるとしても、上述した枠の中で、その範囲を限定的に解

釈する必要がある。何故ならば、法人の責任を株主にまで拡大することは、株主に直接責任を追及する債権者の財産上の債権を侵害するものであり、結果として、具体的な基準を欠いたまま、租税債権が民事債権に優先する事態に及ぶ可能性があるからだ。また、株主であるという理由だけで、会社責任を押し付けられるならば、初めから認められていた株主有限責任の原則という法理に対する信用が損なわれ、会社を通じた経済発展という大きな目標を達成できなくなるためである。会社という存在は、営業を通じて雇用を作り出し、さらに、利益を創出し、その利益をもとに国家の税金を納める、一種の国家を代替して事業活動を行う機関である、という基本的な認識の転換が必要となるだろう。

　国税基本法において、一定の民事債権に関しては、国税債権よりも優先されており、このように優先される民事債権が満足に保全されるならば、法人の租税債務に関する寡占株主の広範囲な二次納税義務は制限されなくてはならない。

　そのため、寡占株主に責任を負わせる要件としての「株主権の実質的行使」の意味を、子会社と親会社との責任において確認したように、「容認できない支配もしくはコントロール」、すなわち「過剰コントロール」に限定する必要がある。

　他方で、株主権利の実質的な行使の意味を、大法院が判示したように、株主総会への出席及び議決権行使として捉えるならば、株主総会に出席し、違法不当な行為を防ぐ結果になる寡占株主の議決権行使と、違法不当な取引を行うために株主総会に出席し議決権を行使する支配株主の行為の間には何の相違も存在しないことになる。その結果、株主総会に出席しないで議決権行使も行わなかった寡占株主だけが第2次納税義務を免れることができる。株主が株式会社法上適法な行動を通じて利潤を極大化することが株式会社の本来の趣旨であるにもかかわらず、税法上は寡占株主が納税義務を負担しないためには、株主権利を行使してはいけないという奇妙な結論に至るのである。その意味で、現在の基準は、株主権利の「行使」でない、株主権利の「存在」そのものを、寡占株主の第2次納税義務の基準とするのと何ら相違がないのである。

| 研究論文 |

保守化する時代と重国籍制度

～ナショナル・アイデンティティから視る現代日本社会の国籍観～

佐々木てる*

【目次】

Ⅰ　はじめに

Ⅱ　重国籍の日常性と非日常性

　　1　エスノ文化的な国籍理解

　　2　複数国籍の容認

Ⅲ　日本における重国籍を巡る議論

　　1　1985 年　国籍法改正議論と重国籍

　　2　重国籍の議論登場の背景

　　3　重国籍容認に向けた議論

　　4　重国籍排除の流れ

　　5　重国籍者の国籍選択制度

Ⅳ　ネーションと複数国籍制度

─────────────

＊青森公立大学経営経済学部地域みらい学科　准教授

『エトランデュテ』第2号

    1　日本社会のネーション観の変化
    2　新人種主義と「エスノ文化」の復権
V　まとめ

I　はじめに

1980年後半から人の国際移動が進み、個々人の形式的な所属とアイデンティティといったものの乖離はますます進んでいるように感じられる。もともと近代国民国家において国籍とは国家の構成員であることを証明する形式的な資格であると同時に、ネーションに対する忠誠や神聖性を含んだものであった。しかし後期近代においてはそれまで前提とされていた国家間の境界はヒト、モノ、カネをはじめ様々な面で容易に越えるようになった。その結果、経済的、政治的、文化的な国際的アクター登場や、環境に関する問題など単一の国家では捉えきれない事象もますます増え、そして超国家的な視点や機関が重要視されてきた。その意味では国家の役割の低下、国際的な協調の促進こそが人類の未来時代が到来したかのように思えた。

しかしながらリーマンショック以降、国家の枠組み自体を強化する動きが急速に強まってきた。それを象徴するような事例がアメリカ合衆国大統領ドナルド・トランプ氏、フィリピンのロドリゴ・ドゥテルテ大統領などこれまでにない保守的な指導者が国のトップとして選ばれていることであろう。国家元首が声高に自国中心主義を唱え、それに対して国民が喝采するというのは、まるで第二次世界大戦間のワイマール共和国を思い起こさせる。そして日本も同時にその世界体制に組み込まれ、安倍政権において「軍隊を持つ、戦争ができる国」へ向かっている。もちろん西欧諸国においても同様の傾向が見られ、極右とされていた政党が、単なる保守政党として票を集めつつあり、これまでの中道右派は左派として認知されるようになっている。イスラム国の問題から端を発したシリア難民の発生を背景に、国境のコントロールはこれまで以上に厳密にな

り、「旅行者」と「放浪者」[1] の二極化をますます進ませている。

　このような世界的な保守化の時代を迎え、日本国内においてもヘイトスピーチの台頭など、排他的なナショナリズムの強化が見られる。いわば現代は「国民ひきこもり時代」を迎えているといえるだろう。そもそもナショナリズムは国家が誕生する際の国民的な結束を強化するためのものである。そのナショナリズムが今度は多様な社会を否定し、モノクロな社会を促進させるための道具として使用されている。現在の社会状況はリベラルなナショナリズムではなく、まさしく差異を抹消し、同質性を高めるためのナショナリズムといえるだろう。本稿ではこうした排他的ナショナリズムがわれわれの生活に顕現する場を、重国籍の議論から見ていくものである。2016 年当時民主党代表であった蓮舫議員が二重国籍であったことが問題になり、代表を辞任するに至った。その蓮舫議員に対する風評は集団マスヒステリーに似たものを生み出し、重国籍者があたかも犯罪者であるかのような社会的風潮を生み出した。重国籍という現象自体はそれほど新しいものではなく、蓮舫議員に限らず、当の与党の自民党議員、有名なところではペルーの元大統領であるフジモト氏も重国籍であった。またそれまで重国籍であることを、公に話してもなんら問題なく受け入れられていた。さらに言えば、超党派の連合によって成人になってからの重国籍を法的に保障するための請願書も法務委員会に毎年提出されていた。ところが蓮舫議員の話題から一転して、重国籍＝違法者さらには犯罪者として告発される者、厳しく管理されて当然な者として認識されはじめた。この現象の社会的背景には

---

1) バウマンはグローバリゼーションによって生じる移動者を「旅行者」と「放浪者」とわけ、前者をグローバルな世界が「魅力的」だからこそ移動する人々であり、後者をローカルな世界が我慢できないほど不愉快だからこそ移動すると指摘する。そして、「資本や金融消費や情報の自由移動に対して」は障壁を取り除こうという圧力と、「心身ともに根無し草となった人びとの移動を妨げるための新しい堀と壁」、すなわち「移民法や国籍」を設けようとする圧力は結託し進行しているとする。バウマン／澤田眞治・中井愛子（訳）『グローバリゼーション』法政大学出版会（2010 年）。

明らかに保守化、排他主義の流行があるといえる。現在国籍とは、単なる形式上の資格ではなく、近代国家成立時に叫ばれた国家への忠誠心の証として付与される「踏み絵」なりつつあるのかもしれない。本稿ではこういった保守化する時代おける社会的事実としての国籍の役割を考察し、その背景にある近年の国家やネーションへの傾倒の論理をあぶりだしていきたい。

II　重国籍の日常性と非日常性

　まずことわっておきたいが、そもそもヨーロッパの多くの国では複数の国籍を保持する人が増加し、法的にその存在が認められている。また出生地主義を採用しているアメリカ合衆国やカナダといった国では、重国籍者の存在は前提となっている。さらにアジア諸国としては、フィリピンそして韓国でも重国籍制度が導入されている。そのため国家における保守化の傾向が強くなったからといって、それが重国籍者の排除につながることは通常考えられない。にもかかわらず、日本においては重国籍者に対する感情的な排除の論調が強くなっている。これは朝鮮民主主義人民共和国の核兵器開発やミサイル発射問題が背景にあることは一つの原因かもしれない。すなわち戦時体制を仮想すれば、常に敵か味方のどちらかに明確な立場をとらねばならず、二つ以上の所属は許されないという論理なのだろう。国籍を巡る議論は国家の成員資格をめぐる議論という点で、その時々の国家の方向性や、国際関係に左右されるのである。ただし重国籍者の存在が前提であるアメリカ合衆国が多くの戦争当時国であることを考えれば、重国籍者の存在否定と戦時体制はセットで考えることは必ずしも妥当ではないだろう。にもかかわらず国籍と国家への忠誠心はセットになって語られることが多い。特に日本ではそういった文脈が強いことはすでに指摘した。そのためまずは国籍と国家への議論の前提とした国家の自己理解に関する理論的視座を確認して、国籍と国家への忠誠心の関係を考えてから日本の議論にすすむことにする。

1 エスノ文化的な国籍理解

　日本の国籍制度に関する議論の前提として、そもそも国籍とは近代国家において どのような役割をもつのか。ブルーベーカーは国籍の役割を次のように説明する。近代国家とはその内部において包摂的であり、国民とは永住民とおおよそ一致している。しかし国籍とは、その領域内に属する人びとを反映しただけのものではなく、永続性を持った人間の地位である。すなわち近代国家は単なる領域的な組織ではなく、国民の集団という成員資格の組織である。そして国籍は内部に包括的で、外部には排他的である。内部にいる人びとは、法律的に属しているだけでなくそれ以上の結合力を持つなにか、すなわちネーションとして認識される。さらに国籍とは、外部に閉鎖的であるだけでなく、内部に対してもそうである。すなわち国籍とは「閉鎖の道具であると同時にその対象」でもある[2]。

　この国籍の性質は、地政学的な領域を基本とした国民国家体制において、決定的な重要性を持つ。すなわち「すべての人は単一の国家に所属とする」という近代国家の理念を法制度的に保障するための、強力な道具が国籍なのである。そしてそれぞれの国家が国民（ネーション）を設定する基準（すなわち国籍を与える基準）とはその国家が成立する際の、歴史文化的な背景によって決定するのである。ブルーベーカーはまたこの歴史文化的な背景を「文化イディオム」と呼び、国籍による国民の定義は、ネーションの自己理解が強く影響していることを指摘する。ネーションの自己理解とは「国家中心的」な自己理解と「エスノ文化的」な自己理解とに大別され、フランスなど早くから生地主義の原理を入れている国家は前者、ドイツなど血統主義を中心としている国家は後者の影響をうけている[3]。このネーションの自己理解は、古典的にはフリードリヒ・

---

[2]　Brubaker, Rogers W ／佐藤成基・佐々木てる (監訳)『フランスとドイツの国籍とネーション』明石書店、43-44 頁（2005 年）。

[3]　前掲、39 頁

『エトランデュテ』第 2 号

マイネッケの「国家国民」「文化国民」、ハンス・コーンの「東のナショナリズム」「西のナショナリズム」の分類に由来し、近年では「シヴィック」「エスニック」といった分類に含まれる。前者の特徴は、合理主義・啓蒙主義・リベラリズム・民主主義といった特徴で表され、後者は非合理主義・ロマン主義・排他性といった特徴で表される。

　この分類を前提とすれば、日本におけるネーションとは「エスノ文化的」な自己理解に立脚しており、国籍制度もその論理に従って成立しているといえる。実際、日本の血統主義は明治以降に採用されたものであり、その背景には天皇を中心とする家族国家制度、それを実質的にささえている戸籍制度がある。そして戦後の日本人というネーションは、国籍、血統、文化が同一であるという単一民族神話によって成立してきた。これに対し、重国籍を認めることは上記の三位一体の一角が崩れることにつながるという意味で、ネーションの変更を促すものだといえるだろう。その他後にみていくが、重国籍もしくは複数国籍の容認とはナショナリスティックな反応を誘発しやすい。こういった傾向は、外国人や移民を受け入れる上で常に問題として指摘される。これまでの日本の外国人や移民に関する言説では、日本の「エスノ文化的ネーション理解」を見直す契機とはなっていないとの指摘がある。もちろん日本のトランスナショナリズム言説は「エスノ文化的」なネーション理解の内包する排他性を批判し、「外国人の権利保障」を訴えてきたし、またインターナショナリズム（国際化論）においては、日本の「排他性の克服」や「外国文化の尊重」も訴えてきた。しかし同時にネーション内部への切り込みが弱く、認識の変化までは促してこなかったというわけである[4]。

　つまり 1980 年代後半から始まる、国際化の流れも結局は内なる国際化にはつながらず、あくまでに「違う」ことを前提にいかに交流するかということが

---

4) 柏崎千佳子「日本のトランスナショナリズム」佐藤成基編『ナショナリズムとトランスナショナリズム』（法政大学出版会、2009 年）の 287-288 頁を参照。

研究論文

中心であったといえる。これは自治体の「外国人政策」にもあらわれており、あくまでも「日本人」／「外国人」の二分法が前提になっていたといえる。これに対して、近年では様々なエスノ・ネーションから国民が成立しているという視点もあるが[5]、それはあくまでメディアで紹介される人々という認識が中心で、隣人を観る眼としては認識されていないように思われる。いずれにせよ、日本における重国籍制度の議論の背後に、1980年以降の日本社会における多文化主義の議論が、人々の認識を変えることをできなかったことを確認するべきであろう。

2 複数国籍の容認

さて国籍がネーションを構成するための原理、すなわちナショナリズムと親和性が高いことは述べてきた。そのため重国籍制度の採用とは、国家においてその根幹を揺るがす問題にもなりかねず、国際社会で積極的に認められてこなかった。例えば、1930年のハーグ条約の序文には「すべての人がひとつの国籍を持ち、ひとつの国籍だけを持つべきであるということを、すべての加盟国が認識することを国際社会全般が希求している」とした上で、「この問題に関する人道主義の努力は、無国籍と重国籍の防止を目指すことを理想」[6]とし、この条約が単一国籍を推奨する根拠となっていた（国籍唯一の原則）。

ところが欧州では1990年代から議論が徐々に変化し、2000年代には重国籍を認め始めている。これは平和主義、民主主義、人権擁護、国際取引を

---

5) 例えば佐々木（2016）の「マルチ・エスニック・ジャパニーズ」という概念は、多様な出自を持つ人々が日本社会で活躍する様子を描いている。

6) 国籍問題としては、重国籍と共に無国籍の問題がある。グローバルな紛争や政治不安などによって、その数は増大しているといわれている。これについては本稿では扱わないが、詳しくは陳（2010）を参照してほしい。

157

促進する手段として歓迎する見解が増えているためである[7]。1997年欧州評議会の閣僚委員会で採択された「ヨーロッパ国籍条約」の14条1項においては、「出生により当然に異なる国籍を取得した子どもが、これらの国籍を保持すること」を許容する義務があることを定めている[8]。この条約は2000年から実行されており、着実に重国籍者の増加がすすんでいる。この傾向は冒頭に述べた後期近代、すなわち1970年以降のグローバリゼーション下における、人の国際移動が背景にあるのはすでに述べた通りである。個々人の側にとって、現在の国民国家体制においては、重国籍もしくは複数国籍を保持する機会は次の要因による。それは①出生によるもの、②婚姻によるもの、③国境の変更に伴うもの、④帰化によるもの、⑤認知、養子等によるものである[9]。これらのケースは人の国際移動が増加すればするほど、増えてくるのは間違いない。こうった現実に対し、ハンマーは長所と短所をまとめ、短所は主に国家の管理問題（重婚、兵役、税金など）が中心であり、個人の側からみれば、二つの国の権利が保障されて点でメリットが大きいと指摘する[10]。

　さてこれらの長所や短所の背景にあるのは、各個人が近代国家の領域内において、ネーションに所属する際の、国家との相互関係である。つまり二つの国家に所属する場合のネーションへの帰属が衝突することが問題となっている。そしてその帰属の際に問題になるのが、形式的な成員資格とネーションへの愛

---

7) Martin（2003）、近藤（2016）など。

8) 欧州評議議会 Council of Europe は2011年現在、47か国が加盟している。この条約には2009年現在で、18か国が批准し、10か国が署名のみ行っている。なお第4条aには国籍取得権 "right to a nationality" が明確に提示されている。

9) Hansen and Weil（2002）や岡本（2003）など。

10) Hammar, Tomas. Democracy and the Nation State, Aldershot: Avebury, 1990. 近藤敦（監訳）『永住市民と国民国家』（明石書店、1999年）、149-154頁参照。

着の二つの側面といえるだろう。二つの国家にまたがった形式的な成員資格で問題になる点は主に法律学の分野で分析が進んでいる[11]。ここではむしろネーションへの愛着、すなわち冒頭にのべた「国家への忠誠心」の問題に焦点をあて、日本の状況を読み解いていくことにする。その際に日本独自の「エスノ文化的」なネーションの自己理解に注目してくことにする。

Ⅲ　日本における重国籍を巡る議論

　日本の状況はいかなるものであるのか。日本は国籍取得の原理として両親のどちらかかが日本人であれば国籍を引き継ぐという両系血統主義を採用している。しかしながら近年の人の国際移動の波に影響を受けているのは、日本も例外ではなく、外国人さらには永住者増加によって、これまでの単一民族的なネーション観が問い直されている。そういった中で、2000年代に登場したのが複数国籍の容認の議論である。

　まず現在日本には約80万人近くの複数国籍者が存在していると推測でき[12]、今後も増大すると考えられている。しかしながら現在日本（法務省）の方針では複数国籍を所持している状態と「好ましくないもの」としている。すなわち国籍は一つだけ選択するのが原則となっている。そのため出生により重国籍となったものは、原則22歳の時点で日本国籍かそれ以外の国籍を選択する必要がある（国籍法第14条）。また出生により重国籍となった場合は、国籍の留保

---

11) 例えば近藤（1996）、岡村（2003）などがある。また韓国の重国籍の導入に関しては、藤原（2010）が参考になる。

12) 昭和60年当時は年間約1万人程度重国籍が申請されたが、平成4年では毎年約2万人程度、平成14年では約3万3千人を超える申請数がある。毎年約3万人強の申請者数と、1985年以前の重国籍者を合計すると、平成29年現在では合計すると約70～80万人程度と推測できる。

159

『エトランデュテ』第2号

届け（同第12条）[13]を必ず提出することになっている。この点はもう一度振り返るが留保届けは提出されるものの、実際に国籍選択がされているケースはまれであり、それに対し国家は事実上黙認している。では何故、日本で国籍は重国籍を認めてこなかったのか、そして現在はどのように語られているか。

1　1985年　国籍法改正議論と重国籍

　戦後日本の国籍制度はそもそも単一民族的な国民観によって成立していた。そのため法務省が発行する『民事月報』などでも、「日本国民間には日本国民を一つの血縁集団」として認識しているなどの指摘がある。さらに帰化の際には名前を行政指導という名目で日本名に強制的に変更させていたこともある[14]。戦後の単一民族的なネーション観に制度的に変更が行われる機会となったのが1984年の国籍法改正である。

　1984年の改正によってこれまで父系優先血統主義であったのが、父母両系血統主義になった。これは国際的な女性差別撤廃の流れにそったものであった。もともと二つのルーツを持つ子供は、父親が日本人であれば日本国籍を引き継ぎ、外国人であれば原則外国籍を引き継ぐことになっていた。これに対し両系血統主義の採用は、父母どちらかが日本国籍を有していれば子供も日本国籍を付与されることになった。そのため国際結婚を通じた子どもの重国籍を実質的に認めることになったわけである。この解消の根拠として指摘されているのが、「民族」「血統主義」という論理である。国籍法が改正された後、1985年に法務省民事局第二課長の細川清は明確に、単一民族国家であることが、血統主義

---

13) 子どもの国籍の留保届は三か月以内に提出しなくてはならない。これを怠ると、日本国籍を取得する意志がないものとみなされる場合がある。具体的には国籍法第12条によって規定されている。第12条「出生により外国の国籍を取得した日本国民で国外で生まれたものは、戸籍法（昭和22年法律第224号）の定めるところにより日本の国籍を留保する意思を表示しなければ、その出生の時にさかのぼつて日本の国籍を失う」。

14) 金英達『在日朝鮮人の帰化』明石書店、1990年。

研究論文

の維持することの前提となっていることを示している。「我が国は、古代統一国家成立以来単一の言語、文化、歴史を有する単一民族により構成される国家であって、この伝統に由来する「血統」重視の意識は我が国の社会に根強く、いわば、「血統」は日本人又は日本国家の同一性にかかわる問題と意識されている。国籍法における血統主義はこのような伝統、意識に基づくものであって……」[15]。1984 年の国籍法改正の時点では、単一民族的なネーション観は説得力を持っていたことがわかる。

重国籍に関して 1984 年当時議論になっているが、賛成反対のいずれにおいても血統が問題になっている。例えば、重国籍の場合想定されていた反対派の意見としては、国際結婚の増加によって「血統主義が乱れてくる」とし、それに対し「純血にしていこう」という意見があると述べられている。また賛成派に関しても、日本で生まれて「日本民族」、そういう「血を引いている」人にとってみると、「日本の国民として一員に加えてほしい」という気持ちがあるだろう」と述べている[16]。これらの議論の結果、出生によって重国籍、複数国籍を保持することになった子どもは、22 歳、すなわち 2007 年より国籍選択の義務が課されるようになった。そしてこの国籍選択が現実的なものになってくるに従って、国籍選択の問題性が指摘されるようになってくる。

2 重国籍の議論登場の背景

国籍の選択問題に関してはその後 10 年あまり議論にのぼらなかった。しかし 2000 年代に入り、永住者への地方選挙権を付与する議論が注目を集めると

---

15) 細川清「改正国籍法の概要」法務省民事局内法務研究会編『改正国籍法・戸籍法の解説』（財団法人金融財政事情研究会、1985 年）8 頁。

16) 法務省民事局内法務研究会編 1985『改正国籍法・戸籍法の解説』財団法人金融財政事情研究会　302-310 頁より。

『エトランデュテ』第 2 号

ともに、日本国籍取得注目が集まるようになっていった。特に 2000 年 9 月の第 150 回国会では、永住外国人地方選挙権付与法案の審議が行われ、地方選挙権に反対する議員からは積極的に帰化を勧める議論が提出されている。すなわち国籍を取得することが政治的な権利を含め、全ての権利が保障される条件であるとの論理だといえる。その意味では一貫して「国籍と民族」が一致していることを建前としているように見える。

さて、これらの議論を受け、2001 年 4 月には「国籍に関するプロジェクト・チーム」が当時の与党自民党を中心に結成され、「特別永住者の国籍取得の特例に関する法案」がまとめられた。それは特別永住者に関して届出だけで日本国籍取得できるというものであり、この法案が通過すると地方選挙権の運動が頓挫する可能性があるといったことから、国会には提出されなかった。法案を中心的に推進した太田誠一は、当時のインタビューの中で重国籍には明確に反対している。というのも国家の利害関係が一致しない場合のことを想定し、どの国と「合意」しているかが重要と述べている[17]。

また重国籍の議論が登場する背景には、2000 年代に入って国籍に関する議論が注目を集めたためともう一つ、1985 年以降重国籍になった子ども達が 22 歳を迎え、国籍選択を迫られているためでもあった。法律上 22 歳までにどちらかの親の国籍を選択しなくてならないことになっている。そのため、改正国籍法から施行されてから 22 年の後、すなわち 2007 年にはじめてその義務が生じる人が登場するのである。

第 151 回国会（2001 年）衆議院法務委員会には「国籍選択制度・国籍留保届の廃止に関する請願」が提出されている。そして 2003 年国会で重国籍に対する質疑が登場する。このやりとりで注目したいのは、質問にたった千葉影子が両系血統主義を採用していれば、当然重国籍の子どもが生じるが、それを認

---

17) 太田誠一「日本国籍取得の提案」白井美友紀編『日本国籍を取りますか？』（明石書店、2007 年）60 頁。

研究論文

めないのは何故かという、いわば現実的な側面から質問した。それに対し政府
参考人は「一般に重国籍の弊害としては、一人の人が二つの国に属するという
ことになりますので、その人に対する外交保護権が衝突をして国際的な摩擦を
生ずる可能性がある、それから、例えば日本国民が他の国籍を持っていてその
国の軍事的役務に就くということは日本にとって好ましくないのではないか、
あるいはそれぞれの国が国民として身分関係を管理する結果、重婚が生ずるお
それがあると、こういうようなことが重国籍の弊害として指摘されているとこ
ろでございます」と答えている。

　ここで想定されていることは、あくまで国家間同士の摩擦もしくは対立の問
題であり、その背景には国家に対する国民の忠誠心が想定されていることは間
違いないだろう。ただし 1984 年当時あったような単一民族的史観を直接表す
ような発言は見られていない。というのも、その後 15〜6 年の間に日本も国際
化の波に飲み込まれ、国内には多数の外国籍者をかかえる国となったことが指
摘できる。また冒頭で述べたが欧州ではすでに複数国籍の保持を実質的に認め
ているという背景がある。そのため質問にたった千葉影子も、国際結婚で生ま
れた子どもたちの「二重の帰属」「二重のアイデンティティ」に関しても問題
を指摘している [18]。

　国会において単一民族的な論理と対抗して、複数のルーツを持つことそのも
のが、国籍制度を変える論理として登場したのは注目に値するだろう。この点
は 1984 年の議論とは大きくかわった点だといえる。もっともこの質問に対す
る政府役員の担当は検討するとだけ述べるにとどまっていた。

3　重国籍容認に向けた議論

　その後、本格的に国会で質疑になったのが、翌 2004 年である。当時の民主

---

18) 衆議院会議録　第 156 回国会 法務委員会 第 23 号、平成 15 年 7 月 7 日。

『エトランデュテ』第2号

党松野信夫衆議院議員が法務委員会で質疑を行っている。そこでは重国籍の容認を前提として質疑が行われている。まず冒頭で松野議員が「二重国籍の問題については、これまでにも別の機会に取り上げて質問されておられる委員もおりました。だんだんこの二重国籍の問題が広く関心を持たれ始めている、このように認識をしております」と述べ、国民の関心を引いている点を指摘している。そして「私は、基本的には二重国籍を容認していいではないか。確かに現行法は国籍唯一の原則というのをとっておるわけですけれども、その場合のメリット、デメリット、そして二重国籍を容認した場合のメリット、デメリット、双方比較をして、二重国籍を容認した場合のメリットの方が私ははるかに大きい、このように考えておりますので、結論的にはその方向で御質問をさせていただきたいと思っております」と述べ、重国籍容認の立場を明確にとっている。この質疑の中で論点になったのは「国籍選択の現状」「重国籍を容認しない理由」「国際結婚での問題」「人口減少社会への対応」といった点であった。

「重国籍を容認しない理由」としてここでも指摘されているのが、忠誠の衝突であった。房村政府参考人は「二つの国籍を持ちますと、どうしても二つの国に対する忠誠が衝突をする、あるいは、国の方からいいますと外交保護権が衝突をする、そういうことによって問題が生ずるおそれがあるということがまずあるわけでございます」と答え、重婚の問題も同時に指摘している。これに対し松野議員は「G8を含め、世界各国、かなりたくさんある」とした上で、問題が生じていないことを強調している。また日本社会の人口減少問題として、2006年をピークに徐々に人口が減っていくことを指摘し、「重国籍者の人が日本と外国の貴重な橋渡しになる、文化とかいろいろな社会、政治の場面で大変貴重な橋渡しをして、それぞれの国に尽くしていただくという貴重な人材ではないか」と指摘し、重国籍の容認を訴えている[19]。

---

19) 衆議院会議録　第161回国会　衆議院法務委員会　平成16年6月2日。

研究論文

151回以降の通常国会では、一時期まで重国籍の容認に関する請願が衆議院の法務委員会に必ず提出されていた。また2009年に民主党政権では、マニフェストに二重国籍もしくは重国籍の容認が盛り込まれていた。実際、第177回通常国会（2011年1月24日～2011年9月12日）にも「国籍選択制度の廃止に関する請願」「成人の重国籍容認に関する請願」「複国籍の容認に関する請願」が提出されているた。重国籍に関する法案が審議され、衆参両議院で可決される可能性について議論が行われたが、結局なんの変更もないまま据え置きとなった。その背景にはグローバル時代における人移動を背景とした国際情勢や現実の問題と、国家への忠誠やネーションへの所属の論理との対立が徐々に先鋭化し始め、新人種主義の流れが徐々に日本でも活発化されてきたことが指摘できる。そしてさらにそれらの運動を活発化させた要因としては、リーマンショックをきっかけとした景気の後退、東日本大震災の影響などの社会変動などが指摘できるだろう。いずれにせよ2010年代は保守化がいっきに進んでいる。

4　重国籍排除の流れ

2016年、蓮舫議員の重国籍問題が話題になり、再び重国籍について注目が集まるようになった。ことの起こりは、当時の民進党首である蓮舫氏が中華民国（台湾）と日本の二つの国籍を保持しているのではないかという指摘からである。2016年の8月末にアゴラというインターネット記事で二重国籍でないことを証明しないで、民進党の党首になるのはおかしいという指摘がなされた[20]。この指摘に対し、蓮舫氏の対応が二転三転し最終的には代表を辞任することとなる。

そもそも蓮舫氏は1967年台湾人（父）と日本人（母）の間に生まれた。当

20）八幡和郎「蓮舫にまさかの二重国籍疑惑」『アゴラ』2016年8月29日（http://agora-web.jp/archives/2021134.html）

『エトランデュテ』第2号

時の国籍法では母が日本人であっても父が外国籍であると日本国籍は付与され
ない。そのため蓮舫氏は中華民国の国籍を付与された。その後1985年に改正
国籍法が施行され、日本が父母両系血統主義を採用することになり、親の方針
により日本国籍を申請し、付与されることになる[21]。この結果彼女は二つの
国籍を持つ二重国籍者になったわけである。その後20〜22歳の間に国籍選択
をする必要があったが、それがなされていなかったということで、指摘を受け
てのち中華民国の国籍を放棄することになった。

　ただし注意しておきたいのは、中華民国（台湾）は日本では国として日本政
府に認められていない。そのため原理的には二重国籍ということはありえない。
実際に蓮舫氏自身が中華民国の国籍を離脱した証明書を法務省に提出しても、
受理されなかった。また日本が1972年に中華民国と国交を断絶した時点で蓮
舫氏が中華人民共和国(中国)の国籍を取得、もしくは切り替えを行っていれば、
確かに重国籍になっていたが、それも行っていなかったと考えられる。そのた
め1972年から日本国籍を取得するまでの間は「無国籍」状態であったといえる。
すなわち蓮舫議員は「国籍」は日本国籍しか有していなかったと解釈すること
もできる。

　それにもかかわらず重国籍をめぐる様々な誤解や政治的な背景、そして蓮
舫議員側の対応などにより、あたかも蓮舫議員が重国籍でありそれは政治家
として問題であるという言説が広まりはじめた。同時に蓮舫議員のみならず
重国籍者はあたかも「違法状態である」といった風潮が蔓延しはじめる。こ
うした雰囲気を助長させているのはインターネットの無責任な書き込みなの

---

21) 国籍法の付則第5条では、「昭和40年1月1日からこの法律の施行の日（以下「施行日」
　　という）の前日までに生まれた者（日本国民であつた者を除く）でその出生の時に母が
　　日本国民であつたものは、母が現に日本国民であるとき、又はその死亡の時に日本国民
　　であつたときは、施行日から3年以内に、法務省令で定めるところにより法務大臣に届
　　け出ることによつて、日本の国籍を取得することができる」とされており、この手続き
　　を踏んで蓮舫氏は正式に日本国籍を取得した。

研究論文

は間違いない。それは同時にほとんどの人が重国籍者の実態や日本の国籍法、国籍選択制度の実情などをまったく理解していないことが背景にある。この重国籍者排除の流れは現在も続いていると感じる。そのため今後は国籍選択に対する正しい知識、また他国の国籍法との比較も含めた制度運用の議論が必須となっている。

5　重国籍者の国籍選択制度

　では重国籍状態であることは違法であるのか。この点は法律の専門家の議論を待ちたいが、国籍の選択に関する法律について確認しておきたい。

　国籍の選択に関する国籍法の条文は第十四条から第十六条になる。すでに多くの解説などで指摘されているが、重国籍者は20歳から22歳の間に国籍を選択しなくてはならない。選択の方法は二つあり、一つは日本国以外の国籍を放棄し、その国籍を放棄したことを証明する書類を法務省に提出することである。そしてもう一つは国籍選択届を日本の地方自治体の各役所に提出することである。前者は国によっては国籍離脱を認めていない国（ブラジルやペルーなど）や、そもそも日本が国として認めていない地域（台湾）などがあるため、書類の提出が難しいことがある。後者は各市町村の役場で紙を一枚もらい、それに記入するだけなので比較的たやすい。ただし、提出した後に放棄すると宣言した国の国籍を、実際に離脱するよう努力義務が求められている。それと同時に、なにをもってして「努力」しているかは明確な基準はない。また国籍を保持し続けていても、相手国の国籍を放棄するような指示や、放棄しないことによる日本国籍のはく奪の指示、いわゆる催告はこれまで行われたことはない。また罰則といったものも設定されているわけではない。すなわち重国籍状態とは容認され続けてきたといえるだろう。

167

『エトランデュテ』第2号

> （国籍の選択）
> 第十四条　外国の国籍を有する日本国民は、外国及び日本の国籍を有することとなつた時が二十歳に達する以前であるときは二十二歳に達するまでに、その時が二十歳に達した後であるときはその時から二年以内に、いずれかの国籍を選択しなければならない。
> 2　日本の国籍の選択は、外国の国籍を離脱することによるほかは、戸籍法の定めるところにより、日本の国籍を選択し、かつ、外国の国籍を放棄する旨の宣言（以下「選択の宣言」という。）をすることによつてする。
> 第十五条　法務大臣は、外国の国籍を有する日本国民で前条第一項に定める期限内に日本の国籍の選択をしないものに対して、書面により、国籍の選択をすべきことを催告することができる。
> 2　前項に規定する催告は、これを受けるべき者の所在を知ることができないときその他書面によつてすることができないやむを得ない事情があるときは、催告すべき事項を官報に掲載してすることができる。この場合における催告は、官報に掲載された日の翌日に到達したものとみなす。
> 3　前二項の規定による催告を受けた者は、催告を受けた日から一月以内に日本の国籍の選択をしなければ、その期間が経過した時に日本の国籍を失う。
> 　　ただし、その者が天災その他その責めに帰することができない事由によつてその期間内に日本の国籍の選択をすることができない場合において、その選択をすることができるに至つた時から二週間以内にこれをしたときは、この限りでない。
> 第十六条　選択の宣言をした日本国民は、外国の国籍の離脱に努めなければならない。
> 2　法務大臣は、選択の宣言をした日本国民で外国の国籍を失つていないものが自己の志望によりその外国の公務員の職（その国の国籍を有しない者であつても就任することができる職を除く。）に就任した場合において、その就任が日本の国籍を選択した趣旨に著しく反すると認めるときは、その者に対し日本の国籍の喪失の宣告をすることができる。

　これに加え、海外で婚姻などを含め後天的になんらかの形で重国籍となった人であっても、重国籍になったことを日本国政府に提出しない限り重国籍状態は続く。日本国としては「自らの意思」によって他国の国籍を取得した場合は、日本国の国籍を「自動的」に喪失するとしているが、そもそも国籍が自動的に奪われることが憲法上許されるのかは、今後の争点になってくるであろう。実際にロシアで生まれた子どもは後天的に、ロシア国籍を取得することを届けでなくてはならない。そのため親が子どものロシアの国籍を取得するために、届け出を済ませたと同時に日本国籍が自動的に喪失するという事態が発生してい

研究論文

る。この点に関しては 2017 年現在で訴訟が起こっているが、子どもの権利という視点からも、国籍の自動喪失については問題があると言わざるをえない。さらに国際結婚を考える会が以前から指摘し続けているように、国際結婚を通じて相手国の国籍を自動的に取得するケースがある。例えばスイスは国民と婚姻する外国人女性にはスイス国籍を与えると定められている。すなわち本人の意思にかかわらず、国籍が付与されるのである[22]。そしてこういった制度をしいている国は少なからず他にも存在する。世界的にみれば重国籍を認める国が多くなっている中、日本における「国籍の選択」という法律がますます機能しなくなっていることは間違いないだろう。そしてこの法律を厳密に運用すればするほど、人権侵害として深刻な訴訟が増えてくると考えられる。一刻も早い法制度の改正が求められるものだといえるだろう。

Ⅳ　ネーションと複数国籍制度

1　日本のネーション観の変化

　以上みてきたような国会での議論および近年の重国籍制度への日本社会の対応は、むしろ締め付けが厳しくなっているように思われる。ではこの現象の社会的背景を、日本のネーション観の変化という視点から再度検討していくことにする。すなわち国籍というフィルターを通じてネーションの論理を見た場合、戦後の国籍法の成立時（1952 年）から 1984 年までは、純粋な単一民族観を基調としたネーション観であった。しかし 1985 年からは 2000 年にかけては、血統がなんらかの形で継承されていれば「日本人」であるという、枠組みが広がっている。そして 2000 年代に入ると、そういったネーション観は公の場で姿を消し、国家への忠誠といった視点が強くなってきている。もちろん世論として

---

22) 国際結婚を考える会『二重国籍』（時事通信社、1991 年）55 頁。

169

はすでに見てきたように、未だ根強い単一民族史観が残っていることはわかる。

　では日本において、重国籍の容認は「エスノ文化的」な自己理解を変更させ、「外国人」の受けいれを進めることにつながるのだろうか。この点は2000年に生地主義を導入したドイツの事例と比較すると分かりやすい。ドイツは日本と同様に血統主義を中心とした、「エスノ文化的」な自己理解によってネーションが成立している国家であった。しかしトルコ人移民の増加と、彼らの第二、第三世代の成長によって国籍法の改正にいたった。その際、ドイツも国籍法改正に関し国家を二分する大論争になった。その結果、1999年の法改正では一部生地主義が導入されたが、重国籍制度は導入されなかった。佐藤はこのドイツでの論争を「通過儀礼としての統合論争」と表し、移民統合の過程そのものが生み出しているとしている。すなわちエスニックな受け入れからシヴィックな国民統合への流れを見ている[23]。すなわち、日本においても重国籍の議論が公に語られることは、シヴィックな国民統合の可能性の議論につながっていくことになる。むしろまったく議論がなされず、圧殺されることがエスノ文化的な国民統合の再強化につながるだろう。

　2000年代前半、日本においては公の場においてネーション観があまり語られなくなったことは、ドイツの事例と同じように一時シヴィックな視点が強くなったものと捉えることができた。ネーションを規定していた重要な制度＝国籍制度の変更は、ネーションの変容を促すことは間違いない。そのため日本のネーションの自己理解が「エスノ文化的」なものから、「国家中心的」（＝シヴィック）なものへ変化してゆく可能性もあった。しかしながら経済不況、国境問題、大災害などの社会不安に直面し、保守的な傾向が強逆に強まってしまったといえるだろう。実際に近年台頭してきた新人主義はそのことを象徴的に表している。

---

23) 佐藤成基 2009年「「血統共同体」からの決別」、2011年「「統合の国」ドイツの統合論争」などを参照。

研究論文

2 新人種主義と「エスノ文化」の復権

　こうした流れの中、2000 年代後半から徐々に顕在化してきた新人種主義は明らかに、重国籍制度容認の逆風になったといえるだろう。特にヘイトスピーチの台頭は、公に民族的な敵視、排外主義を前面に出したことでも注目を集めた。さらにそれを規制することができないという、日本の法制度の不備があらわになったといえる。街頭で、声高に人種差別発言を繰り返すことが果たして言論の自由と言えるのか。われわれに「常識」を問い直させるきっかけとなったことは間違いない。

　もちろんこうしたヘイトスピーチといったものは一部の極端な者たちと言えないこともない。大多数の市民はこうした動きに反対し、そして規制する法案も成立した。しかしながらこうした新人種主義的な風潮が現れる背景には、歴史的な差別意識に向き合ってこなかった日本社会の現状もある。すなわち根本的にエスノ文化的なネーション観は温存されたままだといえる。すでに別稿で指摘しているが、戦前および戦後の日本の制度は在日コリアンに対して「人種差別」的であり、そのこと自体が社会的事実となっていた。すなわち植民地期においては、宗主国である文明化された日本（人）が、劣っている朝鮮（人）を支配しているという前提があり、日常生活でも根本的に非対称な関係のもと差別が当然視されてきたのである。また戦後においては、「国民」ではない「外国人」が国民と同等の権利を持つのはおかしい、制度的に区別されて当然という見解がある。例え一時期まで日本人であり、一斉に日本国籍を剥奪したという経緯があっても、「外国人」は「外国人」だという論理なのである。そして戦前の「宗主国／植民地」は「日本人／外国人」の非対称な関係にそのままスライドし、日常的な「人種差別」的意識は温存されたまま戦後に継続されていく。すなわち現在の日本における「人種主義」と「民族差別」とは発生的には同一であり、自分たちという「集団形成」と排除の論理によって成立しているといえる。「差異」を作り出し、それを理由として制度設計を行うわけである。戦後日本では植民地期の思想、もしくは考え方に基づいた制度についての自省

171

を含めた捉え直しは行われてこなかった。そのため人間的な問題以前に、認識の前提や価値意識の水準で、非対称な関係は温存され、それが「常態」と化していったといえるだろう。そのためそこには、対象者への攻撃に対する罪悪感は存在しないのである[24]。

こうした社会的な排除の論理が最終的にはヘイトスピーチの正当性を支え、「皆思っているから言っているだけだ」という誤った開き直りを誘発する。いずれにせよ重国籍者への排除の言説も同じ源流から出発しているのは間違いないだろう。そして一時期弱まったように見えた排除型の「エスノ文化」的な国家観が復権し、ますます「国民ひきこもり時代」を加速させていると考えられる。

まとめ

さて本稿では1884年の国籍法改正の議論から、2000年代、そして近年の重国籍の議論を概観してきた。そしてその背景にある「エスノ文化的」な国家の自己理解が、これまで以上に排除型に向かっていることを指摘していた。ではこのままこの傾向は加速していくのだろうか。

おそらく日本社会における「エスノ文化的」な自己理解は温存されたままであるといえる。しかしながら同時に、もう一つの社会的事実に目を向ける必要がある。それがマルチ・エスニック化する日本社会である。海外にルーツを持つ、もしくはつながりを持っている人はますます増加している。2017年の移民政策学会では、今後25年で「帰化者」「国際結婚」「国際結婚で生まれた子ども」「外国人労働者」などを合算すると、現在の西欧並に様々な出自を持った人からなる多様な社会になるとの指摘がなされた。単純に人口の10%超がマルチ・エ

---

24) 佐々木てる「近代日本の人種差別と植民地政策」駒井洋監修／小林真生編著『レイシズムと外国人嫌悪』(明石書店、2013年)、115頁。

スニックな存在になるというのである[25]。こういった現実に対応するためには、今から制度設計を行わなくてはならない。むしろ将来を見越したうえで現在の法制度を整備していかないと、社会不安が増大することは間違いないだろう。もはや名実ともに、日本が単一民族、すなわち国籍も、血統も、文化も日本にルーツがある人のみで日本社会が成り立っているという神話は崩壊するわけである。この「数」のインパクトは今後ますます注目を集めることになるだろう。

　同時に現在すでに、重国籍状態であることがなぜ問題なのか、そして国家が「自動的に自国民の国籍を喪失させる」というシステムに対して表だって疑義を唱える人も増加している。人によっては他国との関係で日本国籍をかってに奪われ、現実的に日本のパスポートの発行が止められることが生じている。こういったケースが増加することで、当然訴訟も増え、そして社会不安も増大していくだろう。今後数年の間に「声に出せなかった人」たちが声を上げることによって様々な社会運動につながる可能性がある。そしてこういった議論を見ていくことで、「エスノ文化的」な自己理解をより包摂的なものに鍛え上げていくのか、逆にさらなるバックラッシュを促すのかを注視していく必要があるだろう。閉塞的で異質なものを常に異端視し、疑心暗鬼に暮らす「ひきこもり社会」からいち早く脱していくためにもオープンな議論が期待される。

　本稿は平成 29 年度〜平成 31 年度　基盤研究（B）「重国籍制度および重国籍者に関する学際的研究」（研究代表　佐々木てる）事業の成果報告の一部である。

---

25) 2017 年 5 月 28（日）、成城大学で行われた移民政策学会のシンポジウム「日本における移民政策のグランドデザイン構築に向けて〜入国管理体制の再検討」における是川夕（国立社会保障、人口問題研究所）氏の報告より。タイトルは「日本における国際移動転換とその中長期的展望 – 日本特殊論を超えて」。

『エトランデュテ』第2号

文 献

Bauman, Zygmunt *Globalization: The Human Consequences*, Cambridge: Policy Press，1998. 澤田眞治・中井愛子（訳）『グローバリゼーション』法政大学出版会 2010 年。

Brubaker, Rogers W. *Citizenship and Nationhood in France and Germany*, Haverd Univ，1992. 佐藤成基・佐々木てる（監訳）『フランスとドイツの国籍とネーション』明石書店 2005 年。

陳　天璽　『忘れられた人々　日本の「無国籍」者』明石書店、2010 年。

藤原夏人　「韓国の国籍法改正　―限定的な重国籍の容認―」『国立国会図書館調査及び立法考査局　外国の立法 245』、2010 年、113-140 頁。

Hammar, Tomas. *Democracy and the Nation State*，Aldershot: Avebury, 1990. 近藤敦（監訳）『永住市民と国民国家』明石書店、1999 年。

細川　清　「改正国籍法の概要」法務省民事局内法務研究会編『改正国籍法・戸籍法の解説』財団法人金融財政事情研究会、1985 年、1-40 頁。

柏崎千佳子「日本のトランスナショナリズム」佐藤成基編『ナショナリズムとトランスナショナリズム』法政大学出版会、2009 年、267-292 頁。

金　英達『在日朝鮮人の帰化』明石書店、1990 年。

近藤　敦『外国人参政権と国籍』明石書店、1996 年。「4.1　パスポートとは国籍とは」陳天璽、小森宏美、大西広之、佐々木てる編『パスポート学』北海道大学出版会、2016 年、160-165 頁。

Martin, D. A. Introduction: The Trend Toward Dual Nationality. In D. A. Martin and K. Hailbronner (eds.) *Rights and Duties of Dual Nationals: Evolution and Prospects*, The Hague: Kluwer law International, 2003.

岡村美保子「短報　重国籍――我が国の法制と各国の動向」『レファレンス』国立国会図書館のホームページ「国会サービス関連情報」より 2003 年（http://www.ndl.go.jp/jp/data/publication/refer/200311_634/063403）

太田誠一「日本国籍取得の提案」白井美友紀編『日本国籍を取りますか？』明石書店、2007 年、48-60 頁。

Randall Hansen and Patrick Weil（eds.）　*Dual Nationality, Social Rights and Federal Citizenship in the U.S. and Europe. The Reinvention of Citizenship.* New York: Berghahn, 2002.

国際結婚を考える会　『二重国籍』時事通信社 1991 年。

佐藤成基　「「血統共同体」からの決別」『社会志林』第 55 巻　第 4 号、2009 年。「「統合の国」ドイツの統合論争」『社会志林』第 57 巻　第 4 号、2011 年、173-205 頁

佐々木てる『日本の国籍制度とコリア系日本人』明石書店、2006 年「近代日本の人種差別と植民地政策」駒井洋監修 / 小林真生編著『レイシズムと外国人嫌悪』明石書店、2013 年、103-117 頁。「○○系というアポリア」駒井洋監修／佐々木てる編著『マルチ・エスニッ

研究論文

　ク・ジャパニーズ』明石書店、2016 年、9-24 頁。

塩川伸明　『民族とネーション』岩波新書、2008 年。

Torpey, John　*The Invention of the Passport: Surveillance, Citizenship and the State* Cambridge: Cambridge University Press, 2000. 藤川隆男（訳）『パスポートの発明　監視・シティズンシップ・国家』法政大学出版会、2008 年

| 研究論文 |

ハンセン病と人権

——国際社会における差別是正の動向と韓国における司法的救済——

権　南　希*

Ⅰ　はじめに

Ⅱ　国際社会におけるハンセン病をめぐる議論の動向

　　1．国際人権とハンセン病患者・回復者及びその家族の権利

　　　（1）人間の尊厳と自由

　　　（2）健康に関する権利

　　　（3）身体の自由と移動の自由

　　　（4）その他の権利

　　2．疾病対策から人権問題へ

　　　（1）「差別」の構造：障害者権利条約とハンセン病問題

　　　（2）国連人権理事会における議論

　　3．ハンセン病患者・回復者及びその家族に対する差別撤廃のための原則及びガイドライン

Ⅲ　韓国におけるハンセン病をめぐる人権問題と司法的解決

　　1．ハンセン病をめぐる隔離政策と生殖統制

＊関西大学政策創造学部　准教授

2．人権侵害の法的救済
　　(1) 強制隔離政策による人権侵害の救済：日本政府に対する賠償訴訟
　　(2)「ハンセン人被害事件の真相糾明及び被害者支援などに関する法律」
　　(3) 断種及び堕胎による人権侵害に対する国家賠償訴訟
3．断種及び堕胎被害に対する賠償訴訟：生殖統制による人権侵害
　　(1) 憲法及び法律における権利の保護
　　(2) 患者の自己決定権の侵害
　　(3) 断種手術・堕胎手術の法的根拠
　　(4)「公共利益」と「同意」の強制性
　　(5) その他の法的論点
Ⅳ　むすびにかえて

Ⅰ　はじめに

　ハンセン病は人類の歴史の中で最も根強い偏見と差別を生み出した疾病の一つである。疾病としてのハンセン病に対する国際的な取組みとして、発症者数が多い国家を対象に治療薬の配布、医療設備の充実を図る活動が世界保健機構（WHO）を中心に行われ、新規発症は劇的に減少した[1]。感染症のパンデミックが人類を脅かす状況が問題となっている今日において、ハンセン病に対する感染症の疾病対策としての注目度は相対的に低いと言わざるを得ない。しかしハンセン病をめぐる問題は疾病に対する医学的対処に留まらない。ハンセン病に関する誤った認識、ハンセン病患者・回復者及びその家族に対する偏見と差別が深刻な人権侵害をもたらしている状況は続いている。こうした状況は、国

---

1) 世界保健機構の 2015 年報告によると、ハンセン病の新規患者の発生は、インド、ブラジル、インドネシア、エチオピアなど13 カ国に 94％以上が集中している（WHO, *Global Leprosy Strategy 2016-2020: Accelerating towards a leprosy-free world*, WHO publications, 2016, pp. 3-5）。

研究論文

際社会が最も重要な人権の課題の一つとして、様々な差別の是正に取り組んでいるにも関わらず、今なお克服が困難な問題の一つである。

　ハンセン病に対する国家による政策の暴力性と抑圧性の起源は、ハンセン病をめぐる医療及び管理体系が植民地政策の中で誕生し、帝国主義の秩序維持のために機能したことにある[2]。植民地の展開は世界規模の人の移動をもたらし、社会設計の中で人口をどのように管理するかが主要な課題となった。帝国主義下の公衆衛生政策は、効果的管理体制の構築のため、人種や民族間の区別、そして健常者と病者・障害者の区別を生み出した。このような区別は患者の「隔離」につながった。ハンセン病の管理施設は、植民地秩序において公衆衛生の中核として位置づけられ、その中では国籍、民族のみならず、性や生殖などを統制・管理する秩序が作られた。こうして徹底した区別を前提にハンセン病管理政策は展開された。その背景にある国家政策の暴力性は、外見の変形をもたらすハンセン病特有の病状と重なり、社会の偏見と差別を助長してきたのである。

　韓国でもハンセン病患者を強制的に隔離した歴史があり、ハンセン病をめぐる状況は決して望ましいものではなかった。韓国の代表的なハンセン病関連施設である小鹿島（ソロクト）病院[3]は、植民地時代に設置され、日本国内の国立療養所と同様に強制的な隔離政策が取られていた。強制隔離は 1963 年廃

2）モランは、ハワイにおけるハンセン病患者・回復者の問題の歴史と変遷について調査を行い、植民地のハンセン病患者・回復者のコミュニティにおける秩序の形成、権利侵害と抵抗過程を分析している。Michelle T. Moran, *Colonizing Leprosy: Imperialism and the Politics of Public Health in the United States*, The University of North Carolina Press, 2007. アジアにおける帝国主義の道具としての医療・公衆衛生や開発については、さしあたり、見市雅俊、斎藤修、脇村孝平編『疾病・開発・帝国医療—アジアにおける病気と医療の歴史学』東京大学出版会（2001 年）参照。

3）国立小鹿島（ソロクト）病院は、約 100 年の歴史の中、小鹿島慈恵園、小鹿島更生園、中央癩療養所、国立癩病院など、時代や政策によって施設の名称変更されている。この論文では、混乱を避けるために「小鹿島（ソロクト）病院」とする。韓国におけるハンセン病医療政策と小鹿島病院の歴史の概観については、鈴木靜「韓国におけるハンセン病医療政策の歴史と現状に関する一考察：2015 年 3 月小鹿島病院等訪問調査から」愛媛大学法文学部論集 39 巻（2015 年）、19-39 頁参照。

止されたが、ハンセン病患者・回復者に対する断種及び堕胎手術などの生殖統制は 1990 年代まで実施されてきた。

韓国でハンセン病をめぐる人権侵害の法的救済の取組みが始まったきっかけは、2004 年、植民地時代の隔離政策について日本政府を相手取った賠償訴訟の提起である[4]。この訴訟が韓国のハンセン病をめぐる問題に及ぼした影響は極めて大きい。その後、2011 年 10 月、断種及び堕胎手術を受けたハンセン病患者・回復者は韓国政府に対して賠償訴訟を提起し、人権侵害に対する救済を求めている。

このような経緯を踏まえて、本稿では、人権保護の観点から国際社会におけるハンセン病に対する差別根絶の取組みについて概観する。さらに、韓国におけるハンセン病問題について、法律の制定及び関連訴訟を手がかりに人権侵害に対する救済の新たな展開について検討する。

本文に入る前に、用語について整理しておきたい。「レプロシー（leprosy）」という用語は医学及び法学分野において多く用いられているが、否定的に捉え

---

4) 日本では医学の進歩により隔離の必要がないことが明らかになった後も、1996 年まで隔離政策を定めた「らい予防法」が維持された。日本国内におけるハンセン病をめぐる人権侵害の救済は、療養所に収容されていた回復者が国を相手取って損害賠償を求めた訴訟で、2001 年、熊本地方裁判所の原告勝訴の決定を皮切りに大きく進展した。熊本裁判を受けて、日本政府は「ハンセン病問題検証会議」を設置し、2008 年「ハンセン病問題基本法」が成立した。日本国内におけるハンセン病をめぐる人権侵害の救済については、最近、ハンセン病患者・回復者の家族による賠償訴訟が提起されている。本稿では、主な分析対象を韓国国内の裁判におけるハンセン病をめぐる人権侵害の事案に限定し、日本の国内裁判における法的判断については扱わない。

5) この言葉は「不治の」「伝染する」、及び「危険」な病気と描写することに使われてきたということから不適当であるとの意見もある。国連人権理事会が作成した「ハンセン病患者・回復者及びその家族に対する差別撤廃のための原則及びガイドライン」の準備作業にあたっては、「レプロシー」と「ハンセン病」の双方が互換性あるものとして使用された。坂元教授は、「レプロシー」にまつわる伝統的な社会のイメージを変えるためにも、ハンセン病患者・回復者の尊厳を促進し、個人と病気を分けて人を認識する言葉を使うことが大切であると指摘する（坂元茂樹「（資料）ハンセン病患者・回復者及びその家族に対する差別撤廃のための原則及びガイドライン」関西大学法学論集 61 巻 3 号（2011 年）、126 頁）。

られることもある[5]。韓国では、従来「レプロシー」の訳語として「らい（나）」
及び「らい病（나병）」という言葉が使われてきたが、最近は「ハンセン病(한
센병、Hansen's disease)」という言葉が一般的に使われるようになった。ハン
セン病患者・回復者は、「患者（환자）」、「病歴者（병력자）」と称され、「陽性
患者（양성환자）」と「陰性患者（음성환자）」という呼称などが用いられる場
合もある。近年、最も広く用いられている言葉は「ハンセン人（한센인）」であ
る。「ハンセン人被害事件の真相糾明及び被害者支援に関する法律」（以下、「ハ
ンセン人被害事件法」）[6]の第2条1項では、「ハンセン人」とは、「ハンセン病
にかかった者、又はハンセン病を患い、治療が終結した者」と定義する。ハン
セン病に関する差別撤廃を目指す人権運動をきっかけに登場した「ハンセン人」
という言葉は、ハンセン病患者・回復者のみならず、その家族を含めて使われ
ることが多い。韓国国内の判決においても「ハンセン人」という言葉が使われ
ており、定着しつつあると言える[7]。

Ⅱ　国際社会におけるハンセン病をめぐる議論の動向

1.　国際人権とハンセン病患者・回復者及びその家族の権利
（1）人間の尊厳と自由

　世界人権宣言前文は、人類社会のすべての構成員の固有の尊厳と平等で譲る
ことのできない権利とを承認することは、世界における自由、正義及び平和の
基礎であるとする。すべての人間は、生まれながらにして自由であり、かつ、尊
厳及び権利において平等である（同宣言第1条）。また、いかなる差別もなしに、

---

6) 2007年に制定された「ハンセン人被害事件の真相糾明及び被害者生活支援などに関する
　法律」は、2015年12月改正時に「ハンセン人被害事件の真相糾明及び被害者支援などに
　関する法律」（2016年3月30日施行、法律第13666号）に名称が変更された。

7) 本稿では、韓国語資料からの引用については、基本的に原文通りの用語を用いることと
　する。

『エトランデュテ』第2号

この宣言に規定するすべての権利及び自由を享有する権利を有する（第2条）。
ハンセン病患者・回復者は、社会の構成員として、この条文で保護されている人
間としての尊厳、自由を有するにも関わらず、それらを奪われてきた歴史がある。
　すべての人間は、生命、自由及び身体の安全に対する権利（第3条）、人と
して認められる権利（第6条）、差別から平等な保護を受ける権利（第7条）、
各国の境界内において自由に移転及び居住する権利（第13条1項）などを有
する。ハンセン病患者・回復者及びその家族は、病気を理由に差別され、世界
人権宣言で規定されたこれらの権利と自由を享受することが困難である。

（2）健康に関する権利

　社会権規約は、健康に対する包括的権利を定めている[8]。「健康に対する権
利」には健康の基本的な決定要素が広く含まれる。これには、医療サービス・
設備にアクセスする権利[9]、そして公衆衛生を守るための特別な措置をとる国
家の義務を含む、社会秩序に対する権利としての側面もある。
　一般的意見14[10]は「健康に対する権利」に関して、尊重する義務、保護す
る義務、及び履行する義務の3つの義務を締約国に示している。そのうち、尊
重する義務は、健康に対する権利の享受を直接的又は間接的に妨害するのを差
し控えることを要求する。保護する義務は、第三者が第12条の保障を妨害す
るのを防止するための措置を取ることを要求する。履行する義務は、健康に対

8）同規約第12条1項では「この規約の締約国は、すべての者が到達可能な最高水準の身体
　及び精神の健康を享受する権利を有することを認める。」と規定し、第2項では「この規
　約の締約国が1の権利の完全な実現を達成するためにとる措置には、次のことに必要な
　措置を含む。……（c）伝染病、風土病、職業病その他の疾病の予防、治療及び抑圧。(d)
　病気の場合にすべての者に医療及び看護を確保するような条件の創出」を規定する。

9）欧州連合基本権憲章は、「すべての者は、国内法及び慣行により定められた条件の下で、
　予防的医療サービスにアクセスする権利及び医学的治療の便益を受ける権利を有する。」
　（第35条）と規定する。

10）E/C.12/2000/4, General Comment No.14(2000).

182

する権利の完全な実現に向けて適当な立法上、行政上、予算上、司法上、促進的な及びその他の措置を取ることを要求する[11]。ハンセン病患者・回復者に対する差別を撤廃するために、国家には同様な義務が求められる。健康に対する権利については、ハンセン病患者・回復者に対して満足のいく水準の履行が行われておらず、保護から除外されている状況すら見られる[12]。

他方、ハンセン病患者・回復者及びその家族に関係する人権は、健康又は障害と深く関わる問題ではあるが、それに限定されるべきではない。ハンセン病患者・回復者は病気が完治した後にも差別から逃れることはできないし、その被害は家族にも及ぶからである。

（3）身体の自由と移動の自由

自由権規約第9条1項は、身体の自由及び安全についての権利を規定し、恣意的な逮捕又は抑留がこのような権利の侵害であることを示す。また、第10条1項は、「自由を奪われたすべての者は、人道的にかつ人間の固有の尊厳を尊重して、取り扱われる。」と規定している。これらの条文は、強制分離又は強制隔離の政策に基づき身体の自由を剥奪されたハンセン病患者・回復者及びその家族にも適用される。

同規約は移動や居住の自由を含む人の移動の自由を保護している。移動の自由は人の自由な発展にとって不可欠の条件である。第12条3項ではこれらの権利が制限され得る例外的な状況が規定されている。一般的意見27[13]は、「国の安全、公の秩序、公衆の健康若しくは道徳又は他の者の権利及び自由を保護するためにのみ、締約国においてこれらの権利を制限できることを定めている。制限が許容されるためには、制限は法律で定められ、民主的社会においてこれ

11）*Id.*, para.33.

12）坂元茂樹「前掲資料」144頁。

13）CCPR/C/21/Rev.1/Add.9, General Comment No. 27 para. 11.

183

『エトランデュテ』第2号

らの目的を達成するために必要であり、かつ、この規約において認められる他のすべての権利と両立するものでなければならない。」とする[14]。

また、ハンセン病患者・回復者の多くは移動の自由に対して厳しい制限を受けてきた。権利制限の必要性や他の権利との関係を精査することなく、社会の統制・管理のために「国の安全」、「公の秩序」、「公衆の健康」などの要件のみが強調された結果である。このような制限は社会的慣習と結合し、ハンセン病患者・回復者の権利の不合理な制限となっている。

(4) その他の権利

ハンセン病患者・回復者の人権保護に対しては、自由権規約上の非人道的、品位を傷つける取扱いの禁止（自由権規約第7条）、人として認められる権利（同規約第16条）、私生活、名誉及び信用の保護（同規約第17条）、法の前の平等（同規約第26条）などが適用される。また、社会権規約上の社会保障についての権利（社会権規約第9条）、科学の進歩及びその利用による利益を享受する権利（同規約第15条）などが関連する。

2. 疾病対策から人権問題へ
(1) 「差別」の構造：障害者権利条約とハンセン病問題

ハンセン病患者・回復者をめぐる問題は障害者の人権の一部として捉えられることがある。神経の損傷が生じる前にハンセン病の初期治療が適切に行われない場合、障害をもたらす可能性が極めて高く、実際、ハンセン病患者・回復

---

14) 第12条1項及び2項に掲げる権利が人種、皮膚の色、性、言語、宗教、政治的意見その他の意見、国民的若しくは社会的出身、財産、出生又は他の地位などを理由として、何らかの区別を設けることは、明らかに規約に違反する (Id., para 18)。「他の地位」という用語には、ハンセン病のような健康上の地位も含まれる。ハンセン病という理由で移動の自由を奪われることがあるとすれば、これは第12条の違反を構成する（坂元茂樹「前掲資料」145頁）。

研究論文

者は障害に苦しむ者が多い。ハンセン病をめぐる差別は障害者に対する差別に類似な構造を有するが、他方で、ハンセン病問題の人権侵害の実態を障害という局面にすべて埋もれさせてはならない。

「障害」が差別禁止の事由として認識されはじめたのは比較的に最近のことである。医学モデル的見地により、障害は能力低下事由として把握されており、個人が抱える問題であった。また、平等観の背景に能力主義があったことがその原因であると考えられる[15]。このような「障害」と「差別」の関係の変化はハンセン病の差別問題にも示唆する点がある。障害者権利条約第2条は、「障害に基づくあらゆる区別、排除又は制限であって、政治的、文化的、市民的その他のいかなる分野においても、他の者との平等を基礎としてすべての人権及び基本的自由を認識し、享受し又は行使することを害し又は無効にする目的又は効果を有するもの」を「障害に基づく差別」として定義する。「あらゆる」区別などであって、不利益な効果が生じる場合も差別であることを明確にしている点で、「間接的差別」[16] も禁止される。さらに、「障害に基づく差別には、合理的配慮を行わないことを含むあらゆる形態の差別を含む」とし、「合理的配慮の欠如」[17] が差別の類型に加えられたこと

---

15) 東俊裕「障害者権利条約における差別禁止と差別の三類型」法律時報 81 巻 4 号（2009 年）、15 頁。

16)「間接差別」概念は、異なる取り扱い（Disparate Treatment）だけでなく、異なる効果（Disparate Impact）がある場合も差別に当たるとした米国の最高裁判例（Griggs v. Duke Power Co., 401 U.S. 424, 1971）から発展した。2000 年 11 月に EU 理事会が採択した「雇用及び職業における均等待遇のための一般的枠組みを確立する EC 2000 年 78 号閣僚理事会指令」においても間接差別の禁止が規定されている（東俊裕「前掲論文」19-20 頁）。

17) 障害者権利条約第 2 条は、「合理的配慮」の概念を次のように定義する。「障害者が他の者との平等を基礎としてすべての人権及び基本的自由を享有し、又は行使することを確保するための必要かつ適当な変更及び調整であって、特定の場合において必要とされるものであり、かつ、均衡を失した又は過度の負担を課さないものをいう。」

185

で、「差別」の概念は拡大された。この類型を用いれば、ハンセン病患者・回復者の脆弱な人権状況を差別として定義することができ、より包括的にその実態を捉えられる。

なお、障害者権利条約において採用されたソーシャル・アプローチは、ハンセン病問題に対する差別の是正において有効な視点を提供する。障害のある人が背負う社会的不利は、個人の能力の問題ではなく、障害のある個人の存在に対応しようとしない社会のあり方によるものであるとの認識が広まった。このような社会モデル的思考により、社会の積極的排除による場合だけでなく、社会が必要な対応を怠ることによって生じる差別についても能力以外の属性による差別と同じであるとの考え方に結びつく[18]。社会への完全かつ効果的な参加、機会とアクセスの平等を含むこのような差別の禁止は、国連人権理事会の決議や「原則及びガイドライン」にも全面的に反映されている。

(2) 国連人権理事会における議論

国連総会及び国連人権理事会は、最近、ハンセン病に関する偏見と差別の問題を重大な人権侵害として捉え、差別の根絶のための議論を重ねている。2008年6月、第8回人権理事会では、ハンセン病による差別を撲滅するための実効的な方法を検討することを目的とした「ハンセン病患者・回復者及びその家族に対する差別の撤廃決議8/13」[19] が全会一致で採択された[20]。同決議は、ハンセン病差別問題を重大な人権侵害問題として各国が認識す

---

18) 東俊裕「前掲論文」20頁。

19) Human Rights Council Resolution 8/13, Elimination of discrimination against persons affected by leprosy and their family members, 28th meeting, 18 June 2008.

20) 同決議には58か国が共同提案国（そのうち31か国が人権理事会理事国）となった。ハンセン病問題については、国連人権小委員会において2004年から2006年まで3回の決議が採択されており、同人権理事会決議は過去の人権小委員会決議をフォローアップするものでもある。

ること、差別を根絶する措置をとること、人権教育・啓発活動を行うことを要請した。また、各国のハンセン病差別問題に関する取組みを調査し、情報を収集し、ハンセン病患者・回復者及びその家族に対する差別撤廃のためのガイドライン草案を作成することが要請された[21]。

人権理事会諮問委員会は、決議 8/13 に基づき、「ハンセン病差別撤廃を目的とする原則及びガイドライン」（以下、「原則及びガイドライン」）の草案を作成した。2009 年 10 月、第 12 回人権理事会において、原則及びガイドライン案をフォローアップするための決議が提出され、全会一致で採択された[22]。この決議に基づき、2010 年 1 月及び 8 月の人権理事会諮問委員会において、「原則及びガイドライン草案」は各国政府、NGO 等の意見を踏まえ、一部修正の上採択され、2010 年第 15 回人権理事会において、各国政府等に対して「原則及びガイドライン」に十分配慮することを求める決議が採択された[23]。

さらに、2015 年 7 月、第 29 回人権理事会において、人権理事会諮問委員会に対し、原則及びガイドラインの実施状況に関する調査を行い、原則及びガイドラインのより広範な普及と効果的な実施に向けた現実的な提案を含む報告書を人権理事会に提出することを求める決議が採択された[24]。2017 年 6 月、第 35 回人権理事会においては、原則及びガイドラインを広く普及することを促

---

21) 2008 年 8 月 14 日の第 15 回会合で、人権理事会諮問委員会は「ハンセン病患者・回復者及びその家族に対する差別撤廃のための原則及びガイドラインに関する勧告 1/5」を採択し、坂元茂樹教授を「原則及びガイドライン草案」を作成する報告者に指名した。

22) 同旨の決議は、2010 年 11 月の国連総会第三委員会、及び 12 月の国連総会本会議において全会一致で採択された。

23) A/HRC/15/30.annex, Principles and guidelines on elimination of discrimination against persons affected by leprosy and their family members, 12 August 2010. 原則とガイドラインの和訳文については、坂元茂樹「前掲資料」116 - 167 頁を参照。

24) A/HRC/29/L.10, Elimination of discrimination against persons affected by leprosy and their family members, 2 July 2015.

『エトランデュテ』第2号

す「ハンセン病差別撤廃決議」[25]が全会一致で採択されている。

3. ハンセン病患者・回復者及びその家族に対する差別撤廃のための原則及びガイドライン

原則及びガイドラインでは、ハンセン病患者・回復者及びその家族は、基本的自由の権利を有し、尊厳のある人間として扱われるべきであることが示された。さらに、ハンセン病患者・回復者に対する偏見と差別を撤廃するために国家が立法、行政及び教育上の具体的な措置をとることを要請している。

原則として、ハンセン病患者・回復者及びその家族は、尊厳のある人間として扱われ、他の人と平等に、自由権規約、社会権規約、障害者の権利条約を含む、国際人権文書のほか、世界人権宣言に掲げられたあらゆる人権及び基本的自由を享有し（原則1）、ハンセン病を理由に差別されてはならない（原則2）。その他に、ハンセン病患者・回復者の家庭と家族を持つ権利（原則3）、完全な市民権及び身分証明書の取得（原則4）、政治活動への参加権（原則5）、労働権（原則6）、教育権（原則7）、能力開発及び自己実現の権利（原則8）、政策決定プロセスに参画する権利（原則9）が示されている。

これらの原則を具体的に実現するために、ガイドラインでは各国政府に対して、ハンセン病を理由とする差別なしに、あらゆる人権及び基本的自由を促進、保護、確保することを求めており、そのためには適切な法的、行政的及びその他の措置を講ずることが示されている。また、各国政府は国際人権条約上の権利の完全な実現を達成するために適切な措置を講ずることが要請される。このような法律及び政策の立案・実施やその他の意思決定プロセスにおいて、ハンセン病患者・回復者及びその家族を積極的に参画させることが求められる。

---

25) A/HRC/35/L.14, Elimination of discrimination against persons affected by leprosy and their family members, 19 June 2017. 同決議は、人権理事会としてハンセン病差別撤廃に関する特別報告者を3年間の任期で任命することを決定した。

研究論文

　ハンセン病患者・回復者及びその家族が享受する家庭及び家族に関する権利について、ハンセン病を理由に個人の婚姻の権利が否定されるべきではないことが示されている。家族については、過去のハンセン病患者に関する政策や慣習の結果として離ればなれになった家族の再統合を支援すること、ハンセン病患者・回復者とその家族がコミュニティへ十分に参加できるように権利の普及を促進することを要請する。さらに、各国政府はハンセン病患者・回復者の女性、子供その他の脆弱なグループの人権の促進・保護に関して特別な配慮を払うべきであることが示された。

　その他、職業訓練の機会、教育への等しいアクセス、適切な住居水準についての権利を認識し、その保護・促進のための適切な措置を取ること、ハンセン病患者に無料又は手頃なヘルスケアの質及び基準を提供すること、啓発及びハンセン病患者・回復者の権利と尊厳への関心を高めるための方針と行動計画を策定することを要請する。このように原則及びガイドラインが人権理事会で採択され、国連総会決議が採択されことで、ハンセン病患者・回復者及びその家族が基本的人権を有することが確認され、人権侵害に関する国際的な基準が示されたことは大きな進展である。

Ⅲ　韓国におけるハンセン病をめぐる人権問題と司法的解決

1. ハンセン病をめぐる隔離政策と生殖統制

　近現代韓国の歴史の中でハンセン病患者・回復者及びその家族は、強制隔離、労働の強制、断種及び堕胎などの生殖統制[26]、集団虐殺、療養施設内外にお

---

26) ハンセン病患者・回復者に対する生殖制限の手段として、「堕胎」と「断種」手術が行われていた。「堕胎」は「人工妊娠中絶」と同様の意味で使われる。「断種」は、その辞書的意味では手術などにより生殖能力を無くすことである。一方、「精管切除手術」は外科的手術によって妊娠を不可能にする「不妊手術」の一つの方法であり、精管再開通術により生殖能力を回復させることは可能であることから厳密には異なる概念である。当時の医学

189

『エトランデュテ』第 2 号

ける暴力、言論による人権侵害など、様々な形態の人権侵害の犠牲者となった。

1897 年ドイツで開催された第 1 回国際らい会議では、ノルウェーで 19 世紀に導入されたハンセン病の隔離政策が、各国に対して推奨された [27]。しかし、早い段階から隔離政策が人権侵害につながる可能性は危惧された。1923 年フランスで開かれた第 3 回国際らい病会議では、無差別的な強制隔離ではなく、隔離は人道的に行うべきであるという勧告が提示され、1948 年キューバで開かれた第 5 回国際らい病会議ではついに強制隔離の撤廃が勧告された [28]。また、1959 年ローマ国際会議では、らい病患者に対する差別的法律の廃止、啓蒙教育の強化、早期発見、隔離収容の是正、回復者の社会復帰を促す「らい患者の強制隔離の収容の撤廃及び社会復帰のための決議」が採択され、韓国もこれに参加している。

ハンセン病患者・回復者に対する強制的な断種及び堕胎手術による生殖統制は歪んだ優生学思想に基づくものであった。植民地朝鮮で断種及び堕胎手術が始まったのは 1930 年初頭であるが、断種手術の必要性に対する社会の要求はその以前から存在していたことが確認できる [29]。このようなハンセン病患者に対する生殖統制の背景には、当時の植民地統治政策の中で研究が進められた「体質人類学」の影響が指摘されている [30]。体質人類学によれば、特定の体質

水準に照らして「断種手術」と同様な意味で使われており、公式的な例規や報告書などで「精管切除手術」は、「断種法」、「断種術」、「断種手術」などの言葉で表記されている。

27) しかし、ノルウェーで実施された「隔離 (segregation)」は、患者の移動の権利が厳しく統制されるものではない。ノルウェーにおける隔離は、孤立 (isolation) に近い概念であった (김재형・오하나「한센인 수용시설에서의 강제적 단종・낙태에 대한 사법적 해결과 역사적 연원」민주주의와 인권 16 권 4 호、177-178 頁)。

28) 김재형・오하나「前掲論文」185-188 頁。

29) 断種手術が韓国国内で初めて実施されたのは 1933 年のことであるが、1920 年代後半、東亜日報は社会的にハンセン病患者・回復者に対する生殖統制の正当性を主張する「らい病根絶は去勢外無道理：去勢で遺伝防止」という見出しの記事を掲載している (1927 年 4 月 15 日付東亜日報)。

30) 김재형・오하나「前掲論文」185-188 頁。

研究論文

は特定の病気に対して強く影響するものであり、このような「疾病に対する感
受性（susceptibility)」は遺伝する。この説明によると、ハンセン病が発症す
る理由は患者がハンセン病にかかりやすい体質を持つからであり、その体質こ
そが遺伝するのである。このような「体質の遺伝」という説明は、「ハンセン
病の遺伝」にすりかえられ、誤解と偏見につながった。既に国際社会では病気
の遺伝性が否定されていたにも関わらず、植民地朝鮮では伝染病学、優生学、
体質人類学などが混在し、ハンセン病管理政策の中で歪んだ優生学的思想が客
観的検証なしに社会に根付いてしまったのである。

　1950年代、各種国際会議では強制隔離政策の撤廃が要請されていた。韓国
政府は、1954年「旧伝染病予防法」[31)]を制定し、ハンセン病を比較的に伝染
力の低い「第3種伝染病」に分類した。しかしハンセン病に対しては、他の第
3種伝染病とは異なる政策が取られた。強制隔離政策は維持され、療養所長に
は秩序管理のための権限が引き続き与えられたのである。

　生殖統制が助長された要因の一つにこのような強制隔離施設の効果的管理と
いう現実的目的があったと見られる。強制隔離政策は、1963年の「改正旧伝
染病予防法」で一部緩和され、ハンセン病患者のうち、別段の規定が定める者
に限り、隔離収容の対象とすることが規定された[32)]。旧伝染病予防法施行規
則[33)]第16条は、「自家治療をすることで他者に伝染させる恐れがある者」又
は「浮浪・乞食などで他人に伝染させる恐れがある者」を強制隔離収容の対象
とした。当時、法改正により隔離施設から退院した多くのハンセン病患者・回
復者が浮浪者化していたため、多くのハンセン病患者・回復者は強制隔離収容
の対象となった。

　1980年代に入り、外出と外泊を厳格に統制するなど移動の自由の制限は続

---

31) 1954年2月2日制定、法律第308号。

32) 1963年改正旧伝染病予防法（法律第1274号）第2条1項、第29条2項。

33) 1977年8月19日制定、保健社会部令第570号。

191

『エトランデュテ』第2号

いていたが、強制隔離政策は緩和され、本人が望む場合、退院は可能となった。このような強制隔離の法的根拠は2006年1月17日「改正伝染病予防法施行規則」[34] が第3種伝染病隔離収容対象からハンセン病を削除したことで完全に廃止された。

限られた隔離施設の中で急増した収容者数に対応するために最も効果的な統制手段は生殖統制であった。1963年伝染病予防法が改正された後、保健社会部は1964年9月16日、ハンセン病管理事業の効率化のために「らい病管理協議会」を開催し、「妊娠可能な者に対しては断種手術を積極的に奨励し、家族計画に完璧を期すこと」、「妊娠可能な者を常に調査把握し、出産を最大限抑制するようにすること」等の徹底した履行を命じる指示事項を出した[35]。

1973年9月6日改正された保健社会部例規の「国立癩病院運営規定」には「3. 出産制限及び家族同伴入院の禁止」という規定がある。1993年「国立小鹿島（ソロクト）病院運営規定」[36] 第6条の禁止事項にも出入制限と妊娠、出産禁止条項をそのまま明示していた。この禁止条項は、2002年10月24日、国立小鹿島（ソロクト）病院運営細則から完全に廃止された。このような生殖統制政策は、ハンセン人に対する偏見と差別を助長すると共に当事者たちに劣等感と外部社会に対する恐怖を植えつける結果をもたらした。

---

34) 保健社会部令第345号。

35) これに伴い全国五つの国立癩病院院長は、精管手術後の同居許可制を推進し、女性に対しては毎月定期的に妊娠の有無について検診を受けるようにした。入院中院内での出産は禁止され、出産を望む場合には退院を原則としたが、退院を望まない場合には妊娠中絶手術を施行した。やむを得ない事情により出産した場合には、新生児を両親から隔離し養育した（光州地方法院順川支院 2014年4月29日宣告、2013 가합 10285 판결）。

36) 1993年8月19日保健社会部訓令第690号。

研究論文

2. 人権侵害の法的救済

（1）強制隔離政策による人権侵害の救済：日本政府に対する賠償訴訟

　植民地時代の朝鮮半島におけるハンセン病患者・回復者の隔離政策に関する救済は、日本政府に対する賠償請求から始まった。日本国内においては、2001年5月11日、熊本地裁が「らい予防法人権侵害謝罪・国家賠償請求訴訟」で、厚生大臣のハンセン病政策施行上の過失、並びに国会議員の立法不作為に違法性及び過失を認め、国に対し損害賠償を命じた[37]。同年6月22日、「ハンセン病療養所入所者等に対する補償金の支給等に関する法律」（以下、「ハンセン病補償法」）が成立した。補償対象を定める「厚労省告示（厚生労働省告示第224号）」には、日本国内の国立・私立の療養所や、米軍占領下の琉球政府が設置した施設は対象となっていたが、植民地時代の韓国の小鹿島（ソロクト）病院、台湾の楽生院については明示していなかった。日本政府は、これらの施設は補償法の定める国立療養所には該当しないとして、二つの療養所の入所者による補償請求を棄却した[38]。

　棄却された請求者の117人のうち110人が不支給決定の取り消しを求めて、小鹿島（ソロクト）病院の原告は2004年8月、楽生院の原告は同年12月に東京地裁に提訴した。2005年10月25日、東京地裁は小鹿島（ソロクト）病院の原告らの請求を棄却した。これを受けて原告らは東京高裁に控訴し、日韓の弁護団と関連市民団体による働きかけの結果、翌年2月10日、韓国・台湾からの補償請求を認める「ハンセン病補償法」が改正された[39]。2015年5月、韓国からの請求について590名（小鹿島（ソロクト）病院124名、定着

37）これを受けて当時の小泉政権は、同年5月23日、控訴しないことを決定した。

38）ソロクトは2004年8月16日、楽生院は同年10月26日、補償請求が棄却された。

39）補償額を国内入所者の水準に合わせて「一人800万円」とするハンセン病補償法の改正案が、2006年1月31日衆院本会議で可決、2月3日参院本会議において全会一致で可決された。

193

『エトランデュテ』第2号

村[40]466名）に対する賠償が完了した[41]。

(2)「ハンセン人被害事件の真相糾明及び被害者支援などに関する法律」

　日本における賠償訴訟は、韓国国内において多大な影響を与え、ハンセン病患者・回復者の人権侵害に対する救済の動きが本格的に始まった。ハンセン病患者・回復者の人権問題解決のための法制上の摸索は、2007年10月「ハンセン人被害事件法」の成立につながった。ハンセン人被害事件法は、「ハンセン人被害事件に関する真相を把握し、これらの事件の被害者に対する支援を行うことで、人権の向上及び生活安定を企てる」ことを目的とする（同法第1条）。同法は、収容施設に隔離収容され、暴行、不当な監禁、又は本人の同意なしの断種手術を受けた事件、収容施設における暴力事件、強制労働などを対象とする[42]。

　ハンセン人被害事件法は初めての立法措置である点で重要な意義がある。しかし同法第2条3項が定める対象事案が主に1960年代半ば以前の事案であること、女性に対する人工妊娠中絶手術については規定がないこと、個別事件に対する救済であるため、対象に限定性があることは大きい限界である。

---

40) 病院や療養所から離れ地域での自立生活を目指し推進された韓国の「定着村事業」については、新田さやか、三本松政之「韓国のハンセン病者と定着村事業の展開過程にみる人権をめぐる課題」立教大学コミュニティ福祉学部紀要19号（2017）、49-64頁参照。

41) 国宗直子「補償請求事件の経過と到達点」ハンセン病問題の全面解決をめざす日韓シンポジウム配布資料（2017年6月22日）。

42) 同法第2条3号では、次のように対象を定めている。

　「(1) ハンセン人入所者が1945年8月16日から1963年2月8日まで収容施設に隔離収容され、暴行、不当な監禁、または本人の同意なしの断種手術を受けた事件

　(2) 1945年8月20日前後、全南高興郡道陽邑小鹿島（ソロクト）で、ソロクト更生院の職員による暴力で、ハンセン人が死亡、行方不明、または負傷を受けた事件

　(3) 1962年7月10日から1964年7月25日まで全南高興郡ボンアム半島とプンヤン半島をつなぐ干拓工事と関連してハンセン人が強制労働をした事件

　(4) その他、第3条に基づくハンセン人被害事件真相糾明において審議・決定した事件。」

研究論文

（3）断種及び堕胎による人権侵害に対する国家賠償訴訟

2011年10月、国がハンセン病患者・回復者の治療及び隔離収容のために運営・統制してきた病院などの施設に所属する医師、看護師、又は医療補助員らによって行われた断種手術や堕胎手術について被害補償を要求する訴訟が提起された[43]。同様な事案で、2011年10月17日から2015年1月13日まで6件の訴訟が提起され、2017年現在原告の総人数は延べ561人に上る。

2017年、大法院では関連する三つの判決が出された[44]。韓国政府を相手取ったこれらの強制断種及び堕胎被害訴訟では、基本権の制限に関する問題、侵害行為の法的根拠、同意の強制性の有無などが争点となった。裁判所は、ハンセン人に対する生殖統制は正当な法的根拠が認められず、不法行為が成立するとし、国の賠償責任を認める判断を下している。以下では、大法院2014다230535判決を中心に示された法的論点を考察する。

3. 断種及び堕胎被害に対する賠償訴訟：生殖統制による人権侵害
（1）憲法及び法律における権利の保護

韓国憲法第10条は、すべての国民が人間としての尊厳及び価値を有し、幸福を追求する権利を有することを宣言し、「国家は、個人の有する不可侵の基本的人権を確認し、これを保障する義務を負う」と規定する。精神的自由とともに、身体の自由（韓国憲法第12条1項）は「憲法の核心である人間の尊厳と価値を実現するために最も基本的な自由であり、すべての基本権保障の前提条件」である[45]。

---

43) ソウル高等裁判所2016年10月4日、2015나2017218 판결。

44) 大法院2017年2月15日、2014다230535 판결；大法院2017年3月30日、2016다267920 판결；大法院2017年5月31日、2017다202166 판결。そのうち、2016다267920判決は、精管切除手術と妊娠中絶手術を区別せず、同額の慰謝料を算定した原審判決の判断基準に関する判決である。

45) 憲法裁判所1992年4月14日、90헌마82 결정。

195

『エトランデュテ』第2号

　婚姻と家族生活は、個人の尊厳を基礎として成立し、維持され、国家はこれを保障する。また、国家は母性の保護のために努力する義務があり、すべての国民は保健に対して国家の保護を受ける権利がある[46]。韓国憲法第37条2項は、このような自由と権利が制限されうる事由について「国家安全保障、秩序維持、又は公共福利のために必要な場合に限り、法律で制限することができる。」とする。しかし、これらを制限する場合でも自由と権利の本質的な内容を侵害してはならない。

　ハンセン病患者・回復者及びその家族は、人権の基盤である人間としての尊厳及び基本的な人権として身体の自由を有する。「身体を毀損されない権利」はその性質上、生命権と合わせて、人間生存の基本的権利であり、これは身体の自由の中で最も本質的な部分である。精管切除又は人工妊娠中絶手術は、それが本人の同意によるものでないとすれば、「身体を毀損されない権利」に対する重大な侵害である。また断種手術又は堕胎手術などの生殖制限は、婚姻及び家族生活を成立し、維持する権利に深く関わる。ハンセン病患者・回復者及びその家族に対して、このような基本的自由と権利を制限する場合、その制限が憲法上正当化できるかについては慎重に判断しなければならない。

（2）患者の自己決定権の侵害

　医師の医療行為には、医療診療契約とは別に、原則としてその具体的な医療行為につき患者の同意を得ることが必要であり、同意なくして医療行為を行うことは違法である。医療行為の同意は、自己決定権に基づく自己の身体

46）韓国憲法第36条は次のように規定する。

　「第1項　婚姻及び家族生活は、個人の尊厳及び両性の平等を基礎として成立し、維持されなければならず、国は、これを保障する。

　第2項　国は、母性の保護のために努力をしなければならない。

　第3項　すべての国民は、保健に関して国の保護を受ける。」

研究論文

の法益処分として、一般には違法性阻却事由と位置付けられている。医療を
受けることに関する決定権は、韓国憲法第10条が定める人格権と幸福追及
権に基づき、医療を受ける者が有する[47]。手術のように身体を侵害する医療
行為を行う場合、患者による医療行為に対する同意ないし承諾が必要である。
その前提として病気の症状、治療方法の内容及び必要性、予想されうるリス
クなどに関して、当時の医療水準に照らして相当であると見なされる事項を
説明し、患者が必要性や危険性を充分に比較し、受ける医療行為を選択でき
るようにしなければならない。医療従事者がこのような説明義務を充分に果
たしていない場合、患者の自己決定権の行使を妨げることになるため、不法
行為が成立する。

　国がハンセン病患者の治療及び隔離収容のために運営・統制してきた当該病
院などに所属した医師や看護師、又は医療補助員らが、ハンセン病患者・回復
者に対して施行した「精管切除手術及び人工妊娠中絶手術は、身体に対する直
接的な侵害行為であり、それに同意ないし承諾がなかったとすれば、憲法上の
身体を毀損されない権利、胎児の生命権などを侵害する行為」[48] である。

　このような断種及び堕胎行為が国の政策にともなう正当な公権力の行使と
なるためには、明示的な法的根拠の存在が前提となる。さらに、侵害をこう
むった当事者に対する「事前のインフォームド・コンセント (prior informed
consent)」[49] が必要であり、被害は最小限に抑えられなければならない。これ
らの要件を満たさない場合、このような措置が政府の保健政策や産児制限政策

---

47) 大法院 1994 年 4 月 15 日、92 다 25885 판결；大法院 2002 年 10 月 25 日、2002 다 48443
　　판결。

48) 大法院 2017 年 2 月 15 日、2014 다 230535 판결。

49) インフォームド・コンセントは、「あらゆる医療行為に当たって、事前に必要」なもの
　　と考えられる。林かおり「ヨーロッパにおける患者の権利法」外国の立法 227 号 (2006 年)、
　　1-58 頁。

197

『エトランデュテ』第2号

のためであっても違法な公権力の行使となり、民事上の不法行為が成立する。

(3) 断種手術・堕胎手術の法的根拠

　ハンセン病患者・回復者であることを理由に、国家が法律上の正当な根拠な
しに個人の権利を侵害することは許されない。裁判では断種手術及び堕胎手術
が行われた時点でこれらの行為の法的根拠が存在していたかが争われた。被告
は「旧伝染病予防法」及び「旧母子保健法」[50]、その他に管理施設内の運営規
則及び遵守事項などが断種及び堕胎行為を正当化する法的根拠であると主張し
た。これに対して裁判所は、1947年から1973年までの間、伝染病の予防を目
的にハンセン病患者・回復者の権利を制限できるのは法律のみであるとし、旧
伝染病予防法と旧母子保健法の規定を検討した。

　旧伝染病予防法は、「らい病」を比較的伝染力が弱い第3種伝染病に指定し
ながらもハンセン病患者・回復者の基本権の多くの部分を厳しく制限した[51]。
しかし、このようなハンセン病患者・回復者に対する制限の中に、本人の自由
意思に反して行われた精管切除手術や人工妊娠中絶手術を正当化できる法的根
拠は見当たらない。また、旧伝染病予防法第26条は、「第3種伝染病療養所長
は主務部長官の定めるところにより、入院患者の秩序維持に必要な措置を取る
ことができる」と規定している。このような療養所長の懲戒検束権は1963年
の改正伝染病予防法でも維持されたが、この権限の行使が精管切除手術又は人
工妊娠中絶手術を正当化できるものではない。

50　「旧母子保健法」(法律第2514号)は、1973年2月8日に制定された。

51)　同法律では、ハンセン病について、患者の発見・死体検案・(退院、治療、死亡、住所
　　変更含む)転帰の申告義務(第4条1項、第6条)、隔離収容され、治療受ける義務及び
　　脱出の禁止(第29条1項、第56条3号)、死体移動禁止及び火葬義務(第34条、第35条)、
　　強制処分(住宅、船舶などの場所内での調査・診察、同行治療、または隔離、第42条)
　　の対象とすることが定められている。

研究論文

　一方、旧母子保健法には人工妊娠中絶手術と不妊手術の許容限界について定める規定がある[52]。本人、又は配偶者が大統領令の定める伝染性疾患[53]である場合、医師は本人と配偶者の同意を得て、人工妊娠中絶手術を行うことができる (同法第8条1項2号)。また、不妊手術については、大統領令の定める伝染性疾患であることが確認され、「公益上の必要性」が認められる場合、患者に不妊手術を受けるよう、命令することができる[54]。伝染性疾患がある場合、人工妊娠中絶手術には本人と配偶者の同意が必要となるが、不妊手術は「旧母子保健法施行令」によれば、本人の同意は必ずしも必要な要件ではない。不妊手術の場合、医師の報告及び家族計画審議委員会の審議を経て[55]、保健社会部長官の命令により、所定資格を有する医師がこれを行う[56]。

　これらの規定に基づくと、ハンセン病患者・回復者に対する不妊手術については命令条項の適法性が問題となるが、実際、裁判ではこの条項に基づく命令による断種手術は主張されなかった[57]。堕胎行為が旧母子保健法上の許容可能な人工妊娠中絶に該当するか否かは、本人と配偶者の同意の有無とその性質による。

---

52) 母子保健法上、伝染性疾患を理由に人工妊娠中絶手術を認める条項は現在も維持されている (現行母子保健法第14条1項2号)。不妊手術命令条項は1999年2月8日制定の法律第5859号で改正された母子保健法によって廃止された。

53)「旧母子保健法施行令」(大統領令第6713号、1973年5月28日制定)では、対象となる伝染性疾患を伝染病予防法第2条1項が定める伝染病とした (第3条3項、第4条1項)。そのため、ハンセン病を含む第1種ないし第3種伝染病すべてが隔離の対象となった。

54) 患者を診断し、大統領令の定める疾患であることが確認され、その疾患の遺伝及び伝染を防止するため、不妊手術を行うことが公益上必要であると認められる場合には、大統領令の定めるところにより、医者は保健社会部長官にこの対象者について報告しなければならない (同法第9条1項)。報告を受けた保健社会部長官は、大統領令の定めるところにより、患者に不妊手術を受けるよう命令することができる (同法第9条2項)。

55) 旧母子保健法施行令第4条4項。

56) 旧母子保健法施行令第5条。

57) 大法院2017年2月15日、2014 다 230535 판결。

199

『エトランデュテ』第2号

(4)「公共利益」と「同意」の強制性

次に、ハンセン病患者・回復者に対する生殖統制に対して、国民保健、伝染病の防止などの公益上の必要性はあったのか。そして、こうした行為を正当化できる要件は満たされているのか。

第1に、裁判所は、伝染病予防法の主な目的は「国民の保健」という公共利益の追求であるとしながらも、「ハンセン人に対する（中略）人工妊娠中絶手術及び精管切除手術は、被告が旧伝染病予防法などに基づくハンセン病患者の隔離収容及び隔離治療並びに任意退院禁止権限の限界を超えるものであり、国民保健という目的達成のための手段として正当化することはできない」と結論付けた。また、旧伝染病予防法第41条3号が「療養所内で家族が同居することを制限する」とした規定については、これが療養所内における家族の同居に関する規定ではあるが、断種及び堕胎行為を正当化するものではないとした[58]。

第2に、裁判所は、同意について、当時のハンセン病患者・回復者が置かれていた社会的環境から同意ないし承諾があった場合でも、その任意性は認められず、事実上の強制であると判断した。裁判所は、教育水準が低く、長期間の収容生活を送っていたハンセン病患者・回復者は退院して定着村や一般社会で生活できる自立能力が充分ではなかったこと、偏見と差別が今なお残る社会に対する恐怖があるうえに、既存の生活基盤を失った喪失感、ハンセン人に対する劣悪な社会的、経済的環境などが、同意せざるを得ない状況を作り出していたと判断した[59]。このような同意の強制性は、1963年、完治した回復者を社会に復帰させることを目指した伝染病予防法の改正により、自由な退院が可能になってから断種及び堕胎手術に同意した場合でも同様に認められる。

---

58) 大大法院 2017 年 2 月 15 日、2014 다 230535 판결。

59) ソウル中央地方法院 2015 年 7 月 16 日、2013 가합 521666 판결; 大法院 2017 年 2 月 15 日、2014 다 230535 판결。

研究論文

（5）その他の法的論点

① 消滅時効

裁判所は、原告らがハンセン人被害事件法による被害者決定時までは権利行使ができない障害事由があったと判断した。下級審では、ハンセン人被害事件法に基づき、被害者決定が 2010 年 6 月 24 日から 2012 年 6 月 27 日まで行われていたこと、2009 年 8 月 6 日、ハンセン人被害者事件法に補償支給規定を含む改正法案が発議され、国会に係留されていたが、第 18 代国会任期満了に伴い廃棄されたこと、同法律に基づき設置された「ハンセン人被害事件真相糾明委員会」も 2013 年の報告書で、ハンセン人被害事件法の改正等を通して被害者に対する実質的な補償を促したことなどを認めた。結果、原告らは立法措置を通した補償を期待していたが、被告が積極的な措置を取らなかったため、国を相手に個別的に損害賠償請求訴訟を提起するに至ったという「特殊な事情」があると判断した[60]。

一方、消滅時効については、「不法行為による損害賠償請求では、極めて特殊な個別事情があり、その期間の延長を認めることがやむを得ない場合にも、韓国民法第 766 条 1 項が定める短期消滅時効期間の 3 年を越えることはできない」とした[61]。大法院は、ハンセン人被害事件の被害者決定日より 3 年が経過する前に訴えを起こした原告らは、被告の消滅時効抗弁を排除するに値する相当な期間内に権利を行使したと判断した[62]。

---

60) 光州高等裁判所 2014 年 10 月 22 日、2014 나 11542 판결。

61) 権利行使の「相当な期間」内に権利が行使されたかが重要であるが、特別な事情がない限り、権利行使の「相当な期間」は民法上の時効停止の場合に準じて短期間に制限されなければならないことが指摘された（大法院 2011 年 6 月 30 日、2009 다 72599 판결）。

62) 大法院 2017 年 2 月 15 日、2014 다 230535 판결。

201

『エトランデュテ』第2号

② 慰謝料の算定基準

　慰謝料の算定は、その時代の一般国民の法感情に合致するものでなければならない。裁判所は、被告のハンセン病に対する治療、ハンセン人被害事件法の制定などの努力について一部肯定的な評価をしながら、次のように慰謝料算定の考慮要素を示した。第1に、ハンセン人に対する人々の冷遇と蔑視は多大な精神的苦痛と侮辱感を与えており、国は社会的な差別と偏見によって苦痛を受けてきたハンセン人に対し、隔離し、生殖制限をすることで、子どもを産み育て、子孫を残すことさえ許されない存在であるという激しい劣等感と絶望感を与えた。第2に、精管切除及び人工妊娠中絶手術の非人道性及び非倫理性についてである。人間としての尊厳と価値、幸福追求権、身体の自由、自己決定権、人格権などを、正当な法律上の根拠なしに制限し、原告らに罪の意識と羞恥心を植え付けた。第3に、被告の不法行為の結果、原告らは子孫のいない寂しい老年を送ることになり、その苦痛は賠償しなければならない[63]。このような理由に基づき、2014年判決（2013 가합 10285 판결）は、断種手術の被害者に対して各3千万ウォン、堕胎手術の被害者に対して各4千万ウォンを支給するよう、決定を下した[64]。

　その後、同様な事案が争われた判決で、慰謝料算定において賠償範囲を縮小

---

63) 光州地方法院順川支院2014年4月29日、2013 가합 10285 판결：ソウル中央地方法院
　　2015年7月16日、2013 가합 521666 판결。

64) 光州地方法院順川支院2014年4月29日、2013 가합 10285 판결。原告らは1億ウォンの
　　賠償を請求したが、裁判所は、原告の被害事実は認めるものの、「被告によるハンセン
　　人政策のうち、善意が認められる部分もある」ため、慰謝料を各3千万ウォンと4千万
　　ウォンとする」と判断している。原審は、原告等全員ハンセン病を患った経験がある者で、
　　被告がハンセン病患者の隔離と治療のために運営、統制してきた国立小鹿島病院、釜山
　　龍湖病院（サンエ園）、国立益山病院（ソセン園）、国立漆谷病院（エセン園）、安東ソンジャ
　　園、麗水エヤン園、蜜陽シンセン園等に入院した後、1947年頃から1986年頃まで国立
　　小鹿島病院等で所属医者、看護師、医療補助員等により、精管切除または妊娠中絶の手
　　術を受けた事実を認めた（大法院2017年3月30日、2016 다 267920 판결）。

し、断種及び堕胎の被害に対して各2千万ウォンの慰謝料が策定された[65]。ハンセン病患者の福祉のための被告の努力をさらに積極的に参酌する必要があり、性別により苦痛の軽重を問うことは適切ではないことが下級審の判断を変更した理由であるとされた。これに対して大法院は、原審判断が不法行為による非財産的損害に対する慰謝料の算定において裁判所の裁量限界を逸脱しており、慰謝料の金額を引き下げる特別な事情を見出すことはできないと判断した。さらに、被害発生時から長期間が経過し、ハンセン人被害事件法は被害の一律的な回復を目指しており、被害者数が多く、全国的に分布しているなどの特殊な事情があるため、慰謝料の算定には被害者間の衡平を考慮する必要があると言及している[66]。

　大法院は、精管切除手術と人工妊娠中絶手術に慰謝料金額の違いを設定したことについて、女性に対する人工妊娠中絶手術は、「身体に加えられる暴力性と侵害の程度が重く、形成途中の命である胎児の生命権を侵害する行為として、その非難可能性が極めて高く、経験則上、強制的に母性を奪われた女性の精神的苦痛は一般的な他の類型の不法行為によって受ける精神的苦痛に比べて甚大である。」と判断し、堕胎による女性の精神的苦痛の重大さを強調した[67]。

Ⅳ　むすびにかえて

　ハンセン病患者・回復者及びその家族に対する偏見と差別は、法的権利の回復と社会的努力を通して克服しなければならない課題である。この問題は病気を理由とする社会的差別と障害による人権侵害という2つの状況が交錯したと

---

65) ソウル高等法院 2016 年 10 月 4 日、2015 나 2017218 판결。

66) 大法院 2017 年 3 月 30 日、2016 다 267920 판결。

67) 光州地方裁判所順川支院 2014 年 4 月 29 日、2013 가합 10285 판결；大法院 2017 年 5 月 31 日、2017 다 202166 판결。

ころに位置している。その根底には政策上の目的から社会秩序の中にハンセン病患者・回復者の差別的状況を作り出し、増幅させた国家の暴力性と抑圧性がある。

国による保健衛生政策下の管理を名目に、韓国のハンセン病患者・回復者に対する差別と排除は社会の構造的暴力によって再生産されてきた。ハンセン病の遺伝性が否定され、治療が確立した後にも韓国国内のハンセン病患者・回復者は療養施設内外における暴力の犠牲者であり続けた。世界の多くのハンセン病患者・回復者及びその家族と同様に、韓国の「ハンセン人」は人権の基本である尊厳を認められず、移動の権利、健康の権利、職業の自由、教育の権利などが十分に保障されないまま、一般社会への復帰も実現することはなかった。

2000年代、国際社会におけるハンセン病問題をめぐる認識は「医療・保健」の観点から「人権問題」へと展開した。韓国においても隔離政策に対する賠償訴訟が日本で提起されたことを皮切りに人権侵害の法的救済が行われるようになった。韓国政府を相手取った断種及び堕胎賠償訴訟はハンセン人に対する人権侵害の事実に対する歴史的確認であり、国家の法的責任を問うものであった。裁判を通してハンセン病に対する社会の無知と偏見を解消し、ハンセン病患者・回復者が人間の尊厳と価値を享受する社会の一員であることが確認された。これは否定され続けたハンセン病患者・回復者の尊厳に対する自己認識の回復過程でもある。

裁判所は、ハンセン病患者・回復者の自己決定権の侵害、断種及び堕胎行為の法的正当性、同意の任意性などの論点について次のように判断している。第1に、精管切除手術及び人工妊娠中絶手術は身体に対する直接的な侵害行為であり、同意がない場合、憲法上の身体を毀損されない権利、胎児の生命権などに違反する。第2に、断種及び堕胎手術が正当な公権力の行使となるためには、法的根拠の存在、損害の最小限の原則、事前のインフォームド・コンセントの要件を満たす必要がある。原告らに対して行った精管切除手術及び人工妊娠中絶手術は、法律上の根拠が認められない医療行為であるか、またはその法的要

件を満たしていない。伝染病の予防という保健政策の目的を考慮しても、その手段の適正性や均衡性を認めることはできない。第3に、原告らはハンセン病の遺伝性及び感染可能性、治療法及び完治可能性などについて充分な説明を受けておらず、当時のハンセン病患者・回復者が置かれていた社会的環境から同意の任意性は認められない。

　裁判による人権侵害の事実認定とその救済措置は、ハンセン病患者・回復者及びその家族の社会における権利認識向上の大きな一歩である。しかし同時に韓国の司法が抱えている課題の一端も明らかになっている。判例では断種及び堕胎賠償訴訟において、国際人権法の原則や規則、ハンセン病問題の国際社会における議論の成果である「原則及びガイドライン」が参照されることはなかった。これは、韓国国内裁判における国際人権法の認識の不十分さを反映するものであり、法学者の責任も問われる。

　さらに、韓国におけるハンセン病をめぐる人権侵害の救済には、個別行為の適法性に関する判断はなされたが、その前提となる国によるハンセン病政策そのものに対する法的責任は十分に言及されていない。下級審では、植民地時代以降、旧伝染病予防法が一部改正された1963年以降も、実質的にはハンセン病患者・回復者を強制隔離政策の対象として維持したことで、ハンセン病に対する間違った認識を社会に植えつけ、偏見・差別を助長した責任が指摘されているが[68]、大法院判決では、国家によるハンセン病政策全般に対する法的評価は十分に行われていない[69]。

　ハンセン人被害事件法においても同様な指摘ができる。ハンセン人に対する人権侵害の実態を認めながらも、国家は「支援」という形で自らの責任を回避

---

68)　光州高等法院 2014 年 10 月 22 日、선고 2014 나 11542 판결。

69)　一方、大法院判決では、ハンセン病患者・回復者を劣悪な社会的環境に置かれた原因を国家が提供していたことを認めつつも、慰謝料の相殺事由として国による医療政策などを肯定的に評価している。大法院 2017 年 2 月 15 日、2014 다 230535 판결。

している。同法第1条は、「被害者に対する生活及び医療支援」を通して「人権向上及び生活安定を企てる」とする。しかしハンセン人自らが個別的な被害事例を立証しなければならず、同法が目的とするのは賠償ではなく生活支援である。同法はハンセン人に対する実質的な支援に結びつかないとの批判を受けて、2015年、改正された[70]。現在、ハンセンの被害事件真相糾明委員会で審査、決定された被害者のうち、支給対象決定を受けた者（生存者本人）は、「医療支援金」と「慰労支援金」の支給を受けている[71]。同法の支援対象者の限定性を考慮すると、ハンセン病をめぐる被害事実の実態がすべて解明されているわけではない。国内の人権保護体制の中で、ハンセン病問題に潜んでいる国家政策の暴力性と抑圧を明らかにし、その法的責任を問い続けることが、被害者の実質的な救済につながると思われる[72]。

なお、人権理事会決議は、「原則及びガイドライン」の履行を踏まえて、ハ

---

69) 生活支援金が所得として加算されるため、被害認定者のうち、15％程度の対象者が基礎生活（生活保護）受給対象から除外される状況が発生し、2015年12月、同法律は改正された。生活支援金は所得や財産に関係なく被害者に決定されたハンセン人に支給できるように「慰労支援金」に変更した。

70) 医療支援金支給対象に決定されたハンセン人被害者に委員会が決めた金額を「医療支援金」として支給（治療費、看護師雇用経費、補装具の購買費などを客観的に算定し支給決定）、被害者に決定されたすべてのハンセン人に所得と関係なく毎月15万ウォン（1万5千円程度）を慰労金として支給する。

71) 日本においてもハンセン病をめぐる人権侵害の実態が新たに浮かび上がっている。2016年、いわゆる「隔離法廷」の問題が発覚したのである。1948年から1972年までの間、ハンセン病患者が当事者となった95件の裁判について裁判所外の法廷を定型的に指定してきた運用があり、遅くとも1960年以降は合理性を欠く差別的取扱いであったことが指摘された。2013年11月、全国ハンセン病療養所入所者協議会等が最高裁判所に対して検証を要請したことを受け、2014年5月、最高裁判所は調査委員会を設置し、2016年4月調査報告書を公表した。このような運用は、裁判所法に違反し、ハンセン病患者に対する偏見・差別を助長して、ハンセン病患者の人格と尊厳を傷つけたとして責任を認め、謝罪した。詳細は、最高裁判所事務総局「ハンセン病を理由とする開廷場所指定に関する調査報告書」参照（最高裁判所ホームページ、*Available at* http://www.courts.go.jp/about/siryo/hansenbyo_chousahoukokusyo_danwa/index.html）。

ンセン病患者・回復者及びその家族の権利についての認識を高め、また人権及び基本的自由の享受、並びに平等な社会参加を妨げるスティグマ、偏見、有害な伝統的慣行・思想を阻止することを目指す[73]。ハンセン病患者・回復者及びその家族の人権侵害をめぐる問題が「過去」の問題ではなく、社会全体が取り組むべき「現在」の人権課題であることについて、残念なことに韓国の法学界、法学者たちはまだ無自覚なままである。

　近年、国連や国際機関におけるハンセン病の差別撤廃問題の取組みに、日本は積極的なイニシアティブをとっている[74]。このような国際貢献の裏には、NGO、医学や法学専門家、この問題に取り組んできた関連団体、ハンセン病患者・回復者及びその家族の主体的活動がある。これは、一連のハンセン病関連訴訟を通じて浮かび上がった日本国内における人権侵害の実態に対して社会が向き合った結果でもある。一方、韓国社会では、ハンセン病患者・回復者の人権侵害に対する法的救済への要請が高まり、ハンセン人自らの権利意識の回復にも少しずつ成果が現れている。法制度のみならず、差別的慣行と偏見に関する社会の無自覚を認識させ、如何に関心を高めて推持することができるかが、これからのハンセン人の尊厳回復の課題である。「原則及びガイドライン」が目指している差別撤廃と尊厳の回復に向けて、今始まったばかりの韓国国内の取組みが、将来的にグッドプラクティスとして国際社会のハンセン病をめぐる人権状況の改善に貢献できることに期待したい。

73）A/HRC/35/L.14, *supra* note 25, 1(c).

74）横田洋三「ハンセン病と人権－日本の動き、世界の動き」日本ハンセン病学会雑誌 83 巻 3 号（2014 年）、125-130 頁。

> 特集 2

当然の法理と日本社会

【企画趣旨】

　1953 年内閣法制局及び人事院の解釈として「公権力の行使又は国家意思の形成への参画にたずさわる公務員となるためには、日本国籍を必要とする」という政府見解（「当然の法理」）によって、一定の公務員への外国人の任用は禁止されていると解されてきた。「当然の法理」については、「公権力の行使又は国家意思の形成への参画」という基準が、広範かつ抽象的であるため、拡張解釈される恐れが大きい」[1]との懸念や、「すでに日本社会の一員となっている定住外国人とりわけ永住外国人を、ただ日本国籍を有していない理由から一律に排除すること」[2]への疑問が表明されてきた。2005 年「東京都管理職受験資格確認等請求」訴訟で、最高裁は「当然の法理」を修正した「想定の法理」を打ち出し、「公権力の行使又は国家意思の形成への参画」の内容をより具体化し、「原則として日本国籍を有する者が公権力行使等地方公務員に就任することが想定されている」として、例外的に自治体の裁量により外国人の就任を認められる余地を残したが、どれくらい実務に影響を与えているかは知るすべがない。

---

1) 芦部信喜『憲法学 II 人権総論』（有斐閣、1994 年）134 頁。

2) 申惠丰「外国人の人権」国際法学会編『日本と国際法 100 年　人権』（三省堂、2001 年）168 頁。

本特集では、「当然の法理」をめぐる懸念や疑問の当たる例のうち、民事・家事調停委員と公立小中高の「任用の期限を付さない常勤講師」の問題を取り上げた。本特集は、2016年7月23日「『91年合意』25周年を迎えて『やり残し』課題について考える」のタイトルで行った第3回目の研究会がもとになっている。空野弁護士は調停委員問題に長らくかかわった経験を踏まえた論稿を寄稿してきた。そして、中島教授は、すでに本誌創刊号で「公立学校における『任期の期限を付さない常勤講師』という『問題』」を発表したが、今回はいわば各論的な論稿を寄せてくれた。研究会では文部科学省との交渉にかかわった大石文雄さん（信愛塾）の詳しい経過報告があったが、今回寄稿に至らなくて残念である。次回を期したい。

特集2

最高裁判所による外国人弁護士の
調停委員就任拒否問題

空野　佳弘*

目次

Ⅰ. はじめに

Ⅱ. 最高裁判所の立場

Ⅲ. 最高裁批判その1——調停委員の仕事は公権力の行使とほとんど関係がない

Ⅳ. 最高裁批判その2——「当然の法理」の誤り

Ⅴ. 弁護士の他の仕事と比較して

Ⅵ. 人種差別撤廃条約と調停委員問題

Ⅶ. 最高裁東京都管理職選考国籍条項訴訟大法廷判決について

Ⅷ. 弁護士会の取り組み

Ⅸ. 多文化社会へ

Ⅰ. はじめに

　私に与えられたテーマは、日本において外国籍弁護士が調停委員に就任することができない問題を中心に、公権力の行使または国家意思の形成への参画にたずさわる公務員は日本国籍を必要とするという「当然の法理」が外国籍者の

＊弁護士、空野佳弘法律事務所

『エトランデュテ』第 2 号

権利を侵害するのではないかという点を検討することにある。

2003 年（平成 15 年）10 月、神戸家庭裁判所からの家事調停委員推薦依頼を受け、兵庫県弁護士会が、韓国籍の梁英子（ヤン・ヨンジャ）弁護士を候補として推薦したところ、同家庭裁判所は「調停委員は、公権力の行使又は国家意思の形成への参画にたずさわる公務員に該当するため、日本国籍を必要とするものと解すべきであるので、最高裁判所には上申しないこととなった」という説明がなされ、梁弁護士は調停委員に就任することができなかった。

これを受け、近畿弁護士会連合会は、2005 年 9 月 10 日に、「外国人の司法への参画を考えるシンポジウム」を開催し[1]、その後、同連合会内に「外国籍者の調停委員採用を求めるプロジェクトチーム」を設置して、活動を続けてきた。

しかしこうした中にあって、家庭裁判所の家事調停委員のほか、簡易裁判所および地方裁判所の民事調停委員や、簡易裁判所の裁判の補佐役の司法委員、家庭裁判所の審判等の補佐役の参与員も含めて今日まで延べ 37 人の外国籍弁護士が就任を拒否され続けてきた。

上記梁英子弁護士は兵庫県弁護士会が毎年推薦し続けてきたので、13 回拒否されている。

こうした事態を受け、2016 年に日弁連内にプロジェクトチームを設置して一段と取り組みを強化している。

これら調停委員等については、法律に国籍条項があるわけではなく、もっぱら最高裁判所が外国籍弁護士の調停委員等への就任を拒絶していることに原因があり、最高裁判所の姿勢さえ転換させることができるなら、すぐにでも就任を実現することができる。最初に拒否をされた梁英子弁護士については、当時の神戸家庭裁判所所長は家事事件に熟練した梁弁護士を知っていたので、「どうして梁弁護士が調停委員になれないの？」と疑問を呈したとのことであるから[2]、

1）旧大阪弁護士会館 6 階ホールで開催。その際実行委員会の報告書が作成された。
2）裁判所関係者からの伝聞

特集2

下級審の裁判所は必ずしも最高裁と同じ考えを有しているわけでもなさそうである。

しかし、これまでのところ、最高裁判所の姿勢は頑なであり、容易に姿勢を改めようとはしていないので、理論面や、実際の運動を強化していくことが必要である。

Ⅱ. 最高裁判所の立場

1. 1.2004年日弁連第47回人権擁護大会第1分科会（「多民族・多文化の共生する社会をめざして」シンポジウム）実行委員会の問い合わせに対して、最高裁判所事務総局は以下の回答をしてきた[3]。

(1) 調停委員は裁判官とともに調停委員会を構成して、調停の成立に向けて活動を行い、調停委員会の決議はその過半数の意見によるとされている。

(2) 調停が成立した場合、調停調書の記載は確定判決と同一の効力を有する。（調停調書には調停委員の氏名が記載される）

(3) 調停委員会の呼び出し、命令、措置には過料の制裁がある。

(4) 調停委員会には、事実の調査及び必要と認める証拠調べを行う権限や、調停主任又は家事審判官に事実の調査や証拠調べをさせる旨の決議を行う権限を有している。

(5) 調停委員は公権力の行使又は国家意思の形成への参画に携わる公務員にあたるから、調停委員には日本国籍を有する。

2. 2005年7月近畿弁護士会連合会が最高裁判所に対し、①裁判官以下の司法関係職に日本国籍を有しない者が就任することの可否、②過去に就任した事

---

3) 文書による回答ではなく、実行委員会の問い合わせに対する最高裁事務総局担当者の口頭での回答

213

『エトランデュテ』第2号

実の存否、③明文上の根拠と不可とする理由について照会したところ、また
も事務総局の一部局から、最高裁としては回答しない、事務部門の運用取扱
い例としては、裁判官、書記官、事務官、調査官、調停委員は不可であり、
過去の実例はこれらの職については無であり、参与員や破産管財人等につい
ては把握していないとの回答であった[4]。

3. 2008年9月日弁連が最高裁に同様の紹介をなしたところ、事務総局人事局
任用課から、調停委員及び司法委員について日本国籍が必要であること、明文
上の根拠はないこと、調停委員及び司法委員は公権力の行使にあたる公務員に
該当するため日本国籍が必要であると回答してきた[5]。

4. 2012年2月大阪弁護士会、兵庫県弁護士会、京都弁護士会、仙台弁護士会
から、最高裁判所に対し、裁判所法に基づき調停委員の任命上申除外に対し
て司法行政の監督権行使の不服申し立てをしたところ、司法行政の監督権行
使はしない旨の裁判官会議決定を通知してきた。
　以上の経緯からみると、最高裁判所のこの問題についての態度は相当頑なで
あることがわかる。

Ⅲ. 最高裁批判その1──調停委員の仕事は公権力の行使とほとんど関係がない

　最高裁の立場を見てきたが、それは明らかに誤っている。なぜなら、調停委
員の仕事はほとんど公権力の行使とは無関係であるからある。

4）2005年8月5日付FAXでの回答

5）2008年10月14日付回答書

特集2

1. 調停制度の目的は、市民の間の民事・家事の紛争を、当事者の話し合い及び合意に基づき、裁判手続きに至る前に解決するところにある。日本における裁判外紛争解決手段（ＡＤＲ）の典型の一つとして位置づけられている。そして、調停委員の本質的役割は、専門的知識もしくは社会生活上での豊富な知識経験を生かして、当事者の互譲による紛争解決を支援することにある。

　日本の社会制度や文化、そこに住む市民の考え方に精通し、高い人格識見のある人であれば、国籍の有無にかかわらず、このような役割を果たすことができるのは明らかである。「民事調停委員及び家事調停委員規則」も、第1条で「弁護士となる資格を有する者、民事若しくは家事の紛争の解決に必要な専門的知識経験を有する者又は社会生活の上で豊富な知識経験を有する者で、人格識見の高い年齢四十年以上七十年未満であること」を調停委員として任命される資格として定めており、国籍の有無を全く問題にはしていない。また、同規則2条は、欠格事由を定めるが、いずれも国籍の有無とは無関係の事由ばかりである[6]。

　この中で、弁護士については具体的な専門等は問題とされておらず、法的紛争の解決を専門とする者として当然に紛争解決に必要な専門知識を有するものと位置づけられており、国籍が問題となるような余地はない。

　逆に、本邦に定着して生活する外国籍者の数が多数に及ぶ中で、そうした人たちも調停制度を利用することが増えており、言語や本国の法律に通じている外国籍弁護士は紛争の解決に大きな役割を果たすことが可能であると考えられる。

───────────────

6) この最高裁判所の「民事調停委員及び家事調停委員規則」をみると、弁護士については年齢と人格識見の高さは同様に要求しているもののこれは国籍とは無関係であり、弁護士であること自体により調停委員の資格を認めている。外国籍弁護士も弁護士となる際、扱う業務の範囲については何らの制限もない。

215

『エトランデュテ』第2号

2. 調停委員の職務権限についてみると、調停調書は確定判決と同一の効力を有するが、それは法律が調停調書に与えた効果であって、調停委員が公権力を行使して紛争を解決するわけではない。調停調書の効力の源泉は当事者の合意にある。

　調停委員会の呼び出し、命令、措置には過料の制裁があることは事実である。しかし、これらの呼び出し、命令、措置はいずれも、調停による紛争解決をより実効性の高いものとするための付随的な処分に過ぎない。最終的な調停成立が、当事者の合意にかかるものである以上、合意に向けた手続きの過程で、過料の制裁の圧力のもとに、非友好的な当事者に一定の行為を強制することは、最終的な合意の形成にかえって悪影響を及ぼす場合が多い。そのため、過料の制裁はほとんど発動されていない。調停前の処分には執行力が与えられていない（家事事件手続法266条3項）。また、相手方の呼び出しについては、裁判所の当然の事務として処理されており、呼び出しのために調停委員会が開かれるということもない。したがって、このような過料の制裁を理由に、調停委員の職務を全体として「公権力の行使」と位置付けるのは誤っている。

　また、事実の調査及び必要と認める証拠調べを行う権限を有していることについても、強制的処分としての証拠調べが等が行われることは調停の趣旨に照らしてもほとんどないのであるから、このような権限を理由に調停委員を「公権力を行使する公務員」と位置付けることは本末転倒である。
以上の点からして、最高裁の立場には合理的理由が認められない。

Ⅳ. 最高裁批判その2——「当然の法理」の誤り

　調停委員などの仕事が公権力の行使等にあたらないとすれば、当然の法理を適用する前提が欠けることとなり、同法理を適用することはできなくなるが、それだけでなく当然の法理自体が現憲法下では認められない理論である。

216

特集2

1. まず、当然の法理の形成過程を見ると、「当然」ではないことがわかる。この法理が表明されるまでに、この法理とは逆の見解が日本政府から表明されているからである。

すなわち、1949年の地方公務員の事例として、愛知県からの「外国人を県職員として採用することについて」という照会に対して、総理府自治課長は、「一般に外国人を県職員として採用することの可否については、任用権者において判断すべきもの」という回答をなしており（昭和24年5月26日、自発第546号）、当然の法理には何ら触れていない。

次に、外国人登録令に登録された台湾省民を国立療養所の医師として採用し、勤務させうるかという厚生省の照会に対し、法制局長は、その台湾人を「一般職に属する官職に採用することは、さしつかえないものと解する」と回答している（昭和26年5月11日　第71号）。

また、人事院大阪地方事務所長の、「韓国国籍を有する者は具体的にいかなる立法により国家公務員となりうるか」という照会に対し、同じく法制局長は、「これらの者は国家公務員法の定める通常の手続きにより国家公務員となりうる」と回答している（昭和26年8月22日　第71-69号法制局）。

さらに、昭和27年7月、旧自治省は、京都府知事あての公務員課長回答（地自公234）において、「外国の国籍を有する者を地方公務員に任用することについて、地方公務員法はその他の国内法に何ら制限がないので、原則として差しつかえないものと解する」と回答している。

また、建設省の、講和条約発効までに帰化手続き未了の者の国家公務員たる資格等の継続につき「第三国人たる朝鮮人または台湾人が、平和条約発効当日までに帰化手続き未了であっても、現に正規の帰化手続き中の場合は、当然には国家公務員たる資格を失わないと解するかどうか」との照会に対して、人事院事務総長は、「お尋ねの第三国の国籍を有することとなったすべての国家公務員がお示しの日において当然に国家公務員たる身分を失うものではない、この場合において、国家公務員たる身分を失うかどうかは、法

217

『エトランデュテ』第2号

令に別段の規定がある場合の外は国家公務員の占める官職の職務と責任に
応じて、従前の例に従って解釈する外はない」」と回答している（昭和27年
7月23日　71-65）。

　この段階では、当時の日本で外国人のほぼ全部を占める朝鮮人及び台湾人に
ついて、公務員から排除する意思を日本政府は有していなかったように見える。

　ところが、政府は1952年2月、内閣法制局に対し、「我が国の公務員が日
本国籍を喪失した場合、その者は、公務員たる地位を失うか」という照会を
なした。これに対し、内閣法制局は、「一般に我が国籍の保有が我が国の公
務員の就任に必要とされる能力要件である旨の明文の規定が存するわけで
はないが、公務員に関する当然の法理として、公権力の行使または国家意思
の形成への参画にたずさわる公務員となるためには日本国籍を必要とする
ものと解すべきであり、他方において、それ以外の公務員となるためには日
本国籍を必要としないものと解せられる。」と回答した（昭和28年3月25
日法制局1発第29号）。

　これは、朝鮮半島が南北に分断され、冷戦が激化する情勢の元で、日本国
籍を喪失することとなる旧植民地出身の公務員に対し、帰化して日本国家に
忠誠を従わせ、公権力行使の領域から外国人を排除するための日本政府の方
針転換であったと考えられる。すなわち、当然の法理は、この形成過程を見
ると政治状況の産物と言うことができる。

2.　法治主義に反する

　公務への就任は職業選択の一つであり、憲法によって保障されている。
ところが、当然の法理は、法律の根拠なく人権を制約するものであるから、
法治主義の原則（法律に基づく行政、権利の制限は法律の根拠を要すると
いう各要請）に明確に反するものであり、憲法の根本原理に反するもので
ある。

218

特集2

3. 憲法学説からの批判

　　芦部信喜教授は、外国人について、「少なくとも（ⅰ）定住外国人、（ⅱ）
難民、（ⅲ）一般外国人に区別して、保障される権利・自由の範囲と程度を
具体的に考えることが要請される」としつつ、当然の法理について「『公権
力の行使又は国家意思の形成への参画』という基準が、広汎かつ抽象的で
ある」と批判し、「外国人任用は不可である『公権力の発動としての人民に
対する命令強制を内容とするような職務』か外国人任用も可である『調査
的・諮問的・教育的な職務』かなど、より限定的・具体的な基準にしたがっ
て、少なくとも定住外国人（とくに特別永住者）には、後者の職務につい
て広く公務就任への道を切り拓くことを考慮する必要があろう。」としてい
る[7]。

　　このような考えは憲法学会の通説であり、最高裁の立場はこの通説とも相
容れない。この憲法学会の通説からすると、本件の外国籍弁護士の調停委員
就任などは真っ先に認められるべきということになるであろう。

Ⅴ. 弁護士の他の仕事と比較して

1. 弁護士は裁判所から破産管財人に選任されることがある。破産管財人は外国
籍弁護士は排除されていない。破産管財人は、届出された債権の認否など、市
民の権利に直接影響する判断をなす権限が与えられている。調停委員にはない
権限であるが、最高裁判所は外国籍弁護士が数多く破産管財人に就任している
事実に対しては何も言わない。弁護士会の照会に対しては、「把握していない」
と答えている。しかし、統計を取っていないかもしれないが、外国籍弁護士が
破産管財人に何の問題もなく就任していることは最高裁も確実に知っている。

7）有斐閣：憲法学Ⅱ 130頁〜

219

『エトランデュテ』第2号

2. 外国籍弁護士が弁護士会の役員になることも何ら問題にされていない。

　　日本弁護士連合会の会長、副会長の資格要件として日本国籍は必要とされていない。したがって、これら日本弁護士連合会の役員について外国籍弁護士は排除されていない。

　　また、日本全国の単位会の役員について、会長、副会長の被選挙権に日本国籍は要件とはされていないから、外国籍弁護士はこれら役員から排除されていない。

　　弁護士法35条第3項に基づき会長及び副会長は、法令によって公務に従事する職員となる。日弁連の会長、副会長も同様である（同法第50条）。現に、兵庫県弁護士会の白承豪弁護士は、平成15年度同会副会長に就任し、また平成29年度同会会長に就任している。また、平成13年度第2東京弁護士会、平成19年度名古屋弁護士会、平成23年度大阪弁護士会の役員の中に、外国籍弁護士が副会長に就任している。

　　これら外国籍弁護士の弁護士会長、副会長就任について、これまで異論が出たことはなく、裁判所もこれを受け入れている。日弁連の会長・副会長、全国単位弁護士会の会長・副会長は、日本弁護士連合会ないし単位弁護士会を代表する機関として、会員に対する指導・連絡・監督という弁護士会の公権力的作用に関し、判断を行い、その行使に当たる（弁護士法50条、35条）。

　　弁護士会の会長は弁護士会の代表として会員に対する懲戒を執行する権限を有する（弁護士法56条、35条）。会長、副会長は、会員の非行について、自ら調査し、必要な証拠調べを行い、または、特別委託委員もしくは委員会などに調査を委嘱する。

　　このほか会長職として，保護司の選考，簡易裁判所の裁判官の選考委員になることがある。

　　日本弁護士連合会の会長は弁護士会のした懲戒処分の審査請求についての日弁連の懲戒委員会の決定を執行する権限を有する。

特集2

したがって、日弁連及び弁護士会役員の業務権限には,「公権力の行使」的側面があることは否定できない。しかしながら、国籍要件の定めはなく、現実に上記の通り,外国籍弁護士が会長・副会長に就任した例がある。

3. このような実情からすると、外国籍弁護士が調停委員に就任できないことは、まったくの理不尽としか言いようがない。

最高裁は、当然の法理を持ち出した1952年当時の日本政府のように、司法の領域の公務員について、外国籍者の排除を自己の任務と考えているのであろうか？

Ⅵ．人種差別撤廃条約と調停委員問題

外国籍弁護士が調停委員に等になれないことは、最高裁による差別の結果であり、最高裁による人権侵害であると考えられる。

人種差別撤廃条約1条2項は、市民と市民でない者との間に区別を設けることができることを規定している。しかし、この条項をもとにして、最高裁の調停委員問題での差別的取り扱いを合理化することはできない。

人種差別撤廃委員会は、一般的勧告30において市民でない者に対する差別の問題を取り上げている。同勧告においては以下のように述べられている。

「第1条2項は、差別の基本的な禁止を害することを回避するよう解釈しなければならない。したがって、同項は、特に『世界人権宣言』、『経済的、社会的及び文化的権利に関する国際規約』、および『市民的及び政治的権利に関する国際規約』が承認し、及び規定する権利及び自由を縮減するものと解釈されるべきではない。」

「条約上、市民権または出入国管理法令上の地位に基づく取り扱いの相違は、次の時には差別となる。すなわち、当該相違の基準が、条約の趣旨及び目的に照らして判断した場合において正当な目的に従って適用されていないとき、お

221

『エトランデュテ』第2号

よび、当該目的の達成と均衡していないときである。」[8]

　最高裁が、調停委員から外国籍弁護士を排除することは公権力行使から外国籍者を排除するという目的がそもそも根拠を欠き、また、少なくとも目的の達成と均衡していない。

　人種差別撤廃委員会は、日本政府の第3回ないし第6回の政府報告書審査の最終見解（2010年4月6日）及び第7回ないし第9回の日本政府報告書審査の最終見解（2014年9月26日）において、いずれも調停委員として行動する能力を持つ日本国籍を持たない者が排除されていることに懸念を表明している。この懸念が向けられている先は日本の最高裁判所であり、最高裁判所による人権侵害を問題にしているのであり、我が国にとっては深刻である。

Ⅶ. 最高裁東京都管理職選考国籍条項訴訟大法廷判決について[9]

　関連する問題として、東京都の保健士の管理職選考試験についての最高裁判決がある。

　韓国籍の特別永住者で、東京都の保健士である原告が都の管理職選考試験を受験しようとしたところ、国籍を理由に申し込みの受け取りを都が拒否した事件で、原告は国家賠償法に基づき慰謝料の支払いを都に請求した。1審はこれを棄却したが、2審は原告の慰謝料請求を認めた。しかし、最高裁は、当然の法理という言葉自体は使わなかったものの、「公権力行使等地方公務員」「想定」という概念を使って、実際上は当然の法理を適用して原告の請求を認めなかった。

　原審が、管理職にも公権力の行使に当たる公務員とそうでない公務員とがい

8）人種差別撤廃委員会は一般的見解30を出す前は、一般的見解11のなかで、「締約国が外国人に関する立法及びその実施について十分に報告する義務があることを確認」してきた。村上正直「人種差別撤廃条約と日本」29P.

9）2005年1月26日大法廷判決。滝井繁男、泉徳治両裁判官の各反対意見がある。

222

ると判断し、後者から一律に原告を排除するのは相当でないと判断したのに対し、最高裁は、このような区別をすることなく、管理職をすべて公権力行使等地方公務員とみなし、外国籍の者が就任することは我が国の法体系の想定するところではないと述べた。

最高裁は、本件すなわち調停委員問題と似たような姿勢をここでも見せている。この大法廷判決に対しては、2名の裁判官の有力な反対意見があるほか、学説においても一律に管理職から外国籍者を排除することについて批判的な見解が多い。

当然の法理は統治者は国民であるということを前提にしているが、今日では多数の定住外国人も社会の構成員の一部となっており、単に統治の客体とだけ言うことはできない。この領域でも、調停委員問題と同様、最高裁の姿勢の変化を追求しなければならないと思う。

Ⅷ. 弁護士会の取り組み

2003年神戸家庭裁判所による梁英子弁護士の家事調停委員推薦拒否以来、弁護士会は別紙のとおり、外国籍弁護士の調停委員就任問題に取り組んできた。

この中には、上記の通り最高裁判所が有する下級審の司法行政に対する監督権について、職権を発動してこの問題の解決を求める仙台、兵庫、京都、大阪の各弁護士会の申立も含まれている。しかし、これに対しては、最高裁判所は「監督権を行使しない」との平成24年3月14日の最高裁裁判官会議の結果を知らせてきただけである。理由の記載は皆無である[10]。

日弁連からは、これまで最高裁との司法事務協議の中でこの問題をテーマに

---

10) その後仙台弁護士会が情報公開請求で入手した同日付裁判官会議議事録を見ると、30分の会議時間に3つの議題の一つとして取り上げられ、ただ司法行政の監督権を行使しないとだけ記載されていることが判明した。

『エトランデュテ』第 2 号

出したこともあるが、最高裁は真摯な協議に応じておらず、テーマに取り上げることについてさえ消極的である。

弁護士会がこれだけの取り組みを 10 年以上続けてなお、最高裁が姿勢を改めようとしないところに、最高裁判所の確信犯的姿を見ることができるのではないかと考えられる。最高裁は現実に適合しなくなった古いドグマにしがみついているように見える。簡単に改めることができるのにそうしないところに、問題の根深さが見て取れると思われる。

この問題への弁護士会の取り組みは近畿弁護士会連合会が長らく主として取り組んできた。しかし、事態を打開できないことから、2016 年 9 月に日弁連人権擁護委員会の中にこの問題の PT を立ち上げ、それ以来、日本弁護士連合会として正面から取り組むようになった。

そして、2017 年 11 月 17 日日弁連会館において初めてこの問題のシンポジウムを開催した。名城大学の近藤敦教授が基調報告をされ、諸外国における外国人の公務就任の実情を報告された。詳細は省略せざるを得ないが、予想以上に外国人の選挙権や公務就任を認める例が多いと感じた。

このシンポジウムには有田芳生参議院議員、伊藤孝江参議院議員の二人の国会議員も参加され、国会ではこれまでこの問題に取り組んだことがないこと、そして今後この問題の解決に向けて協力していただけることが確認された。この問題の社会的認知において、国会議員の協力の影響は大きいと思われる。

Ⅸ. 多文化社会へ

調停委員の問題は、弁護士だけでなく日本に住む外国籍者全体の問題でもある。上記「民事調停委員及び家事調停委員規則」が規定するところの調停委員にふさわしい外国籍者はたくさんいると思われる。

調停の当事者には外国籍者がたくさんなっているのに、外国籍の調停委員が一人もいないという事態は正常ではないと思われる。法廷通訳を長年続けた人

特集2

で、帰化をしたあと調停委員に就任していることがある。私はその中の二人を30年間知っているが、最近調停委員に就任した。帰化の前後でその人の人間としての中身が何か変わった訳では決してないから、なぜこんな有用な人がもっと早くに調停委員になれなかったのかと思う。言葉の問題や、当事者の理解の面で調停委員として社会にとても貢献している。

　調停委員はそもそも国家権力の行使とは縁遠い仕事であり、国籍を理由に外国籍の人が排除されることについては合理的理由を見いだすことができない。では、なぜ排除されたままなのであろうか？ここに私は、歴史的に形成された外国人差別が潜んでいるように思う。

　マイノリティの権利を保障した自由権規約17条は、様々なアイデンティティを有する人々がありのまま尊重され、言語と文化が尊重される多文化の社会を理想としている。また、自由権規約2条、社会権規約2条の内外人平等原則も同様の立場に立っている。この観点からすると、権利の制限はきちんとした理由が必要で、かつ制限は必要最小限でなければならない。理由のない差別的取り扱いは許されることではない。

　マイノリティが存在する国においては、今日では同化や差別を肯定するのではなく、上記人権条約の規定に従って、それぞれのマイノリティのアイデンティティを尊重することを前提として、「国籍や民族の異なる人々が、互いの文化的違いを認め合い、対等な関係を築こうとしながら地域社会の構成員として共に生きていく」（「多文化共生の推進に関する研究会報告書」2006年3月総務省）という多文化社会の構築が重要な課題として持ち上がっている。我が国も上記総務省の研究報告を初めとして，この実現に取り組んでいる。しかし、歴史的に形成された差別を解消し、多文化社会に移行することは決して簡単ではない。憲法に「この憲章は、カナダの多文化的伝統の維持及び発展と一致する方法によって解釈されなければならない」（27条）という条項をもち世界で最も進んだ多文化社会であるとされるカナダでも多文化社会への移行は簡単ではなかったと言われる。

225

『エトランデュテ』第2号

　我が国の場合、戦前から継続する植民地支配に起因する民族差別を社会が色濃く抱えている故に、多文化社会への移行は決して簡単ではない。最高裁判所の外国籍弁護士調停委員問題についてのかたくなな態度にもこの歴史的要因が含まれているように見える。しかしながら、平和と人権の保障を求める国際社会の進むべき方向はこの多文化社会の方向しかないと思われる。

　この外国籍調停委員の問題は、日本社会の多文化社会への移行をも見据えた重大な課題である。特に弁護士会にとっては、身近にいる仲間に対する不合理な差別であり、到底許すことはできない。

参考文献

近畿弁護士連合会人権擁護委員会『外国人の司法への参画を考える』シンポジウム実行委員
　　会「報告書」（2005年9月10日）
日弁連シンポジウム「外国人の司法参画」実行委員会報告書 2017年11月17日
村上正直『人種差別撤廃条約と日本』日本評論社　2005年
申惠丰『国際人権法（第2版）』信山社　2016年
ヴァレリー・ノールズ　細川道久訳『カナダ移民史』明石書店　2014年

特集2

別紙　これまでの弁護士会の取り組み

2003 年 10 月	兵庫県弁護士会が神戸家庭裁判所へ家事調停委員として韓国籍の梁英子会員を推薦
2004 年 1 月	神戸家庭裁判所が任命上申拒否
2004 年 3 月 1 日	兵庫県弁護士会が近弁連に対して対応依頼
2005 年 3 月 9 日	近弁連人権擁護委員会「外国人の司法への参画を考える」シンポジウム実行委員会　第 1 回委員会開催
2005 年 7 月 1 日	近弁連から最高裁宛照会書
2005 年 8 月 5 日	最高裁から「日本国籍を有しない者の就任等について（回答）」
2005 年 9 月 10 日	近弁連「外国人の司法への参画を考える」シンポジウム（報告書作成）
2005 年 11 月 25 日	近弁連大会「外国籍者の調停委員任命を求める決議」「各単位会は、民事調停委員又は家事調停委員を裁判所に推薦するにあたり、民事又は家事の紛争解決に有用な知識と経験を有する会員を調停委員候補として推薦することとし、日本国籍の有無を考慮しない。」
2006 年 7 月 12 日	近弁連理事会「外国籍の調停委員採用を求めるプロジェクトチーム」設置
2007 年 8 月 7 日	近弁連から法務省への保護司に関する照会
2007 年 8 月 30 日	法務省から近弁連への保護司に関する回答
2007 年 9 月 22 日	近弁連「多文化共生社会における外国人の社会参画－外国人は、消防団員・保護司・調停委員になれないの？－」シンポジウム
2007 年 12 月 5 日	兵庫県弁護士会から最高裁、神戸家裁宛申入書
2008 年 1 月 24 日	大阪弁護士会から最高裁、大阪家裁宛申入書

『エトランデュテ』第2号

2008 年 3 月 27 日	東京弁護士会「外国人の調停委員採用拒否に対する意見書」
2008 年 9 月 25 日	日弁連「日本国籍を有しない者の司法参加の状況について（照会）」
2008 年 10 月 14 日	最高裁「日本国籍を有しない者の就任等について（回答）」
2009 年 3 月 18 日	日弁連「外国籍調停委員・司法委員の採用を求める意見書」
2010 年 1 月 20 日	大阪弁護士会「外国籍会員の家事調停委員任命上申拒絶に関する会長声明」
2010 年 1 月 28 日	仙台弁護士会「調停委員推薦に対する仙台家庭裁判所の対応に抗議する会長声明」
2010 年 2 月 1 日	兵庫県弁護士会「国籍の如何を問わず調停委員の採用を求める会長声明」
2010 年 2 月 3 日	第二東京弁護士会「国籍を調停委員の就任要件とするのを止めるよう求める会長声明」
2010 年 2 月 5 日	東京弁護士会「繰り返される外国籍会員の任命上申拒絶に対する会長声明」
2010 年 3 月	日弁連　国連人種差別撤廃委員会に参加
2010 年 3 月 10 日	近弁連理事会決議「外国籍者の調停委員任命拒絶に抗議する決議」
2010 年 3 月 25 日	京都弁護士会「外国籍弁護士を調停委員の任命から排除しないことを求める会長声明」
2010 年 3 月 30 日	福岡県弁護士会「国籍を調停委員・司法委員の選任要件としないことを求める声明」
2010 年 4 月 6 日	日弁連「人種差別撤廃委員会の総括所見に対する会長声明」

特集2

2010 年 4 月 6 日	人種差別撤廃委員会の総括所見で指摘
2010 年 11 月 1 日	近弁連「外国籍の調停委員採用を求める勉強会」(於神戸)
2010 年 11 月 19 日	近弁連人権大会「外国籍の調停委員の採用を求める決議」
2010 年 11 月 30 日	兵庫県弁護士会「外国籍弁護士が調停委員の採用されない件に関する会長声明」
2011 年 3 月 30 日	日弁連から最高裁宛「外国籍調停員任命問題について(要望)」
2011 年 7 月 8 日	東北弁連「日本国籍を有しない者の調停委員任命を求める決議」
2011 年 10 月 14 日	大阪弁護士会「外国籍の弁護士会員の調停委員任命上申の申入書」
2011 年 12 月 22 日	京都弁護士会「外国籍弁護士の調停委員任命を求める会長声明」
2011 年 12 月 26 日	岡山弁護士会「外国籍会員の参与員選任を求める会長声明」
2012 年 1 月 27 日	仙台弁護士会が最高裁判所に「調停委員任命上申除外に対する不服申立書」を提出
2012 年 2 月 10 日	大阪弁護士会、兵庫県弁護士会、京都弁護士会が最高裁判所に「調停委員任命上申除外に対する不服申立書」を提出
2012 年 2 月 10 日	大阪弁護士会「調停委員の任命上申拒絶に対する不服申立に関する会長声明」
2012 年 2 月 10 日	兵庫県弁護士会「国籍を問わず調停員の任命を求める会長声明」
2012 年 2 月 22 日	近弁連「重ねて外国籍の調停委員の採用を求める理事

『エトランデュテ』第2号

	長声明」
2012 年 3 月 14 日	最高裁判所裁判官会議（議事録参照）
2012 年 3 月 16 日付	最高裁判所から司法行政の監督権を行使しない旨の通知
2012 年 12 月 13 日	兵庫県弁護士会「国籍の如何を問わず調停委員の任命を求める緊急声明」
2013 年 1 月 11 日	大阪弁護士会「外国籍会員の調停委員任命上申拒絶に抗議する会長声明」
2013 年 2 月 14 日	東京弁護士会「国籍を問わず司法委員の選任をあらためて求める意見書」
2013 年 3 月 27 日	近弁連「外国籍調停委員実現に向けての国際法学者との意見交換会」
2013 年 11 月 28 日	兵庫県弁護士会「国籍の如何を問わず調停委員の任命を求める会長声明」
2014 年 1 月 23 日	京都弁護士会「外国籍弁護士を調停委員任命から排除しないことを求める会長声明」
2014 年 3 月 11 日	大阪弁護士会「外国籍会員の調停委員任命を求める会長声明」
2014 年 3 月 27 日	近弁連「外国籍調停委員の採用を求める理事長声明」
2014 年 8 月	日弁連　人種差別撤廃委員会に参加
2014 年 8 月 29 日	人種差別撤廃委員会の総括所見で指摘
2014 年 12 月 8 日	兵庫県弁護士会「国籍の如何を問わず調停委員の任命を求める会長声明」
2014 年 12 月	日弁連「外国籍だと調停委員（司法委員・参与員）になれないの？」　　　　　　パンフレット発行（1 万部）
2015 年 2 月 25 日	近弁連シンポ「外国籍だと調停委員（司法委員・参与員）になれないの？――多文化社会における調停委員の職

務の実体と公権力の行使——」

2016年1月19日　　兵庫県弁護士会大会決議「国籍を問わず調停委員の任
　　　　　　　　　命を求める決議」

2016年9月　　　　日弁連にＰＴ設置

2016年から17年にかけて　近弁連ＰＴと各単位会の調停委員経験者との懇談
　　　　　　　　　会実施

2017年11月17日　　日弁シンポ実施

特集2

公立学校教員採用選考試験実施要項と
日本国籍を有しない教員

中島　智子[*]

【目次】

Ⅰ　はじめに

Ⅱ　調査方法と実施要項

Ⅲ　日本国籍を有しない者の出願資格に関する記載

Ⅳ　日本国籍を有しない者が任用される職についての説明

Ⅴ　養護教諭や栄養教諭の扱いについて

Ⅵ　特別選考や特例措置

Ⅶ　出願書類の様式

Ⅷ　考察とまとめ

Ⅰ　はじめに

　現在、日本の公立学校教員採用選考試験の受験は、日本国籍を有しない者にも開かれている。1991 年 1 月 10 日の「日韓法的地位協定に基づく協議の結果に関する覚書」で、「公立学校の教員への採用については、その途をひらき、日本人と同じ一般の教員採用試験の受験を認めるよう各都道府県を指導する。

---

[*]プール学院大学名誉教授

この場合において、公務員任用に関する国籍による合理的な差異を踏まえた日本国政府の法的見解を前提としつつ、身分の安定や待遇についても配慮する」との内容が盛り込まれた。これを受けて同年3月22日付けで、各都道府県・指定都市教育委員会宛文部省教育助成局通知「在日韓国人など日本国籍を有しない者の公立学校の教員への任用について」(文教地第80号、以下「91年通知」)が出され、そこでは以下の内容が示された。

①平成4年度教員採用選考試験から受験を認めること。

②合格した者の職を「任用の期限を附さない常勤講師」とすること。

③給与その他の待遇は可能な限り教諭との差がなくなるように配慮すること。

④所要の教員免許状を有していればすべての日本国籍を有しない者にその効果が及ぶ。

このように、日本国籍を有しない者にも全国すべての公立学校の正規教員[1]の道が開かれたことは「画期的」[2]なことであったが、日本国籍を有する者と同じ教育職員免許状を有し、同一の選考試験に合格しながらも任用の職が「教諭」ではなく「任用の期限を附さない常勤講師」であることが含む問題については、前号に掲載された拙論において詳細に検討した[3]。

---

1) 一般に「正規」「非正規」の概念を規定した法律は存在しないが、「正規」任用教員とは、任用の期限を付さないフルタイムの教員を指すものと理解できる。他方、「非正規」任用教員には、任用期限が1年・半年単位の常勤講師、時給でパートタイムの非常勤講師、産休・育休などの代替で入る臨時的任用教員(教諭)、再任用教員(教諭)、任用の期限(3年以下など)を付した教諭(愛知県、長野県での例)などが含まれる。

2) 「91年通知」以前の公立学校教員採用における国籍の扱いは、教育委員会によって、①採用選考の国籍要件を廃して教諭任用の実績のあるところ、②国籍要件はないが任用実績のないところ、③国籍要件を課しているところがあり、③が多数だった。「91年通知」によって③のケースがなくなり、②の教育委員会にも任用実績が出てきたが、①のケースでそれまでの教諭任用が講師となるという後退現象もあり、「」付きで「画期的」とした。なお、「91年通知」によらずに独自の対応をする自治体もある。

3) 中島智子「公立学校における『任用の期限を附さない常勤講師』という〈問題〉」『エトランデュテ』創刊号、2017年。

特集2

　本稿では、全国都道府県・政令指定都市等が実施する教員採用選考試験の実施要項において、日本国籍を有しない者の受験やその職等についてどのように説明されているのかを検討する。というのも、実際に公立学校教員になった日本国籍を有しない教員に対する聞き取りによれば、日本国籍を有しない者でも公立学校教員になれることを知ったのはそのような教員当事者を知っているかその事実を間接的に知り得た場合が多い。しかし、家族や同胞社会の中には今なお国籍要件があると思っているケースもあることや、公立学校教員になれるとしてもその職について当人にも十分な理解がない場合があること、ましてや日本人同僚教員の大多数が外国籍教員の職について正確に理解していないことなどが判明している[4]。また、日本国籍を有しない者が教員採用選考試験に合格後任用までにその職に関する説明を受ける機会を提供しているのは大阪府内等一部の教育委員会に限られており、各種教員研修において外国籍教員に関する内容が取りあげられることもこれらの教育委員会を含めてもほとんどない。したがって、教員採用選考試験実施要項の中でどのように記載されているかを検討することは、自治体による情報提供の責任という点においても重要である。

Ⅱ　調査方法と実施要項

　調査方法としては、全国都道府県・政令指定都市等で実施された平成30年度教員採用選考試験の実施要項を収集し、分析対象とした。収集方法は、各教育委員会の実施要項をHP上からダウンロードするか、一部直接請求をした。

---

4) 筆者たちは2012年から全国の公立学校外国籍教員の聞き取りを行ってきた。その成果の一部は、平成24～25年度科学研究費補助金（挑戦的萌芽研究）研究成果報告書『公立学校における外国籍教員の実態と課題の解明』（課題番号24653256、研究代表者中島智子）にまとめている。

『エトランデュテ』第2号

この作業は、中島が代表を務める「外国籍（ルーツ）教員研究会」のメンバーが分担しておこない、日本国籍を有しない者の職に関する記述内容、記述場所、志願書等の名前や国籍欄の表記方法、外国籍や語学堪能者等の特別選考の有無等について担当者が書き込んだ。

　収集した実施要項は、47都道府県教育委員会及び17政令指定都市教育委員会の合計64件である（巻末に一覧掲載）。政令都市教育委員会の中には道や県と合同実施する場合があり、その場合は同一要項であるため各道県に含めた[5]。また、これまでに教育委員会を訪問してヒヤリング調査を実施しており[6]、それによって得た情報も参考にした。

　公立学校教員採用選考試験（以下「教員採用選考」「採用選考」とする）について説明しておこう。公立学校教員は、地方公務員の身分を有すると同時に教育公務員特例法の適用を受ける教育公務員でもある。地方公務員の任用は、「受験成績、人事評価その他の能力の実証に基いて行わ」れ（地方公務員法第15条）、職員の採用は、人事委員会を置く地方公共団体においては競争試験を原則としている（地方公務員法第17条の2）が、教育公務員特例法第15条では「専門的教育職員の採用及び昇任は、選考によるものとし、その選考は、当該教育委員会の教育長が行う」とある。教員の採用が競争試験ではなく選考となっているのは、教員は教育職員免許状を有しており免許状授与の段階で資格要件を満たしていることや、教員の適性を判定する方法に競争試験は馴染まないと考えられていることによる。また、地方公務員である公立学校の教員の任用については、任命権者と選考権者が区別されている（教育公務員特例法第

---

5) 都道府県及び政令指定都市の教育委員会以外に大阪府豊能地区教職員人事協議会が独自に採用人事を行っているが、本調査では対象から外した。

6) 2012年10月〜2017年10月の間に、北海道、岩手県、宮城県、東京都、川崎市、静岡県、浜松市、愛知県、滋賀県、京都市、大阪府、大阪市、堺市、兵庫県、広島県 の各教育委員会を訪問調査した。

236

特集 2

3条・第11条、地方教育行政法第37条）。すなわち、公立の幼稚園、小学校、中学校、義務教育学校、高等学校、中等教育学校、特別支援学校の教員についての任命権者は、都道府県または市町村の教育委員会であるが[7]、その任用（ここでは採用に絞って言及する）に当たっては当該教育委員会の教育長による「選考」（教員採用選考）が行われ、その中から教育委員会が最終的に採用を決定し任命することになる（地方教育行政法第34条）[8]。

　公立学校教員の採用は、都道府県及び政令指定都市の教育委員会が実施する教員採用選考によっておこなわれる。教育委員会によって若干の違いはあるものの、通常4～5月頃に実施要項が示され、7月頃に一次選考、8月頃に二次選考が実施されて、9月末から10月頃に最終合格発表がある。選考内容は昨今多様化しているが、筆記試験、論作文試験、面接試験、実技試験、模擬授業などがおこなわれる他、適性検査を実施するところもある。

　なお、多くの自治体では実施要項のタイトルが採用年度を示す表現をとっている。例えば、平成29年の夏に実施される採用選考は「平成30年度○○県公立学校教員採用選考試験実施要項」等とされる。しかし、巻末に掲載した全国の実施要項のタイトルをみると、全国で一律ではなく教育委員会によって多様であることがわかる。タイトル冒頭の年度の表記は、多くの自治体が「平成30年度」と記載するも、「平成30年度（平成29年度実施）」のように採用は平成30年度だが選考は平成29年度に実施することを明記している教育委員会もあれば、「平成29年度（実施）」とするところもあり、「平成30年度（2018年度）」と元号に西暦表記も付けている教育委員会も2つあった。他にも、「選考」「選考検査」「選考試験」「選考テスト」「選考考査」などのバージョンがあり、さらに「採用選考」とするところと「採用候補者選考」とす

───────────────

7) 市町村立学校職員給与負担法第1条及び第2条に規定する職員（「県費負担教職員」）の任命権は、都道府県委員会に属する（地方教育行政法第37条）。

8) 東京アカデミー編『2018年度教員採用試験対策参考書教職教養Ⅱ』七賢出版株式会社、2016年。

237

『エトランデュテ』第2号

るところがあった⁹⁾。また、本稿では実施要項としているが、実際には「要項」「要綱」「要領」「受験案内」などだった。採用選考を実施する主体として、要項には各教育委員会名が書かれているが（明記されない場合もある）、高知県は高知県教育長とあった。

このように要項のタイトルそのものもかなり多様であるが、日本国籍を有しない者に関する説明や記載も教育委員会によって異なっている場合も多かった。以下で詳しく見てみよう。

Ⅲ　日本国籍を有しない者の出願資格に関する記載

教員採用選考の出願資格は、教育委員会によって異なるものの一般的には、年齢、出願に有効な普通免許状を有すること、選考区分・出願区分・加点区分等に必要な要件を満たしていること、地方公務員法第16条及び学校教育法第9条の欠格条項[10]に該当しないことなどとされる。これら以外に出願資格と

---

9) 教員への任用は、選考試験の受験→合格→採用候補者名簿への搭載→選考→採用→任用という手順によって行われるが、近年の動向として、採用候補者名簿に登録された者を自己都合の辞退を除いてすべて採用する傾向にある。

10) 地方公務員法第16条の欠格条項は、1.成年被後見人又は被保佐人、2.禁錮以上の刑に処せられ、その執行を終わるまで又はその執行を受けることがなくなるまでの者、3.当該地方公共団体において懲戒免職の処分を受け、当該処分の日から2年を経過しない者、4.人事委員会又は公平委員会の委員の職にあつて、地方公務員法に規定する罪を犯し刑に処せられた者、5.日本国憲法施行の日以後において、日本国憲法又はその下に成立した政府を暴力で破壊することを主張する政党その他の団体を結成し、又はこれに加入した者。学校教育法第9条は、1.成人被後見人又は被保佐人、2.禁錮以上の刑に処せられた者、3.教育職員免許法第10条第1項第2号又は第3号に該当することにより免許状がその効力を失い、当該失効の日から3年を経過しない者、4.教育職員免許法第11条第1項から第3項までの規定により免許状取上げの処分を受け、3年を経過しない者、5.日本国憲法施行の日以後において、日本国憲法又はその下に成立した政府を暴力で破壊することを主張する政党その他の団体を結成し、又はこれに加入した者。

特集2

して国籍要件に関する記載の有無や内容は、以下の類型に整理できる。

表1 出願資格の記載

類型	類型の説明	該当する教育委員会
類型Ⅰ	出願資格として国籍に関する記載や説明がある。	
	Ⅰ－①；実施要項の採用区分や出願資格等で記載している。	京都市、大阪府、大阪市、堺市、福岡市
	Ⅰ－②；実施要項や募集案内のQ&Aに説明がある。	新潟県、大阪府、兵庫県、神戸市
類型Ⅱ	出願資格として国籍に関する記載や説明がない。	類型Ⅰ以外のすべて

【類型Ⅰ】出願資格として国籍に関する記載や説明がある。

　Ⅰ－①；実施要項の採用区分や出願資格等で記載している場合

　　これは、要項本文の中で、採用区分や出願資格等において国籍に関する記述がある場合で、以下5件が確認された。

　・京都市；「出願の区分及び教科並びに採用予定数」の留意事項として、「全ての試験において、日本国籍を有しない方の受験が可能です。ただし、採用の際には任用の期限を付さない常勤講師となります。」

　・大阪府；「受験資格」の注記として「日本国籍の有無は問いません。日本国籍を有しない者は、出願の際原則、本名を入力してください。」

　・大阪市；「受験資格」に「国籍は問いません。」

　・堺市　；「選考区分・受験資格」に「国籍は問いません。」

　・福岡市；「採用区分」の注記として以下の記載。「外国籍の方については、次のいずれかに該当する人のみ受験資格があります。

　　　　　・出入国管理及び難民認定法に定められている永住者。・日本国との平和条約に基づき日本の国籍を離脱した者等の出入国管

239

『エトランデュテ』第2号

理に関する特例法に定められている特別永住者。上記の人については、『任用の期限を付さない常勤講師』としての採用となります。なお、「任用の期限を付さない常勤講師」は、校務の運営に参画する職や業務に就くことはできません。」

Ⅰ－②；実施要項や募集案内の Q&A に説明がある。

これは、実施要項の末尾や実施要項とは別のパンフレット・HP 等でQ&A の形で説明している場合で、以下4件が確認された。

・新潟県；実施要項とは別に Q&A があり、30 まである Q&A の Q29 として以下の記載がある。

Q 29　日本国籍をもっていない人も採用されますか。

A　　日本国籍がない人を採用した場合は、任用期限を付さない常勤講師としての採用となります。なお、給料・諸手当等の給与面及び休暇制度は教諭と同じ待遇です。

・大阪府；大阪府 HP お問合せ集（FAQ）Q&A の番号 5325 に以下の記載。

（質問）大阪府立高等学校教員採用選考テストを受験したいのですが、日本国籍を持っていない人も教員になれますか。

（回答）日本国籍がなくても正式任用されます。任用の期限を附さない常勤講師に任用しますが、その職名は教諭（指導専任）とします。また、採用等に従事可能な在留資格がない場合には、採用されません。

・兵庫県；パンフレットに以下の記載。

Q　日本国籍ではないのですが、受験できますか。

A　日本国籍でない方も可能です。ただし、任用にあたっては、任用の期限を附さない常勤講師として勤務いただくことになります。任用の期限を附さない常勤講師とは、定年まで

勤務できる常勤の講師のことを意味します。

・神戸市；実施要項の「よくある質問」に以下の記載。

Q5 日本国籍を有していない場合でも受験はできるのでしょうか。

A 受験できます。採用する場合には期限を付さない常勤講師として任用します。給与，休暇，福利厚生，研修等の制度は，教諭と同じです。

【類型Ⅱ】出願資格として国籍に関する記載や説明がない。

類型Ⅱは、出願資格としては国籍に関する記載・説明がないもので、類型Ⅰ以外のすべての教育委員会がこれに該当する。

この結果を見ると、日本国籍を有しなくても出願資格があることを明記または説明しているのは8つの教育委員会のみだった。そのうち、類型Ⅰ-①は要項本文に記載している場合で、さらに国籍要件がないことのみを記載している場合（大阪府・大阪市・堺市。ただし大阪府は本名使用原則も記載）と、国籍要件と合わせてその場合の職についての説明がある場合（京都市・福岡市）が見られた。前者では、その職については別の項目で記載している。なお、福岡市は「永住者」と「特別永住者」のみに出願資格を限定しており、出願の時点で在留資格に制限を設けているのは福岡市のみである。

類型Ⅰ-②は要項またはその他の媒体においてQ&Aの形式で取りあげている場合で、回答では受験や採用が可能であるだけでなく、その職が「任用の期限を附さない常勤講師」であることだけでなく、定年まで勤務できること（兵庫県）、給与・福利等について教諭と同じであるとの説明（新潟県・神戸市）をする教育委員会もあった。大阪府では、独自に使用している職名（「教諭（指導専任）」）の説明と採用時に必要となる在留資格についても記載している。

なお、大阪府は要項本文と府のHP（FAQ）のいずれにもおいても確認でき

『エトランデュテ』第2号

るようになっていた。しかし、多くの教育委員会の実施要項では、受験資格として国籍要件に触れていなかった（類型Ⅱ）。

Ⅳ　日本国籍を有しない者が任用される職についての説明

要項の中の日本国籍を有しない者の職についての説明は、以下の類型に整理できる。

表2　日本国籍を有しない者の職についての説明

類型	類型の説明	該当する教育委員会
A類型	「日本国籍を有しない者は任用の期限を付さない常勤講師」との説明	B類型C類型以外のすべて
	A-1型；固有の職名の記載あり	大阪府，大阪市，堺市
	A-2型；待遇の説明あり	茨城県
	A-3型；講師の職としての制限の説明あり	福岡市
	A-4型；在留資格に言及	大阪府，大阪市，堺市
	A-5型；採用区分上の「教諭」との関係への言及	北海道，秋田県，埼玉県，さいたま市，新潟県，富山県，石川県，岐阜県，広島県・市，島根県，熊本県，宮崎県，沖縄県
	A-6型；「外国籍」という表現	和歌山県
B類型	言及なし	東京都，川崎市
C類型	C-1型；職名なし	鳥取県
	C-2型；日本国籍を有しない者の説明とはわからない	岐阜県

【A類型】「日本国籍を有しない者は任用の期限を付さない常勤講師」との説明がある。

日本国籍を有しない者の職は、任用の期限を付さない常勤の講師となるとの趣旨の記載があるのがこのタイプで、【B類型】及び【C類型】の計4件以外のすべての教育委員会がこれに含まれる。そのうち「日本国籍を有しない者は

特集2

任用の期限を付さない常勤講師となります」というような一文の記載のみの教育委員会が多いが、この一文に加えて何らかの説明等がある場合があり、以下のようなバージョンが見られる。

A－1型；固有の職名の記載がある。（大阪府・大阪市・堺市）

「日本国籍を有しない人は、任用の期限を付さない常勤講師に任用されます。また、その職名は教諭(指導専任)とします。」

A－2型；待遇の説明がある。（茨城県）

「日本国籍を有しない者については、講師として任用します。ただし、給与については、教諭と同じ給料表を適用し支給します」

A－3型；講師の職としての制限の説明がある。（福岡市）

「なお、任用の期限を付さない常勤講師は、校務の運営に参画する職や業務に就くことはできません」

A－4型；在留資格に言及している。（大阪府・大阪市・堺市）

（A－Ⅰ型で示した文に続いて）「ただし、採用時に従事可能な在留資格がない場合には、採用しません」

A－5型；採用区分上の「教諭」との関係に言及している。

「1 日本国籍を有しない者は、任用の期限を付さない常勤講師に任用します。2『教諭』には、上記1の常勤講師を含みます。」（北海道）

「日本国籍を有しない教諭等の合格者は、任用の期限を付さない常勤講師に任用します。」（秋田県）

「採用候補者名簿に登載された者のうち、日本国籍の者は教諭として、日本国籍を有しない者は任用の期限を付さない常勤の講師として任用します。」（埼玉県、さいたま市も近似）

「教諭に出願し、日本国籍を有しない者は、任用期限を付さない常勤講師に任用します。」（新潟県）

「教諭には、任用の期限を付さない常勤講師を含むものとし、この常勤講師には、日本国籍を有しない者が任用される。」（富山県）

243

『エトランデュテ』第2号

　　　　　「この案内において、『教諭等』とは、教諭及び任用の期限を附さ
　　　　　ない常勤講師（日本国籍を有しない者に限る）とします。」(石川県)
　　　　　「『教諭』『養護教諭』及び『栄養教諭』には、任用の期限を付さ
　　　　　ない常勤講師を含むものとする。」(岐阜県)
　　　　　「教諭には、任用の期限を付さない常勤講師を含むものとし、日
　　　　　本国籍を有しない者は、この常勤講師に任用することになりま
　　　　　す。」(広島県・市)
　　　　　「この場合、『3. 募集区分等』の『校種・職種』欄の『教諭』を『任
　　　　　用の期限を付さない常勤講師』と読み替えます。」(島根県)
　　　　　「『教諭等』には、任用の期限を付さない常勤講師を含む。日本国
　　　　　籍を有しない者は任用の期限を付さない常勤講師に任用する。」
　　　　　(熊本県) (宮崎県、沖縄県もほぼ同様)
　　A－6型；「外国籍」という表現を使用。(和歌山県)
　　　　　「なお、外国籍の人が合格した場合、期限を付さない講師採用と
　　　　　なります。」

【B類型】日本国籍を有しない者に関する言及がない。(東京都・川崎市)

【C類型】日本国籍を有しない者の職の説明としては説明不足である。
　　C－1型；職名なし（鳥取県）
　　　　　「小学校教諭、中学校教諭、中学校・高等学校教諭共通、高等学
　　　　　校教諭、特別支援学校教諭の受験者で、採用候補者名簿に登載さ
　　　　　れた者の内、日本国籍を有しない者は、公権力の行使又は公の意
　　　　　思の形成への参画に携わる職以外の職に任用する。」
　　C－2型；日本国籍を有しない者の説明とはわからない（岐阜県）
　　　　　「『教諭』『養護教諭』及び『栄養教諭』には、任用の期限を付さ
　　　　　ない常勤講師を含むものとする。」

特集2

　以上のように、圧倒的多数の教育委員会では、日本国籍を有しない者の職は任用の期限を付さない常勤の講師となるとの趣旨の記載をしていた。Ⅲ. で見たように、日本国籍を有しない者の出願資格を要項本文なりQ&A形式で記載しているのは8つの教育委員会だったことから、それ以外の教育委員会の多くは出願資格としては明示しないが、日本国籍を有しない者の任用の職の説明をすることで出願資格があることの説明に換えていると考えることもできる。

　しかし、出願資格も任用の職に関しても一切記載のない場合があった（【B類型】）。実は、この類型の教育委員会では日本国籍を有しない者も日本国籍を有する場合と同様に、学校教育法上の教諭として任用をしているため、国籍要件については一切触れていない（触れる必要がないと考えられている）のだと思われる。

　なお、【C類型】としたのは説明が不足している場合で、C－1型は日本国籍を有しない者が任用される職について書いているが、「公権力の行使又は公の意思の形成への参画に携わる職以外の職」とあるだけで、それがどのような職であるのか、また、具体的な職名がどうなるかは示されていない。C－2型では「任用の期限を付さない常勤講師を含む」とするだけで、これではこの職が日本国籍を有しない者を対象としているとの理解がない場合には理解が難しい。

　それでは、圧倒的多数の【A類型】について見ていこう。先述したように、多くの教育委員会が、「日本国籍を有しない者は任用の期限を付さない常勤講師となります」というような一文の記載（実際の文章表現は多様[11]）であり、

11）「日本国籍を有しない者は、任用の期限を付さない常勤講師となります。」「日本国籍を有しない者を任用する場合は、期限を付さない常勤講師とする。」「日本国籍を有しない者を採用する場合は、『期限を付さない講師』としての任用となります。」「日本国籍を有しない者で名簿登載された場合は、任用の期限を付さない講師（常勤）に任用します。」
　　「日本国籍を有しない人の採用後の身分は、任用の期限を付さない常勤の講師となります。」「日本国籍を有しない者にあっては、教員の種別は、任用の期限を付さない常勤講師とします。」など。

245

『エトランデュテ』第2号

任用の期限を付さない常勤講師とはどのようなものなのか等の説明がない場合が多い。

　【A類型】のバージョンとしては、まず、固有の職名の記載のあるA−1型があり、これは大阪府・大阪市・堺市の3つの教育委員会に限られる。これら3つの教育委員会は、学校教育法上は教諭でなく講師としながらも、職名だけ「教諭（指導専任）」という固有の名称を用いている。次に、給与に関する説明記載があるのがA−2型、講師の職としての制限の説明をしているのがA−3型である[12]。逆に言うと、茨城県と福岡市以外では教諭ではないこの講師の給与や職に関する説明がないということになる（ただし、兵庫県と神戸市はQ&Aで説明あり）。採用時に必要な在留資格について記載しているのが、A−4型である。

　A−5型は、採用区分上の「教諭」との関係に言及している場合である。採用区分（受験区分や募集区分等）の表記として、一般に「小学校教諭、中学校教諭、高等学校教諭、特別支援学校教諭、養護教諭、栄養教諭」のような表記が使用される場合が多いが、「小学校教員、中学校教員、高等学校教員、特別支援学校教員、養護教員」のように教諭でなく「教員」と表記する場合、「教諭等」とする場合、校種と教科名のみのところなどがある。A−5型は、その区分表示が「教諭」とされている場合に、任用の期限を付さない常勤講師は教諭に含む、または読み替えることを説明しているケースである。なお、採用区分上の表記を「教員」としている場合で、「小学校教員、中学校教員及び特別支援学校教員小学校教員、中学校教員及び特別支援学校教員を採用す

---

12)「91年通知」で講師は「授業の実施など児童・生徒の教育指導においては教諭とほぼ同等の役割を担うものと考えられるが、校長の行う校務の運営に関しては、常に教務主任や学年主任等の主任の指導・助言を受けながら補助的に関与するにとどまるものであり、公務の運営に『参画』する職ではないと解される」とある。ただし、A−3型で示した文でその意味を理解できるかどうかは別である。

246

特集2

る場合において、日本国籍を有しない者については、任用の期限を付さない常勤講師として採用します」とする場合もあった（北九州市の例、福岡県もここに入る）。

なお、和歌山県は、「日本国籍を有しない人」ではなく「外国籍の人」との表記だったため、便宜上A－6型とした。厳密に言えば、外国籍を有することと日本国籍を有しないことは同一ではなく、重国籍であって日本国籍を有する者とは扱いが異なる。文部省の1991年通知においても各教育委員会の実施要項の表記においても「日本国籍を有しない」との表現が使用されている。

Ⅲ．の出願資格とⅣ．の職の説明を合わせてみると、大阪府・大阪市・堺市では出願資格と任用の職の説明を別の項目でおこなっていた。職の説明は、大阪府は「採用について」、大阪市は「採用までの経過」、堺市は「合格者の採用及び勤務」において記載されていた。

以上の職の記載場所は、採用区分もしくは採用予定人数等の注として書かれている場合は要項冒頭部分だが（これが比較的多い）、「採用について」や「その他」等の場合は要項の末尾に近く見つけにくい場合も多かった。また、愛知県は要項本体ではなく挟み込み用紙に記載されているため、HPから要項をダウンロードした時にはその用紙がなく記載の確認ができなかった[13]。

─────────────

13）別紙は「平成30年度 愛知県公立学校教員採用選考試験の採用予定人数等」と題し、「Ⅰ日程」「Ⅱ受験区分」「平成29年度教員採用選考試験（28年度実施）の実施状況」が書かれ、その「Ⅱ受験区分」の注意として「日本国籍を有しない者は、任用の期限を附さない常勤講師に任用します」とある。なお、別紙の裏面には前年度の問題の一部が参考として提供されている。

『エトランデュテ』第2号

V　養護教諭や栄養教諭の扱いについて

　日本国籍を有しない者が養護教諭や栄養教諭として任用されるのかについて要項を検討した結果、以下のようであった。

表3　養護教諭や栄養教諭への任用

類型	類型の説明	該当する教育委員会
X類型	養護教諭・栄養教諭として任用されると解釈できる。	東京都、川崎市、大阪府、大阪市、堺市、福岡県、宮崎県
Y類型	養護教諭・栄養教諭として任用されないと明記している。	さいたま市、岐阜県、新潟県
Z類型	明記はないが、養護教諭・栄養教諭として任用されないと解釈できる。	X類型Y類型以外の教育委員会

【X類型】養護教諭・栄養教諭として任用されると解釈できる。

　X－1型：試験区分等の表記からそのように解される。

　　　　「小学校教員、中学校教員、高等学校教員及び福岡県立特別支援学校教員を採用する場合において、日本国籍を有しない者については講師(任用の期限を付さない常勤講師)として採用します。」(福岡県。試験区分には上記各学校教員の他に養護教員、栄養教員がある。)

　　　　「『教諭等』には、任用の期限を付さない常勤講師を含んでおり、日本国籍を有しない者は、任用の期限を付さない常勤講師として任用します」(宮崎県。受験区分で小学校・中学校・高等学校・特別支援学校では「教諭等」とあり、それ以外に養護教諭、栄養教諭がある。)

　X－2型；「教諭(指導専任)」との独自の職名からそのように解される。(大阪府・大阪市・堺市)

248

特集2

X−3型：国籍要件を課していないのでそのように解される。（東京都・川
　　　　崎市）

【Y類型】養護教諭・栄養教諭として任用されないと明記している。

　　　　「日本国籍者の方は教諭（養護教諭、栄養教諭）として、日本国籍を有
　　　　しない方は任用の期限を付さない常勤の講師として任用します。」（さい
　　　　たま市）

　　　　「『教諭』『養護教諭』及び『栄養教諭』には、任用の期限を付さない常
　　　　勤講師を含むものとする」（岐阜県）

　　　　「教諭に出願し、日本国籍を有しない者は、任用期限を付さない常勤講
　　　　師に任用します。養護教諭、栄養教諭の出願は、これに準じて任用しま
　　　　す。」（新潟県）

【Z類型】明記はないが、養護教諭・栄養教諭として任用されないと解釈できる。

　　　　募集区分全体への注記として「日本国籍を有しない者は任用期限を付さ
　　　　ない常勤講師に任用します」等の表記がある場合（多数）。

　　　　「全ての試験において、日本国籍を有しない方の受験が可能です。ただし、
　　　　採用の際には任用の期限を付さない常勤講師となります。」（京都市）

　以上の結果から、日本国籍を有しない者も養護教諭や栄養教諭の選考に出願
し受験することはできるが、任用の職が学校教育法上の養護教諭や栄養教諭に
なるのか、あるいはそれに準じた「講師」の扱いになるのかは不明であり、そ
の場合の職名についても明記されていない場合が多かった。

　【X類型】は、試験区分等の表記と日本国籍を有しない者の職の説明を合わ
せると、「養護教諭」や「栄養教諭」として任用されると解釈できる場合で、
明記しているわけではない。大阪府・大阪市・堺市は職の説明では「教諭（指
導専任）とします」とあるので、教諭に限定されている、すなわち養護教諭や
栄養教諭はそれには含まれず、養護教諭・栄養教諭として任用されると解釈で
きる。東京都と川崎市は日本国籍を有しなくとも教諭として任用をし、要項で

249

は国籍について一切記載されていないので、当然養護教諭や栄養教諭において
もその職名であろうと推定するものである。

　逆に、養護教諭や栄養教諭として任用されないと明記しているのが、【Y類
型】である。ただし、講師として任用されることはわかるが、その場合の職名
は不明である。

　そして、圧倒的多数の教育委員会の要項では、明記はされていないものの、
区分表記と日本国籍を有しない者の職の説明の注記箇所との関連から、養護教
諭や栄養教諭も含めて学校教育法上の職は講師として任用するものと解釈され
る。京都市の場合は、より明確な表現となっている。しかし、いずれにしろ講
師として任用されるとしても、その場合の職名はわからない[14]。

　このように曖昧なのは、1991年1月10日の「日韓法的地位協定に基づく協
議の結果に関する覚書」や同年3月22日付けの文部省通知においても、「養護
教諭」の扱いについては一切触れられていないからである。また、「栄養教諭」
の職は2005年4月から導入されたもので、「公立学校の栄養教諭については、
採用や研修等について養護教諭と同様の措置が講じられる」とある。

Ⅵ　特別選考や特例措置

　昨今の教員採用選考試験では、一般選考とは別に特別選考があり、その種類
も増大している。例えば、障害者特別選考、身体障がい者特別選考、教職大学
院特別選考、社会人特別選考、民間企業等での勤務経験を有する者を対象とし
た選考、現職教員特別選考、教員経験者特別選考、他都道府県現職教員特別選考、
養護教諭特別選考、栄養教諭特別選考、講師等特別選考、前年度2次受検者特
別選考、前年度1次合格者特別選考、当該教育委員会の教師塾生を対象とした

---

14)【Z類型】に属するある教育委員会では、養護教諭の枠で合格した場合は「講師（養護）」
　　となるだろうとの回答があった。ただし、任用実績はない。

特集2

特別選考、大学推薦特別選考、スポーツ・芸術特別選考、博士号を所得した者を対象とした選考、医療機関等での勤務経験を有する者を対象とした選考、国際貢献活動経験者特別選考、青年海外協力隊等派遣特別選考、などがある。その中には、出願資格として普通免許状が課されない場合もある[15]。このような動向は、多様な教員を採用しようとするものと理解できる。

　特別選考の中で、外国語に特化したものとしては、英語資格所有者特別選考をおこなうところや、英語資格取得者に一部の試験免除や加点をおこなうなどの特例措置を実施するところが急増している。これは、中等教育において会話能力を含めた高い英語能力を求めていることや、小学校で英語が教科化されることを踏まえた対応だと思われる。英語以外の外国語としては、岩手県が高校の中国語やフランス語を対象とする特定教科特別選考を実施している。また、児童生徒や保護者に日本語以外で対応できる教員の採用をめざして、静岡県（ポルトガル語・スペイン語）、浜松市（ポルトガル語・スペイン語）、愛知県（ポルトガル語、スペイン語、中国語、フィリピノ（タガログ）語）、岐阜県（ポルトガル語、タガログ語）、三重県（ポルトガル語、スペイン語）が特別選考もしくは加点等の特例措置を実施している。このうち、特別選考として実施しているのは岐阜県で、多文化共生特別選考（小学校教諭、中学校教諭）として若干名を募集し、出願資格を「児童生徒及び保護者に対して、文化や生活習慣の違いを説明できる程度のポルトガル語又はタガログ語の語学力を有する者」として、選考は「第1次選考試験の面接試験の一部を当該外国語により行う」としている。

15）このような場合には特別免許状を取得することになる。特別免許状は、「地域や学校の実情に応じて、学校教育の多様化に対応するため、既に相当の社会的経験を有する者を教員として活用することを目的とする免許状であ」るとされ、その授与は各都道府県教育委員会が実施する教育職員検定による。文部科学省はこの制度の活用促進のために、「特例特別免許状制度の運用について（通知）」（平成24年9月21日、24文科初第557号）を出し、さらにその指針を策定している（平成26年6月19日、文部科学省初等中等教育局教職員課）。

251

『エトランデュテ』第2号

　以上の語学堪能者選考では、国籍にかかわらない募集をおこなっている。厳密に言えば国籍について特に触れられず、日本国籍を有する場合もそうでない場合も対象となり、後者の場合は任用の職は講師となるということである。それに対して、外国国籍を有する者とわざわざ明記するケースがある。広島県・広島市（以下、広島県・市）の「特別選考（グローバル）」がそれである。広島県・市の特別選考（グローバル人材を対象とした特別選考）には、【教職経験者（英語）】（中学校・高等学校教諭の外国語（英語））と【外国人留学生等】（全職種、全校種、全教科）の２種があり、受験要件を以下としている。

□特別選考（グローバル）【教職経験者（英語）】（中学校・高等学校教諭の
　外国語（英語））
　一般選考の項に掲げる要件のうち①及び②の要件を満たす者であって、次
　のアからエまでの要件を満たす者が受験できます。
　ア　出願時に、外国国籍を有する者であること、又は、出願時に、日本国
　　　籍を有する者のうち過去に外国国籍を有した者であること。
　イ　母語が英語であること、又は、それと同等の英語の語学力を有してい
　　　ること。
　ウ　外国での居住経験があり、大学（日本国内の４年制大学、又は、それ
　　　と同等の外国教育機関とする。）を卒業していること。
　エ　広島県・広島市の公立学校で育休任期付職員、臨時的任用職員、非常
　　　勤講師又は外国語指導助手として、平成25年４月から平成29年８月
　　　までの期間に通算36月以上の英語の指導に関する教職経験（※２教
　　　職経験には、休職等の期間を含まない）があること。
□特別選考（グローバル）【外国人留学生等】（全職種、全校種、全教科）
　一般選考の項に掲げる要件を満たす者であって，次のアからウまでの要件
　を満たす者が受験できます。
　ア　出願時に、外国国籍を有する者であること、又は、出願時に、日本国

252

特集2

籍を有する者のうち過去に外国国籍を有した者であること。

イ　外国での居住経験があること。

ウ　出願時に、出入国管理及び難民認定法（昭和26年政令第319号）別表第1の4の表の「留学」の在留資格を有し、同表の定める機関において教育を受ける活動を行う者であること、又は、過去に該当在留資格を有し、当該活動を行った者であること。

　まず、【教職経験者（英語）】は中学校と高等学校の英語を担当する教員として、外国籍を有する（有した）者で、母語が英語もしくはそれと同等レベルであって、外国に居住経験があり、4年制大学を卒業し、広島県・市で教職経験のあることが要件である。普通免許状の取得は要件ではない。他教育委員会における英語の特別選考では、実用英語技能検定やTOEFL、TOEICの点数等が課されているのに対して、外国籍、母語が英語、外国居住経験というように外国籍者もしくは限りなくそれに近い者を想定している。【外国人留学生等】は校種や職種、教科を限定することなく広く対象とし、留学生で日本の大学等で普通免許状を取得した者として、外国籍（現在もしくは過去）や外国居住経験をも要件としている。選考内容は、【教職経験者（英語）】では面接と模擬授業、【外国人留学生等】の場合は一般選考と同様である。

　広島県・市以外で外国籍者も想定したものとしては、岡山県と福井県がある。岡山県は、特別選考A③［英語を母語とする者を対象とした特別選考（グローバル人材）］として、中学校の英語・高等学校の英語担当で、出願要件を① 英語を母語とする者（国籍は問わない）、② 日本国内の国公私立学校（学校教育法第1条及び第2条による）で、英語の指導に関する3年以上の教職経験がある者、③ 職務を行う上で必要とされる日本語能力を有する者、のすべてを満たす者としている。選考は、1次試験では筆記試験を免除し、2次試験は個人面接と模擬授業のみとしている。また、福井県は、教育エキスパート特別選考の中高の英語教育分野として、英語を母語とする外国籍を有し、教員の職務を

253

『エトランデュテ』第2号

行う上で必要とされる日本語能力を有する者か、5年以上の英語圏在住経験も
しくは3年以上の民間企業等における英語を用いた実務経験を有する英語の堪
能な日本人を対象とし、普通免許状は要件ではなく、選考内容も英語による作
文や個人面接(英語による面接を含む)となっている。

　最後に、現職教員や教員経験者特別選考などにおいて正規教員を対象とする
場合の出願資格の表記についてみると、任用の期限を付さない常勤講師も対象
となることを明記している場合は少ない(明記は大阪府・大阪市・堺市・京都
市など)。正規教員や本採用教員と表記している場合は、任用の期限を付さな
い常勤講師も含まれると解釈できるとしても、さらに「臨時的任用は除く」「臨
時的任用によらない採用者」と注記している場合もある。しかし中には、「校長,
副校長,教頭,主幹教諭,指導教諭,教諭,養護教諭又は栄養教諭に継続して
3年以上勤務している者」という表記もあり、日本国籍を有しない者にのみ該
当する「任用の期限を付さない常勤講師」を排除しているわけではない場合も
あろうが、説明が不十分である[16]。

---

16) いくつかの教育委員会の訪問調査時にこの点について尋ねたところ、「教諭」等の記述
　　が日本国籍を有しない者の排除を意味する可能性に思いが及んでいなかった旨の応答が
　　みられるところもあった。なお、ある教育委員会は、現職教諭特別選考の出願資格では「国
　　立学校法人が設置する学校又は公立学校の正規任用の教諭、養護教諭又は栄養教諭の職
　　にあり(後略)」、元教諭・講師経験者特別選考では元教諭の勤務実績として「平成29
　　年3月31日までに、国立学校法人が設置する学校又は公立学校の正規任用の教諭、養
　　護教諭又は栄養教諭としての勤務実績を有すること」としている。これら教諭に任用の
　　期限を付さない常勤講師を含むのかと尋ねたところ、「含まれない」とし、その理由を「正
　　規任用の教員としているので」との回答があった。任用の期限を付さない常勤講師は正
　　規任用ではないのかと重ねて尋ねたところ、「(学校教育法上の職が)講師なので(正規
　　任用ではない)」とのことであった。

特集2

Ⅶ　出願書類の様式

　出願書類の名前や生年月日記入の様式、国籍欄の有無等についてみたところ、以下のようだった。

　まず、名前を記入する欄が「名前」となっているのは三重県、兵庫県、堺市、神戸市で、他はすべて「氏名」だった。「氏」と「名」を分けて書く場合もある。漢字での記入を求めている場合もある。記入の注意として日本国籍を有しない者を対象にした言及があったのは、以下である。

　　東京都；日本国籍を有しない者は、外国人登録証明書又は在留カードに登録
　　　　　　している氏名（以下、「本名」という。）を記入する。なお、外国人
　　　　　　登録証明書に通称名の表示がある場合は、通称名を記入するか、本
　　　　　　名の下に（　）を付けて併記してもよい。
　　大阪府；日本国籍を有しない者は、出願の際原則、本名を入力してください。
　　　　　　（電子申請【1 氏名等】に）日本国籍を有しない者は、原則本名を
　　　　　　入力してください。
　　大阪市；「オンラインアンケート」で日本国籍を有しない人については、原
　　　　　　則として本名を記入してください。「受験案内 3」で、日本国籍を
　　　　　　有しない人については、原則として本名を入力してください。
　　兵庫県；外国籍の者で通称名で受験される場合、「名前」の欄には「本名」
　　　　　　と「通称名」（ただし通称名（　）書き）の両方を入力してください。
　　福岡県；氏名欄は戸籍又は外国人登録証明証等に記載されている氏名を、正
　　　　　　確に記入すること。
　　北九州市；氏名は、戸籍又は外国人登録証明書等に記載の氏名を記入してく
　　　　　　ださい。
　　福岡市；戸籍又は外国人登録証明書等に記載の氏名をかい書で記入すること。

255

『エトランデュテ』第2号

　次に、生年月日の記入欄は、ほとんどの教育委員会では元号が使用され、昭和か平成で選ぶようになっているか、記入例等で元号で書くことが求められていた。また、同様に学歴や職歴欄も元号で書くこととされていた。西暦使用は福井県のみだった。

　日本国籍の有無を確認するか、または国籍を確認するような欄があるかどうかを見ると、まず、すべての教育委員会で本籍欄はなかった。国籍について記入するように求めているのは16教育委員会で、整理すると以下のようである。

表4　出願書類の国籍の記入

類型	類型の説明	該当する教育委員会
①	日本国籍を有しない者に国籍を記入させる。	山形県、栃木県、静岡県、浜松市、岡山県、広島県、佐賀県
②	日本国籍を有しない者に外国籍であることをチェックさせる。	京都市、高知県
③	すべての志願者に日本国籍の有無を記入もしくは日本国籍・外国籍から選択させる。	宮城県、仙台市、徳島県、熊本市、沖縄県
④	すべての志願者に国籍を記入させる。	熊本県
⑤	国籍の記入を求めない。	①～④類型以外の教育委員会

　出願段階で何らかの形で国籍をチェックする教育委員会が全体の約1/4で、その中にも日本国籍を有しない者のみに求める場合とすべての志願者に求める場合があり、またそれぞれの場合で国籍を記入させるか日本国籍の有無をチェックさせるかの方法が採られていた。日本国籍を有しない者だけでなく、すべての志願者に国籍を記入させる、もしくは選択させるという方法はある意味で「公平」であるともいえる。しかし、受験者にとっては、出願時や選考過程において国籍が明らかになることによって選考に不利になるのではないかとの危惧を抱くこともあろう。これまで訪問調査をした教育委員会の回答では、国籍欄を設けていない場合その理由を、選考においては国籍に左右されないで

256

特集2

公平性を担保するために事前の国籍確認は必要ではないとし、合格後の諸手続の中で国籍の把握をするということだった。

とはいえ、Ⅵ. でみたように外国籍であることを要件とするような選考がおこなわれるようになると、出願時に国籍表記がより求められる事態も出てくる。広島県・市は先述したように、外国籍者（現在又は過去において）で外国に居住経験のある者と留学生を対象とした特別選考をおこなっているので、この特別選考の志願者には、「現在又は過去における外国国籍、外国での居住経験のある国名、期間の順に直接入力してください。居住経験については、居住期間の最も長いところを入力してください」とし、入力例として「国籍がフランス共和国、フランス共和国に 1995 年から 2014 年まで居住していた場合→フランス／フランス／ 1995-2014」と例示している。この入力例では、この記載の部分に限って西暦使用でかまわないようだ。

Ⅷ　考察とまとめ

以上で検証した結果をまとめると、以下のようである。

1) 日本国籍を有しない者にも出願資格があることを明記している教育委員会は少ない。

2) 日本国籍を有しない者の職の説明は、「任用の期限を付さない常勤講師」であると記すだけの場合がほとんどで、その講師が給与や福利厚生、研修等において教諭と同等の扱いであることや管理職には就けないことの説明はほとんどの場合なされていない。

3) 養護教諭（栄養教諭）に任用されるのか、任用された場合の職や職名については不明な場合が多い。

4) 教育のグローバル化への対応として、外国籍である（あった）ことや外国居住経験のある（あった）者を対象とする特別選考をおこなうケースが出

257

『エトランデュテ』第2号

現している。

5) 志願書等の出願書類において、名前や生年月日、学歴や職歴記入で漢字や
元号使用が前提とされている場合が多い。多くの教育委員会で出願書類に
国籍欄を設けていないが、約1/4の教育委員会で国籍記入がもとめられ、
その際に日本国籍を有しない者のみを対象とする場合とすべての出願者を
対象とする場合があった。

　ほとんどの教育委員会が、出願資格としては国籍について明記せずに、職
名の記載のところで対応していた。しかし、「任用の期限を付さない常勤講師」
が日本国籍を有しない者の職であることは一般的には周知されていない。通常、
常勤の講師は任用の期限を設けられているためである。にもかかわらず、その
職の説明は十分にはなされていない。要項では、教諭については給与等の説明
が詳細になされているので、日本国籍を有しない者が就く「任用の期限を付さ
ない常勤講師」も、給与は教諭と同様の2級であることや福利厚生等その他の
扱いも同等であるとの説明があればわかりやすいだろう。神戸市教育委員会は
実施要項の「よくある質問」において、日本国籍を有していない場合でも受験
はできるのかという質問に対して、「受験できます。採用する場合には期限を
付さない常勤講師として任用します。給与，休暇，福利厚生，研修等の制度は，
教諭と同じです。」との回答を記載しているが、これは受験資格と職、そして
待遇の説明が比較的適切に行われているケースといえる。ただし、この場合で
も教諭をもって充てる主任以上の職への昇任制限については触れておらず、そ
の制限に言及した教育委員会はなかった。

　ところで、採用の説明に関連して在留資格に言及する場合もあった。採用時
に従事可能な在留資格を求める記載があったのが大阪府、大阪市、堺市の教育
委員会である。大阪市教育委員会の調べでは、資料として保存されている平
成6（1994）年度採用選考実施要項にすでに同様の記載があるという。大阪市
（大阪府も同様）では1974年実施の選考試験から国籍要件が外されて翌年度か

特集2

ら教諭任用の実績があったが、1991年3月の文部省通知を受けて検討が続いた結果、1992年に日本国籍を有しない者の任用を学校教育上は「講師」とし、職名を「教諭（指導専任）」とするとした。よって、この年に実施された採用選考の実施要項（1993年度採用）から在留資格の記載があったのではないかと思われるが、その理由は不明である。また、出願資格を永住者及び特別永住者に制限しているのは福岡市教育委員会だった。先述したように、1991年の文部省通知は日本国籍を有しないすべての者に教員採用の門戸を開くことを求めたが、在留資格への言及はない。それゆえに大多数の教育委員会では在留資格に触れていないものと考えられる[17]。福岡市教育委員会だけが永住者・特別永住者に限定している理由は不明だ。

　このように、教員採用選考試験の実施要項は、情報提供としては不十分であるだけでなく、書類の様式においても日本国籍を有しない者への配慮が十分には感じられない場合が多かった。これらは、日本国籍を有しない者を制度的に排除しているわけではないが、その存在が念頭にはおかれず、無意識のうちに日本国籍者＝日本生まれの「日本人」を出願対象として前提していることのあらわれだともいえる。教職経験者を対象とする特別選考等において、「教諭」「養護教諭」という表現が使用されているのも、すべてが「任用の期限を付さない常勤講師」を排除しているわけではないかもしれないが、意識されていない場合もあるようだ。実際に問い合わせ等があった時に初めて意識化されるだろうが、それによって実施要項の表記を見直すのか個別の対応で済ませるのかもわからない。

　以上のような状況の背景要因として考えられるのは、一つには、日本国籍を有しない教員の存在が「希薄」だからではないだろうか。われわれの研究会が

17）一般永住や特別永住の在留資格を持たない場合でも、教員採用選考試験に合格して教育委員会が出す採用予定証明書を持って手続きすれば、「教育」という在留資格に変更ができる。

おこなった全国都道府県・政令指定都市教育委員会を対象とした郵送アンケート調査の結果では、2012年4月段階で全国で任用されている日本国籍を有しない公立学校の正規教員は257人だった。このうちの8割以上が近畿に集中し、さらにいえば大阪府内に集中していた[18]。実施要項において出願資格を明記していたり、Q&Aで丁寧に対応していたり、独自の職名があるなどしたのは近畿の教育委員会が多かった。これは、日本国籍を有しない教員が実際に存在するだけでなく、そのような教員をめぐる問題について認識している教員や市民の存在があり、それを教育委員会もある程度共有しているからだと思われる。逆に言うと、日本国籍を有しない教員がいないか、あるいはその存在が顕在化しない地域においては、公立学校教員＝「日本人」＝日本国籍という無意識の思い込みを問う契機が少なくなるだろう。そして、このような状況は、日本国籍を有しない教員が継続して生まれる地域とそうでない地域との差を再生産することにもなろう。

　もう一つの背景要因に、教育委員会内の部署の縦割りや職員の異動などが考えられる。いくつかの教育委員会を訪問してわかったが、教員人事を担当する部署の中でも採用のみを担当する者等、細かな役割分担がおこなわれている場合が多い。採用のところだけを担当していても、その後の人事については担当者は別になる。また、担当者は数年ごとに異動し、新たな担当者は教員採用選考やその実施要項について一から学びながら作業をこなしていくことがもとめられる。本稿では実施要項の表記について細かな指摘をおこなったが、実際のところはたいていの場合、前年度から特に変更する箇所がなければ前年通りに進められていくのであろう。また、近隣であっても他の教育委員会の実施要項を参照することもほとんどないようだ。

---

18) 調査は、2012年9月～11月に郵送法によって実施した。回収率は91%。回収されなかったのは、千葉県、東京都、福井県、鳥取県、山口県、名古屋市。回答しない旨の回答があったのは長野県と愛知県だった。

そうした中で、近年、国籍を問わず外国語の堪能者や、外国籍や外国居住経験者に特化した選考がおこなわれるようになってきた。ニューカマーの児童生徒や保護者への対応や、英語の教科担当者に高い英語能力がもとめられるようになっていること、また公立高等学校にも国際バカロレアプログラムが設置される動きがあることとも関係している。この動きは今後さらに増大することも考えられる。そうであるならばなおのこと、実施要項の表記や説明等の改善を図っていかなければならないのではないだろうか。

　とはいうものの、教員採用選考の実施要項は膨大な情報を正確に伝えなければならず、近年の特別選考等の飛躍的増大によって要項作成（改訂）作業は一層厄介なものとなっていることは理解できる。実施要項のみにすべての情報記載を求めるだけではすまないであろう。日本国籍を有しない者が公立学校の教員になれることやその場合の職や職名とその任用上の制限、処遇等について、より広汎に情報提供を行う方法も講じられなければならないだろう。というのも、これらのことについては日本国籍を有しない者だけでなく広く日本社会に居住するすべての者にとって常識となっていないからである。日本国籍を有しない教員の同僚となる可能性のあるすべての志願者も採用選考実施要項を読んでいるはずであるが、そのうちのどれだけの者が日本国籍を有しない志願者もいることやその任用後の職や職名などについて理解しているだろうか。また、公立学校は日本に居住する者（国籍を問わず）の多くがかかわる場所であり、これらの人々が公立学校の教員について正しく知っていることは必要である。

　しかしその一方で、日本国籍を有しない者の職を教諭ではなく任用の期限を付さない常勤講師にとどめておくことが合理的かどうか、ここでしっかりと問うべきであろう。本稿で細かく分析し指摘した多くの事柄は、日本国籍を有しない者も教諭任用としていれば必要のないものである。日本国籍を有する者と同等の資格を有し、同じ選考を経て試験に合格しているにもかかわらず、その職を違えるということに無理がある。実際、東京都や川崎市では管理職への登用の可否という問題はあるとしても、教諭として任用している。さまざまな特

『エトランデュテ』第2号

別選考が示すように、今日では一般選考と同じ選考過程を経ず、場合によっては普通免許状を有しなくとも教諭任用されていくケースが増えている。その一方で、普通免許状を取得して日本国籍を有するものと同じ選考を経ても国籍の違いだけで職が講師に制限されているのだ。その理由を「91年通知」は公務員に関する「当然の法理」だとする。教諭の職務は、学校教育法第28条第6項では「児童の教育をつかさどる」とされているのみであるのに、「91年通知」では教諭の職は「児童・生徒の教育指導に従事することと校長の行う公務運営に参画することの二つの要素がある」として、公務運営の参画が「当然の法理」に抵触するのだと行政解釈している。しかし、教員採用選考は個々の受験者の能力や適性などをはかって選考しており、今日ではその対象をより多様な能力や経験のある者に広げている。このような選考制度は、画一性を排してより多様で学校現場のさまざまな課題に対応できる教員集団をつくろうとするものと思われる。こうした志向性が強まる一方で、ほとんどの教育委員会で採用選考試験の合格者のうち日本国籍を有しない者だけが教諭任用の対象から排除され、任用の期限を附さない常勤講師という曖昧で特異な職となっていることは、学校現場でも周知されにくいだけでなく、教員の仕事の実態ともかけ離れていることは矛盾しているといわざるをえない。

特集 2

＜収集した教員採用選考試験実施要項一覧＞

　　　　＊タイトルに地方公共団体名が入っていないものには（）で記載した。

平成 30 年度北海道・札幌市公立学校教員採用候補者選考検査実施要領

平成 30 年度青森県公立学校教員採用候補者選考検査実施要項

平成 30 年度岩手県公立学校教員採用候補者選考試験実施要項

平成 30 年度宮城県公立学校教員採用候補者選考要項

平成 30 年度秋田県公立学校教諭等採用候補者選考試験実施要項

平成 30 年度採用山形県公立学校教員選考試験実施要項

平成 30 年度福島県公立学校教員採用候補者選考試験実施要項

平成 30 年度採用茨城県公立学校教員選考試験実施要項

平成 30 年度栃木県公立学校新規採用教員選考要項

平成 30 年度採用群馬県公立学校教員募集要項

平成 30 年度埼玉県公立学校教員採用選考試験要項

平成 30 年度採用（29 年度実施）公立学校教員採用候補者選考実施要項（千葉
　　県・千葉市合同実施）

平成 29 年度東京都公立学校教員採用候補者選考（30 年度採用）実施要綱

平成 29 年度実施 神奈川県公立学校教員採用候補者選考試験実施要項

平成 30 年度新潟県公立学校教員採用選考検査実施要項

平成 30 年度富山県公立学校教員採用選考検査実施要項

平成 30 年度石川県公立学校教員採用候補者選考試験　実施案内

平成 30 年度福井県公立学校教員採用選考試験実施要項

平成 30 年度山梨県公立学校教員選考検査実施要項

平成 30 年度公立学校教員募集案内・採用選考要項（平成 29 年度実施）（長野
　　県）

平成 30 年度採用岐阜県公立学校教員採用選考試験実施要項

平成 30 年度静岡県公立学校教員選考試験要項

平成 30 年度愛知県公立学校教員採用選考試験受験案内

263

『エトランデュテ』第2号

平成 30 年度三重県公立学校教員採用選考試験実施要項

平成 30 年度（2018 年度）滋賀県公立学校教員採用選考試験実施要項

平成 30 年度京都府公立学校教員採用選考試験実施要項

平成 30 年度大阪府公立学校教員採用選考テスト受験案内

平成 30 年度兵庫県公立学校教員採用候補者選考試験実施要項

平成 30 年度奈良県公立学校教員採用候補者選考試験受験案内

平成 30 年度和歌山県公立学校教員採用候補者選考検査実施要項

平成 30 年度鳥取県公立学校教員採用候補者選考試験実施要項

平成 30 年度島根県公立学校教員採用候補者選考試験実施要項

平成 30 年度岡山県公立学校教員採用候補者選考試験実施要項

平成 30 年度広島県・広島市公立学校教員採用候補者選考試験実施要項

平成 30 年度（2018 年度）山口県公立学校教員採用候補者選考試験実施要項

平成 30 年度徳島県公立学校教員採用候補者選考審査要綱

平成 30 年度香川県公立学校教員採用選考試験実施要項

平成 30 年度愛媛県公立学校教員採用選考試験志願要項

平成 30 年度（平成 29 年度実施）高知県公立学校教員採用候補者選考審査募集
　　要項

平成 30 年度福岡県公立学校教員採用候補者選考試験実施要項

平成 30 年度大分県公立学校教員採用選考試験実施要項

平成 30 年度佐賀県公立学校教員採用選考試験実施要項

平成 30 年度長崎県公立学校教員採用選考試験実施要項

平成 30 年度（平成 29 年度実施）宮崎県公立学校教員採用選考試験実施要項

平成 30 年度熊本県公立学校教員採用選考考査実施要項

平成 30 年度鹿児島県公立学校教員採用選考試験要項

平成 29 年度実施沖縄県公立学校教員候補者選考試験実施要項

平成 30 年度仙台市立学校教員採用選考実施要項

平成 30 年度採用さいたま市立小・中学校等教員採用選考試験実施要項

特集2

平成 29 年度実施横浜市公立学校教員採用候補者選考試験受験案内

平成 29 年度実施川崎市立学校教員採用候補者選考試験受験案内

平成 29 年度実施相模原市立学校教員採用候補者選考試験実施要項

平成 30 年度（平成 29 年度実施）新潟市立学校教員採用選考検査受験案内

平成 30 年度静岡市教員採用選考試験要項

平成 30 年度浜松市小・中学校教員採用選考試験要項

平成 29 年度実施名古屋市公立学校教員採用選考試験要項

平成 30 年度京都市立学校教員採用選考試験実施要項

平成 30 年度大阪市公立学校・幼稚園教員採用選考テスト受験案内

平成 30 年度堺市立学校教員採用選考試験受験案内

平成 30 年度（29 年度実施）神戸市立学校教員採用候補者選考試験実施要項

平成 29 年度実施岡山市公立学校教員採用候補者選考試験実施要項

平成 30 年度北九州市公立学校教員採用候補者選考試験実施要項

平成 30 年度福岡市立学校教員採用候補者選考試験実施要項

平成 30 年度熊本市立学校教員採用選考試験実施要項

265

> 判例評釈

相続放棄の効果は、その相続放棄の被相続人が被代襲者となる代襲相続にも及ぶか（消極）

——大法院2017.1.12.宣告2014ダ39824判決、原判決：昌原地方法院2014.5.21.
宣告2013ナ10875判決

金　奉　植

1. 事案の概要

　X保証保険は、1993年4月28日、訴外A、訴外Bとの間で、被保険者をD教育保険とする小口融資保証保険契約を締結し、訴外Cは、訴外A、訴外BのX保証保険に対する同契約上の求償金債務（以下「本件求償金債務」という。）を連帯保証した。その後、訴外A、訴外Bが、D教育保険に対する融資元利金の支払を遅滞したため、X保証保険が1995年7月25日、D教育保険に計21,653,352ウォンを代位弁済した。

　訴外Cは、2000年11月24日に死亡し、訴外Cの相続人には、配偶者Y1のほか、子のY2、Y3、Y4（以下「Yら」と総称する。）及び訴外Eがいた。Yら及び訴外Eは、2001年2月3日、昌原地方法院に、亡くなった訴外Cを被相続人とする相続について相続放棄審判請求書を各提出し、同法院は、同月

＊弁護士

267

『エトランデュテ』第2号

22日、各相続放棄申告を受理する旨の審判をした。これらの相続放棄により、訴外Cの母である訴外Fが、訴外Cの財産を単独相続した。

　訴外Fは、2004年2月10日に死亡した。訴外Fの子は、亡訴外Cのほかに4名いた。Yらは、訴外Fを被相続人とする相続について相続放棄及び限定承認の申告をいずれも行わなかった。X保証保険は、Yらが訴外Fの求償金債務を代襲相続したとして、Yらに対し、上記代位弁済に基づく求償金支払請求訴訟を提起した。第一審ではX保証保険が勝訴したが、控訴審ではYらの控訴を認容したため、X保証保険が大法院に上告した。

2. 判旨

破棄差戻

　「被相続人の死亡により相続が開始した後、相続人が相続を放棄すると、相続が開始した時に遡及してその効力を生ずる（民法第1042条）。したがって、第1順位の相続権者である配偶者と子が相続を放棄すれば、第2順位にある者が相続人となる（大法院1995.4.7.宣告94ダ11835判決等参照）。これらの相続放棄の効果は、被相続人の死亡により開始した相続のみに及ぶものであり、その後、被相続人を被代襲者として開始した代襲相続にまで及ばない。代襲相続は、相続とは別個の原因で発生するものである上、代襲相続が開始する前にはこれを放棄することは許容されないからである。これは、従前に相続人の相続放棄により被代襲者の直系尊属が被代襲者を相続した場合も同様である。また、被代襲者の直系尊属が死亡した当時、被代襲者から相続を受けた財産のほかに、積極財産であれ、消極財産であれ、固有の財産を所有していたか否かによって別異に解する理由もない。

　したがって、被相続人の死亡後、相続債務が相続財産を超えて相続人である配偶者と子が相続放棄をしたところ、その後、被相続人の直系尊属が死亡、民法第1001条、第1003条第2項の規定により代襲相続が開始した場合に、

268

代襲相続人が民法の定める手続と方式によって限定承認又は相続放棄をしなければ単純承認をしたものとみなされる。上記のような場合に、既に死亡した被相続人の配偶者と子らに、被相続人の直系尊属の死亡による代襲相続も放棄しようとする意思があると考えることができるが、それらの者が相続放棄の手続と方式にしたがって被相続人の直系尊属の相続放棄をしなければ、その効力が生じない。これと異なり、被相続人の相続放棄を理由に代襲相続の放棄の効力まで認めるならば、相続放棄の意思を明確にし、法律関係を画一的に処理することにより、法的安定性を図ろうとする相続放棄制度が潜脱されるおそれがある。」

3. 解説

(1) 代襲相続制度

代襲相続は、被相続人の相続人となるべき直系卑属及び兄弟姉妹（以下「被代襲者」という。）が相続開始前に死亡し又は相続欠格となったときに、その相続人となるべき者の配偶者及び直系卑属が、本来、相続人となる者に代わり相続人となる制度をいう（韓国民法第1001条、1003条2項）。

代襲相続の制度趣旨は、万一、被代襲者が死亡その他の事由により相続権を喪失しなければ、被代襲者が被相続人を相続し、被代襲者の配偶者及び直系卑属もその被代襲者の財産を承継・相続する期待を保護し、もって公平ないし衡平を図る点にあると解されている[1]。

代襲相続者は、被代襲者が相続を受けるべき相続分を相続し（同法1010条1項）、代襲相続者が数人いるときには、各自、法定相続分（同法1009条）にしたがってそれぞれ相続する（同法1010条2項）。

---

1) 郭潤直「改訂版 相続法」博英社、2004、60頁

『エトランデュテ』第 2 号

(2) 金銭債権の共同相続の効果

　金銭債権のような給付の内容が可分である債権が共同相続された場合、原則として、相続開始と同時に当然に法定相続分にしたがって共同相続人に分割され帰属されるが、可分債権を一律に相続財産分割の対象から除外すれば不当な結果が発生しうる特別な事情があるときは、相続財産分割を通じて共同相続人らの間で衡平を期する必要があるので、可分債権も例外的に相続財産分割の対象となりうると解されている（大法院 2016.5.4. 付 2014 ス 122 決定等参照）。
したがって、本判例の事案では、Ｙらは、訴外Ｃから相続した訴外ＦのＸ保証
　保険に対する求償金債務を、訴外Ｆの死亡時に、当然に各自の法定相続分にしたがって分割して相続することになる。

(3) 相続放棄

ア　制度趣旨

　相続放棄は、相続人の保護と法律関係安定の調和を図るため、相続による財産上の権利・義務の承継は、被相続人の死亡と同時に、相続人の意思にかかわりなく、かつ、相続の知・不知を問わず、当然に発生することを原則としながらも、いったん生じた相続の効果を相続人の意思により確定又は否認する選択の自由を相続人に与えた制度である[2]。本判例も、相続放棄制度について「被相続人の死亡により相続人に被相続人のすべての財産上の権利義務が法律上当然に包括的に承継されるところ（韓国民法第 1005 条第 1 項）、相続人の意思を考慮し、相続人を保護するために設けられた制度が相続放棄制度である」と述べている。

---

2) 郭潤直「改訂版 相続法」博英社、2004、168-169 頁。

判例評釈

イ　相続放棄の性質・期間・方式・手続

　相続の放棄は、相続に関する法律上の地位を喪失させる行為であり、他の共同相続人又は被相続人や相続人の債権者等に及ぼす影響が大きい。したがって、相続放棄においては、相続放棄の意思表示の存在を明確にし、法律関係を画一的に処理することが強く求められる。

　相続放棄は、相続財産に関して包括的にしなければならず、条件や期限を付することができないと解されている[3]。例えば、積極財産だけを相続し、消極財産を相続しないという相続財産の一部に関する相続放棄は許容されない。積極財産のみを相続することを望む相続人のために、限定承認の制度・手続を別途に法定している。

　相続放棄の期間は、相続人が原則として相続開始を知った日から3月に制限されている（韓国民法第1019条第1項前文）。相続放棄は、相続開始後においてのみ可能であり、相続開始前の放棄は無効であると解されている。相続の放棄は、相続開始後一定の期間内にのみ可能であり、家庭法院に申告する等の一定の手続及び方式にしたがってのみその効力があるから、相続開始前にした相続放棄の約定は効力がない（大法院1994.10.14宣告94ダ8334判決、大法院1998.7.24宣告98ダ9021判決参照）。相続人がこの期間内に限定承認又は放棄をしないときには、単純承認をしたものとみなされる（同法第1026条第2号）。

　相続放棄の方式も、家庭法院に対する放棄申告のみに限定されている（同法第1041条）。そして、韓国家事訴訟法及び同規則は、相続放棄の申告において、相続人等は、被相続人の氏名と最後の住所、被相続人との関係、相続開始のあったことを知った日、相続放棄をする旨を記載して記名押印し又は署名した書面に申告人又は代理人の印鑑証明書を添付したものを家庭法院に提出しなければならないと定めている（韓国家事訴訟法第36条第3項、同規則第75条第1項、第2項）。

3）郭潤直「改訂版 相続法」博英社、2004、170頁

(4) 検討

ア　相続放棄の効力に関し、韓国民法では「相続の放棄は、相続開始のときに遡及してその効力がある」（韓国民法 1042 条）と定めるのみで、日本民法 939 条のように「『その相続に関しては』、初めから相続人とならなかったものとみなす。」という限定は付されていない。

しかしながら、大法院は、本判決で、相続放棄が、当該被相続人の相続に関する相対的な効力を有するにすぎないという判断を示した。この判断は、相続放棄において、意思表示の存在を明確にし、法律関係を画一的に処理する必要があることを重視したものであると考えられる。

イ　韓国民法も、代襲相続人となるための要件は、①被代襲者が相続開始前に死亡し又は欠格者となったこと、②代襲相続人が被代襲者の直系卑属であることを要求しているだけで（同法 1001 条）、被代襲者を被相続人とする相続を放棄した代襲相続人が、放棄された被代襲者を代襲することを否定する規定は存在しない。

ウ　仮に、一律に被代襲者を被相続人とする相続放棄の効力が代襲相続にまで及ぶとすれば、本件を例に述べると、訴外Fの積極財産が多く、訴外Cから単独相続した相続債務を超える場合には、Yらは逆に不利益を被ることになる。一律に被代襲者を相続人とする相続放棄の効力が代襲相続にまで及ぶとすると、むしろ、代襲相続における代襲相続人の財産承継に対する期待の保護を損ない、相続放棄における相続人の意思の尊重、選択の自由に反することになりかねない。

他方、被相続人の積極財産が消極財産を上回る場合にのみ、被代襲者を被相続人とした相続放棄の効力が代襲相続にも及ぶとすると、被相続人の財産の多寡によって相続放棄の効力が認められる、又は認められない、ということになり、法律関係の安定性が著しく損なわれ、法律関係の画一的処理を図るために厳格な相続放棄の方式・手続を定めた制度趣旨が没却されかねない。被相続人の消極財産が積極財産を上回ること

が後に判明した場合における代襲相続人を含む相続人の保護は、相続債務が相続財産を超える事実を相続人が重大な過失なく相続開始があったことを知った日から3月以内に限定承認をすることができるとした特別限定承認（同法1019条3項）の制度で図りうる。

エ　以上より、相続放棄が、当該被相続人の相続に関して相対的効力を有するにすぎないとし、相続放棄の効果は、その相続放棄の被相続人が被代襲者となる代襲相続にも及ばないとした大法院の判断は妥当であると考える。

　本判決は、大法院が、相続放棄が関係する相続人の範囲に関する争点について明確な判断を示したものである。被相続人に金融機関等からの残債があり、相続人らによる相続放棄がなされることは、相続実務では大変ありふれた事案である。そのような事案で、韓国国籍の被相続人について相続人の範囲を確定する際に念頭に置かなければならない判例として、実務上の重要性がある。

判例評釈

日本の裁判所の相続放棄申述受理審判及び
相続放棄申述期間延長審判の韓国内での効力
——大邱高等法院2015.4.22宣告2014ナ2007判決
（大法院2015.8.27宣告2015ダ30503判決（審理不続行棄却）により確定）

金　奉　植*

1. 事案の概要

　A及びその相続人らである原被告は、すべて韓国国籍を有しており、日本で居住してきた。Aは、日本と韓国に財産を保有しながら、2012年3月29日に死亡した。Aには、配偶者X1、子としてX2、X3及びYがいた。

　X3は、2012年6月5日、東京家庭裁判所にAの遺産に関する相続放棄申述をし、X1、X2は、同裁判所で、Aの遺産に関する相続放棄申述期間を2012年8月31日まで延長する審判を受けた後、同月27日、同裁判所Aの遺産に関する相続放棄申述をした。X1乃至X3の相続放棄申述はいずれも受理された。

　これにより、Yは、2013年3月、Aの韓国内の不動産について相続を原因とする所有権移転登記を受けたが、X3は同年7月2日に、X1は同年8月6日

---

*弁護士

に、それぞれ東京家庭裁判所に上記相続放棄の取消申述を行い、同年 10 月 4 日、同取消申述はいずれも受理された。

X1 、X2 及び X3 は、Y を被告として、A の韓国内の不動産について Y が受けた所有権移転登記の抹消手続請求訴訟を提起した。

2. 判旨

(1) 日本の裁判所に申述した各相続放棄の有効性

「国際私法上、相続に関する準拠法は『死亡当時の被相続人の本国法』が原則であるが（国際私法第 49 条）、法律行為の方式は行為地法によるものも有効である（国際私法第 17 条第 2 項)。相続放棄は、身分権に関連する包括的な権利義務の承継に関するものであり、国際私法第 17 条第 5 項で行為地法の適用を排除している『物権その他登記しなければならない権利を定め又は処分する法律行為』に該当しない」。よって、「特別な事情のない限り、原告らの行為地法にしたがい日本の裁判所に申述した本件各相続放棄は有効である」。

(2) 日本の裁判所の相続放棄期間延長審判の効力

「国際私法の適用対象となる相続関係において、その相続放棄期間の延長決定を国内の家庭法院から受けるのか、外国の家庭法院から受けるのかの問題は、法律行為の方式に関するものであり、国際私法第 17 条第 2 項にしたがい行為地法によることもできる」。

3. 解説

(1) 日本に居住する韓国人が、韓日両国で経済活動を行い、日本のみならず韓国に不動産、金融資産等の財産を保有している例は多い。被相続人の相続債務が資産を上回ると見込まれる場合、相続人らが相続放棄を行うことになるが、

日本に居住する相続人らは、日本の家庭裁判所ですることを希望するのが一般的であるが、韓国にも相続債務があると見込まれることから、日本の家庭裁判所になした相続放棄申述の効力が、韓国国内に及ぶのかが問題となる[1]。

(2) 日本では、相続放棄申述の受理審判の法的性質について、非裁判説、裁判説、準裁判説に分かれているが[2]、韓国内でそれに関する議論は特になされていない[3]。

ただ、仮に相続放棄申述受理審判の法的性質が裁判説によるとしても、同審判は、申述者が単独で申立てを行い、対立的な当事者が存在するものではないこと等から、韓国において承認対象となる裁判（韓国民事執行法第26条第1項）にはあたらないと考えられる（大法院2010.4.29宣告2009ダ68910判決参照）。実際に、筆者の調査の限りでは、日本の相続放棄申述受理審判に関する韓国での執行判決の例は見当たらない。

(3) 韓国の不動産登記先例は、相続人が居住国の法律の定める方式により相続放棄をした場合における相続登記において、その相続放棄の効力を認めている[4]。

同先例は、「渉外私法上、法律行為の方式は、その行為の効力を定めた法によるので（渉外私法第10条第1項）、相続放棄の方式は相続の準拠法である被相続人の本国によらなければならないが、行為地法によりなした法律行為の方式もこれを有効とするところ（同条第2項）、韓国人である甲の死亡当時の相

---

1) 韓国の銀行実務は、同国の不動産登記実務と異なり、日本における相続放棄の効力を認めないことが多いようであり、そのことから、実務上、韓日両国で相続放棄をするのが妥当であるとする見解がある（在日コリアン弁護士協会編「第2版 Q&A 新・韓国家族法」日本加除出版、2015年、309頁）。

2) 谷口知平ほか編「新版 注釈民法（27）相続（2）〔補訂版〕」有斐閣、2013年、625頁

3) 朴東渉「第4版 親族相続法」博英社、2013年、642頁

4) 「相続人のうち1人が在外国民であり居住国の法律が定める方式により相続放棄をした場合における相続を原因とする登記」（制定1999.7.19〔登記先例第6-225号、施行〕）

『エトランデュテ』第2号

続人らのうち日本に居住する在外国民である乙がいる場合、その者が日本の法が定める方式にしたがい相続放棄をしたのならば、これを有効であるものと解さなければならない（参考までに、日本法によれば、相続放棄をしようとする者は、その旨を家庭裁判所に申述しなければならず、家庭裁判所がその申述を受理したときには申述書にその旨を記載しなければならず、申述人の請求により裁判所書記官は相続放棄申述受理証明書を交付することとなっている。）。(1999.7.19 登記 3402-752 質疑応答)」と述べている。

(4) 本判決は、旧韓国渉外私法下における不動産登記先例と同様の内容であり、相続放棄及び相続放棄申述期間延長につき、法律行為の方式に関して、その成立の準拠法と行為地法との選択的連結によることを定めた韓国国際私法第17条第2項を適用したものである。この本判決の法適用、法解釈自体に特筆すべきことはないように思われる。

ただ、これまで、在日韓国人を被相続人とする相続において、相続人である在日韓国人が日本の家庭裁判所になした相続放棄の韓国内での効力に関する韓国の裁判例は見当たらず[5]、必ずしも明らかでなかった事項について、韓国の裁判所の判断が明確に示された点で、本判決は、韓日間の相続実務上、重要な意義を有すると考える。

以　上

[5] なお、日本国籍の被相続人につき、日本に居住する日本国籍の共同相続人らが日本の家庭裁判所に行った相続放棄につき、日本に居住する日本国籍の共同相続人が日本の家庭裁判所に相続放棄の申述を行ったことを審判における前提事実として認定した事例は、過去に裁判例として存在していた（ソウル家庭法院 2005.11.10 付 2004 ヌ合 17 審判）。

判例評釈

国家賠償法上の相互保証と権利濫用の判断基準

—大法院2015年6月11日宣告2013ダ208388判決を中心に

髙　影　娥*

1. 事実

1943年9月5日、日本で出生した原告Xは、1975年10月13日、ソウル所在の某大学校附属病院の寮で、中央情報部の捜査官に令状なしで連行され、1975年10月17日、陳述書を作成し、1975年10月26日まで2回被疑者訊問を受けた。1975年11月1日、Xに対する拘束令状が発行され、1975年11月20日、Xは国家保安法上間諜及び反共法[1]上潜入等の容疑で、ソウル地方検察庁に送致された。

ソウル地方検察庁は1975年12月9日、Xに対して、「在日本朝鮮人総聯合会と連携して同団体から資金支援を受けて活動中のA同盟が、対南敵化統一を基本目標に設定してその目的遂行のために活動している点とその活動が反国家団体に利益になるという点を知りながら、同団体に加入し、同団体の構成員と

＊志學館大学　講師（民法）

1) 5・16クーデター後、共産主義活動を処罰するために1961年7月3日に制定された法律で、幅広い恣意的解釈と遡及適用で反政府的批判活動が制約された。1980年12月31日、国家保安法と統合されることで廃止された。

『エトランデュテ』第2号

会合、指令を授受して国内に潜入・脱出しながら韓国内で収集した国家機密を漏洩し、間諜行為をした」として、国家保安法上会合通信、間諜及び反共法上潜入等の容疑でソウル刑事地方法院に控訴を提起した。

ソウル刑事地方法院は1976年4月30日、Xに対する控訴事実を全部有罪に認め、Xに対し、懲役3年6月、資格停止3年6月の刑を宣告した。ソウル高等法院は検事とXの控訴を全部棄却したが、大法院は1976年12月28日、A同盟が反国家団体という点とXが反国家団体であるA同盟の指令により、その目的事項を遂行するために国家機密漏洩探知等の犯行をしたという点に対して、Xの自白以外にこれを補う証拠がないという理由で原審判決を破棄、ソウル高等法院は1977年2月28日、Xを保釈、1979年1月10日、原審判決を破棄し無罪を宣告した。

その後、真実・和解のための過去史整理委員会[2]に調査で、Xは、中央情報部で調査を受けた時、家族の面会や弁護人の接見が許され状況で拷問を受けて、恐怖のあまりに虚偽の自白をするしかなかったと陳述した。真実・和解のための過去史整理委員会は2010年7月23日、大韓民国は中央情報部がXを長期間不法拘禁し、過酷行為をした点に対して、Xに謝罪し、和解のための適切な措置を取ることが必要であると決定した。この決定を受けてXは、大韓民国の不法行為について、国家賠償法による損害賠償を求めた。これに対して、被告である大韓民国は、Xが無罪判決を宣告された1979年1月10日に被告の不法行為は終了し、それから5年が経過した時点で原告Xの被告に対する国家賠償請求権は時効で消滅したと主張した。なお、Xは2006年、日本に帰化して外国人であるが、外国人に対する国家賠償は該当国家と相互保証があるときの

---

2) 韓国の現代史全般の反民主的・反人権的事件などに対する真実を究明するために、2005年12月1日に制定された'真実・和解のための過去史整理基本法'によって設立された独立的な国家機関。

みに適用されるもので、韓国と日本が国家賠償に関する相互保証がないので、Xの被告に対する本件訴は不適法であると抗弁した。

2. 判旨

[1] 国家賠償法第7条は我が国だけが被るような不利益を防止し、国際関係で衡平を図るために、外国人の国家賠償請求権の発生要件として'外国人が被害者の場合は、該当国家と相互保証があること'を要求しているが、該当国家で外国人に対する国家賠償請求権の発生要件が我が国のそれと同一か、むしろ寛大であることを要求することは、あまりにも外国人の国家賠償請求権を制限する結果となり、国際交流が頻繁な今日の現実に合わないだけではなく、外国で我が国の国民に対する保護を拒むようになる不合理な結果をもたらすことがあるという点を考慮すると、我が国と外国の間に国家賠償請求権の発生要件が著しく均衡を失っておらず、外国で決めた要件が我が国で定めたそれより全体として過重でなく、重要な点で実質的にほぼ差がない程度であるなら、国家賠償法第7条が定める相互保証の要件を具備したとみるのが妥当である。そうして、相互保証は、外国の法令、判例及び慣例等によって発生要件を比較して認められれば十分であり、必ずしも当事者国との条約が締結されている必要はなく、当該外国で具体的に我が国の国民に国家賠償請求を認めた事例がなかったとしも、実際に認められると期待できる状態であれば十分である。

[2] 国家が真実・和解のための過去史整理基本法の適用対象である被害者の真実究明申請を受けて、国家傘下'真実・和解のための過去史整理委員会'で犠牲者として確認または推定する真実究明決定をしたのであれば、その決定に基づいて被害者やその遺族が相当な期間内に権利を行使する場合に、国家が少なくとも消滅時効の完成をあげて権利消滅を主張しないということに対する信頼を持つに足りる独別な事情があるとみて妥当であり、それにもかかわらず、

『エトランデュテ』第2号

国家が被害者等に対して消滅時効の完成を主張することが信義誠実の原則に反する権利濫用に該当し、許容されない。

3. 評釈

本大法院判決は、日本人Xが、大韓民国所属公務員の違法な職務執行による被害に対して国家賠償請求を求めた事案において、被告である大韓民国の消滅時効の抗弁は信義誠実の原則に反する権利濫用に該当し、日本国家賠償法第1条第1項、第6条が国家賠償請求権の発生要件及び相互保証に関して、我が国の国家賠償法と同一の内容を規定している点に照らしてみて、我が国と日本の間に韓国と家賠償法第7条が定める相互保証があるとみるのが妥当であると判断したもので、不法行為加害者である国家の消滅時効の援用が権利濫用に該当するのかの可否及びその被害者が外国人である場合、国家賠償法で定める‘相互保証’があるかどうかの判断基準について争われた。

(1) 国家賠償法の消滅時効

被告は、原告が無罪判決を宣告された1979年1月10日から5年以上経過したことを理由に、原告のに対する国家賠償請求権が時効で消滅したと主張したが、この5年は韓国国家賠償法第8条[3] 及び旧予算会計法[4] 第96条[5] の規定

---

3) 韓国国家賠償法第8条【他法律との関係】国家、「国家または地方自治団体の損害賠償の責任に関しては、この法の規定によりものを除けは民法の規定による。ただし、民法以外の法律に別段の規定があるときはその規定による。

4) 2006年10月4日、国家財政法附則第2条によって廃止された。

5) 韓国旧予算会計法第96条【金銭債権と債務の消滅時効】①金銭の給付を目的とする国家の権利で、時効に関して他の法律に規定がないものは、5年間行使しないときは、時効によって消滅する。
②国家に対する権利として金銭の給付を目的とするものも、第1項と同様である。

によるものである。これは民法[6] による場合は 10 年の半分にすぎない期間である。

　不法行為による損害賠償請求権も債権であるから、消滅時効の完成を援用すると被害者はその損害賠償請求権を行使することはできない。契約などから生じる債権であれば、一定期間権利を行使しないときにその権利を放棄したとみなすことは、取引の安全や立証困難などの理由から認めるのは相当であるといえる。しかし、不法行為の場合、特に人の生命・身体に対する侵害があった場合に、被害者の救済がより優先させるべきである。不法行為があったこと自体を認識することができなかったり、不法行為の加害者を知らなかったりする、本件のより、加害者が国家権力であるためにその権利行使が難しい場合も少なくないからである。

　本件において、被害者 X が、国家保安法上会合通信、間諜及び反共法上潜入等の容疑について無罪宣告を受けたのは 1979 年 1 月 10 日であるが、'真実・和解のための過去史整理委員会' から大韓民国中央情報部が X を長期間不法拘禁し、過酷行為をした点に対して、X に謝罪し、和解のための適切な措置を取ることが必要であると決定したのは 2010 年 7 月 23 日である。国家権力により長期間の不法拘禁と過酷行為をされた人が、5 年以内にその不当性について国家賠償法による損害賠償請求権を行使しなかったからといって、その権利を放置したり諦めたとは思えず、消滅時効の援用は権利の濫用にあたるといえる。

　この点について、本大法院判決は原審と同様、国家が「真実・和解のための過去史整理基本法」の適用対象である被害者 X の真実究明申請を受けて、国家傘下 '真実・和解のための過去史整理委員会' が X を犠牲者として確認または

---

6) 韓国民法第 766 条【損害賠償請求権の消滅時効】①不法行為による損害賠償の請求権は、被害者やその法定代理人がその損害および加害者を知った日から 3 年間これを行使しないと、時効によって消滅する。
　②不法行為をした日から 10 年を経過したときも、前項と同様である。

推定する真実究明決定をしたならば、その決定に基づいて被害者やその遺族が相当な期間内に権利を行使する場合に、国家が少なくとも「消滅時効の完成をあげて権利消滅を主張しないということに対する信頼を持つに足りる特別な事情がある」とみて妥当であるとした上で、それにもかかわらず、「国家が被害者等に消滅時効の完成を主張することは信義誠実の原則に反する権利濫用に該当して、許容されない」と判断した。

　本件のように、国家が消滅時効の完成を援用することが権利濫用にあたると判断した判例としては、以下のものがある。

　①ソウル高等法院 2006 年 2 月 14 日宣告 2005 ナ 27906 判決

　中央情報部所属公務員らが、被害者を不法拘禁し拷問等の過酷行為をして死亡させ、その死亡原因を隠蔽し、さらに被害者を間諜であると操作・発表することで、被害者及ぶ被害者の遺族の名誉を毀損したとして、30 年前の不法行為について遺族が国家等を相手に提起した損害賠償訴訟において、「一般的に消滅時効制度は、一定期間継続された社会秩序を維持して、時間の経過によって困難となる証拠保全から救い、自己の権利を行使せず、権利の上に眠る者を法的保護から排除するために認められた制度である。すなわち、時効制度は原則的に真の権利者の権利を確保して、弁済者の二重弁済を避けるための制度であるので、権利者でないか、弁済してないことが明白な真の権利を犠牲にするまで保護する必要はないといえる。また、時効制度は権利者から正当な権利を奪うことにあるのではなく、債務者に根拠ない請求を受けたとき事実の探知なく防御できる保護手段を与えるためにある。このような時効制度の本質論に照らしてみて、本件のような場合に、国家の損害賠償責任にたいしても時効消滅を認めるのは時効制度の趣旨にも反する」とした上で、本件で遺族の大韓民国に対する損害賠償請求権は原則的に時効期間の終了で消滅したといえるが、「原告らがその請求権を行使できない客観的事情があるか、消滅時効を認めることが著しく不当か不公平になる等の特別な事情があった場合に該当するので、被告大韓民国が消滅時効完成を主張するのは信義億に反して権利濫用に該

当するので許容できない」と判断した。

②ソウル中央地方法院 2006 年 11 月 3 日宣告 2005 カハップ 88966 判決

対共捜査公務員から不法拘禁・拷問された被害者が、間諜として活動してきたという内容の虚偽の自白をして無期懲役刑を宣告され長期間服役したことに対して、国家及び捜査公務員らの不法行為による損害賠償を請求した事例において、捜査公務員の拷問等不法行為を原因とした国家及び捜査公務員に対する損害賠償請求権の消滅時効は完成されたが、その不法行為の内容と事件の経緯等諸般の事情に照らしてみると、被害者に無罪を宣告した再審判決が確定するまでは被害者及びその家族らの損害賠償請求権を行使できない客観的な障碍事由があり、彼らを保護する必要が大きい反面、国家及び捜査公務員の債務履行拒絶を認めるのは著しく不当かつ不公平である」として、「国家及び捜査公務員が消滅時効の完成を主張することは信義誠実の原則に反して権利濫用として許容されない」と判断した。

③大法院 2011 年 1 月 13 日宣告 2009 タ 103950 判決

警察公務員らが被害者を不法拘禁・拷問して間諜嫌疑に対する虚偽の自白を受ける等の方法で証拠を操作することで、被害者が有罪判決を受け刑執行を受ける等の不法行為に対して、国家は被害者とその遺族らが被った非財産的損害について国家賠償法による慰謝料賠償責任があると判断した上で、被害者が国家を相手に慰謝料支給請求をすることができない客観的障碍事由があり、被害者を保護する必要性は甚大な反面、国家の履行拒絶を認めることは著しく不当かつ不公平であるので、「国家の消滅時効完成の抗弁は、信義誠実の原則に反する権利濫用として許容されない」と判断した。

(2) 国家賠償法上の相互保証

国家の消滅時効完成の抗弁が権利濫用にあたるとして許容されないとしても、被害者Xは日本に帰化したので、外国人に対する国家賠償法の適用可否が問題となる。韓国国家賠償法第 7 条は、「この法は、外国人が被害者である場

合は、該当国家と相互保証があるときに限り適用する」と規定しているが、これは日本国家賠償法も第1条第1項で「国又は公共団体の公権力の行使に当る公務員が、その職務を行うについて、故意又は過失によつて違法に他人に損害を加えたときは、国又は公共団体が、これを賠償する責に任ずる」と規定し、第6条で「この法律は、外国人が被害者である場合には、相互の保証があるときに限り、これを適用する。」と規定するなど、国家賠償請求権の発生要件及び相互保証に関して韓国国家賠償法と同一の内容を規定している。

　相互保証とは、当該判決をした外国が国内法や条約によって自国で外国判決を承認する要件と対等かそれより寛大な要件で自国の法院の判決の効力認める場合をいう[8]。韓国民事訴訟法第217条第1項は外国裁判が承認がされる要件として、①大韓民国の法令または条約による国際裁判管轄の原則上、その外国法院の国際裁判管轄権が認められること、②敗訴した被告が訴状またはこれに準ずる書面及び期日通知書や命令を適法な方式によって防御に必要な時間余裕を置いて送達されたか、送達されなかったとしても訴訟に応じること、③その確定裁判等の内容及び訴訟手続きに照らして、その確定裁判等の承認が大韓民国の善良な風俗やその他社会秩序に反しないこと、④相互保証があるか、大韓民国とその外国法院が属する国家において確定裁判等の承認要件が著しく均衡を失っておらず、重要な点において実質的に差異がないことを挙げている。

　このように相互保証を要求する趣旨としては、相手国が相互的措置を取っていないのに大韓民国だけが一方的に外国判決を承認及び執行することで相対的不利益被ることを防止すること、大韓民国の判決を承認及び執行をしない外国に対してこれに相応する措置を取ることで外国法院が大韓民国法院の判決を承認及び執行するように誘導する政策的側面、国際法上外国の主権行使を認めることで自国の主権行使を認められ判決の国際的交流を円滑にすること、一種の

---

8) 李明煥「外国判決の効力」啓明法学9輯（2005年）10頁。

両国間の利害の均衡ないし報復の観念に基づいていることなどがあげられる[9]。

　本件で問題となったのは、国家賠償法上の相互保証があるかどうかの判断基準である。これに対して本大法院判決は、「我が国と外国の間に国家賠償請求権の発生要件が著しく均衡を失っておらず、外国で決めた要件が我が国で定めたそれより全体として過重でなく、重要な点で実質的にほぼ差がない程度」であるなら、相互保証の要件を具備しているとみるのが相当であると判断した。すでにみたように、韓国国家賠償法と日本国家賠償法はほぼ同一の規定を設けているので、日本人に対しては韓国国家賠償法が適用されるといえる。なお、このような相互保証は当該外国で具体的に我が国民に国家賠償請求を認めた事例がなくても実際に認められると期待できる状態であれば十分であるとされている。

　相互保証を要求する趣旨として、一方的に外国判決を承認及び執行することで相対的不利益被ることを防止することが挙げられているが、本大法院判決では、外国人の国家賠償請求権をあまり制限することは外国で我が国民に対する保護を拒否する不合理な結果をもたらすおそれがあるとして、相互保証の規準を緩和している。

4. 本判決の射程

　本大法院判決は、国家権力の不法行為によって被害を被った被害者が、その不法行為から長期間経過した後に損害賠償請求をしたことに対して、国家が消滅時効の完成を主張することが信義誠実の原則に反する権利濫用にあたると判断している。韓国国家賠償法第8条及び韓国民法第766条に基づいて、国家に対する損害賠償請求権は10年を過ぎると行使できない。本大法院判決のよう

---

9) チェ・ソンス「外国判決及び仲裁判定承認要件としての相互保証」国際私法研究第20巻第2号（2014年）479頁。

に、国家の消滅時効完成の抗弁を信義誠実の原則に反する権利濫用にあたると判断した判例は少ない。権利を否定することは極めて慎重に判断すべきだからである。韓国の判例をみると、国家の消滅時効完成の抗弁を信義誠実の原則に反する権利濫用にあたると判断したのは、殆ど国家傘下'真実・和解のための過去史整理委員会'の真実究明調査により国家権力の不法行為の犠牲者として認められたケースである。国民を保護する義務がある国家が国民に拷問等の不法行為をしたことに対して、当該国民が積極的にその損害賠償を求めることはあまり期待できない状況であったことを踏まえた判断であると考えられる。類似した事件で権利濫用にあたらないとした判例[10] も少なくないことからすると、消滅時効完成の抗弁が権利濫用に当たるかどうかの判断は、今後も厳格かつ慎重になされると思われる。

　本大法院判決で、外国人に対する国家賠償法上の相互保証の判断基準として、「該当国家で外国人に対する国家賠償請求権の発生要件が我が国のそれと同一か、むしろ寛大であること」までは要求せず、「我が国と外国の間に国家賠償請求権の発生要件が著しく均衡を失っておらず、外国で決めた要件が我が国で定めたそれより全体として過重でなく、重要な点で実質的にほぼ差がない程度」に緩和したのは、国際交流がますます活発になっていることからすると、今後の判決でも維持されると考えられる。本大法院判決の中で言及したように、外国人に対して自国の国家賠償請求を認めることは、当該外国でも自国民に対して権利を認めるように誘導する効果があると思われる。

---

10) 大法院1997年2月11日宣告94タ23692判決、 大法院2014年8月22日宣告2013タ200568判決 。

> 判例評釈

他人名義による株式の引受けと名義書換の効力

—韓国大法院2017年3月23日宣告2015ダ248342全員合議体判決—

金　暎　住[*]

1. 事　実

　被告である信一(シンイル)産業株式会社（以下「Y社」という）は、電子・電気機器の製作・販売などを主な事業とする、韓国取引所の有価証券市場の上場会社である[1]。原告（以下「X」という）は、本件の提訴当時、Y社の発行済株式数（普通株）の 50,929,817 株のうち、2,604,300 株の名義人である[2]。

　Xは、2013 年 10 月 7 日、韓国のハナ銀行（Hana Bank）に預金口座を新規で開設したが、2013 年 10 月 15 日頃から 2014 年 5 月 13 日頃までの間に数十

＊大邱大学校貿易学科（韓国）副教授（准教授）

1）信一産業株式会社は、韓国で扇風機の製造企業として有名な中規模の家電会社である（韓国での扇風機占有率 1 位）。信一社は、典型的な韓国式経営による家族企業であり、ガバナンス体制は設立者の金氏一家（創業者は、キム・ドクヒョン）により運用・管理されている。会社の設立は 1959 年 7 月 14 日、上場日は 1975 年 9 月 30 日、資本金の額は 2016 年当時 355 億 2,400 万ウォン（約 36 億 6,897 万円）であった。2004 年からの経営権紛争のため営業利益率が悪化してきた。

2）Xの名義で韓国金融委員会に報告された「株式大量保有状況報告書」には、XがY社の総発行株式のうち 4,834,397 株を所有することになっている。

『エトランデュテ』第2号

回にわたって、Aが上記口座に、A、Aの妻であるBおよび株式会社C社[3]
など（以下「Aら」という）の名義で、計75億5,000万ウォン（約7億5千
5百万円）を送金した。送金された金額は、直ちに出金され、Y社の株式をX
名義で取得することに使用された。Xの口座は開設された後、2014年6月頃
までAらから送金された金額を、Y社発行株式を取得するために開設された
X名義のD証券会社の口座に送金されることだけに利用された。特に、上記
の75億5,000万ウォンのうち、Aらから2013年10月15日から2013年10月
30日まで送金された31億5,000万ウォンは、送金後、XのD証券口座に振り
込まれ、Y社の発行株式の2,468,200株をXの名義で取得することに使用され
た。

　一方、Y社は、2014年3月28日に開催された定期株主総会でEをY社の
社外取締役に選任する内容の決議（以下「本件決議」という）を行った。

　Xは、「本件決議は、Y社の最大株主と経営陣が株主総会の議事進行に関す
る権限を濫用し、関連法令にも違反した事実があるので、その決議方法など
に重大な瑕疵がある」と主張し、主位的請求としてY社の2014年3月28日
の定期株主総会の決議は不存在・無効であることを確認することと、予備的請
求としてY社の2014年3月28日の定期株主総会の決議取消訴訟を提起した。
これに対し、Y社は、「Xは、Aに名義を貸与した形式的株主に過ぎないため、
本件を提起する当事者適格を認められないと本案前の抗弁を行った。

　第1審の水原地方法院2014月12月5日判決[4]は、「株主名簿に記載された
名義株主は、会社に対する関係において、自分の実質的権利を証明しなくても、
株主の権利を行使することができる資格授与的効力を認められるだけで、株主
名簿の記載により創設的効力も認められることではないのであり、株式を引き

---

3) AはC社の社内取締役であり、Bは代表取締役となっている。

4) 水原地方法院2014月12月5日宣告2014ガ合62782判決。

290

受けながら他人の承諾を得て、その名義で出資し、株式の代金を納入した場合には、実際に、株式を引き受けて代金を納入した名義借受人が、実質上の株式引受人として株主となることであり、単なる名義貸与者は株主になることはできない」と判示し、Xの請求を棄却した。

第1審判決に対しXは、①上場法人の会社が株主名簿に記載された株主が実質株主であるかどうかを具体的に把握することは事実上不可能であり、②会社の認識の如何に伴う株主の差別的取扱いを認めることは、会社にとって株主総会決議の結果に対する恣意的な選択権を付与することになるので、それは株主総会の運営に関する法的安定性を損なうことになり、③「資本市場と金融投資業に関する法律」(以下「資本市場法」という) 133条3項および同法施行令142条が株式の「所有」と「所有に準ずる保有」をいずれも規定の適用対象としており、④同法第311条が投資者口座簿に記載された者を証券の占有者として見ることなどに照らしてみると、上場会社については実質株主に関する従来の裁判例の法理をそのまま適用することはできないと主張し、控訴した。

これに対し、控訴審(原審)のソウル高等法院2015月11月13日判決[5]は、第1審と同様に、名義貸与者ではなく実質上の引受人、即ち、名義借受人がその株主となることを明らかにしている。原審判決は、「商法376条1項によると、株主総会決議の取消訴訟を提起できる者は、当該会社の株主、取締役または監査役に限るが、実質上の株主に単に名義だけを貸与した者は会社の株主と見られないため、特別な事情がない限り、株主総会決議の無効および不存在確認を求める正当な地位にあるとは言えないし、その確認の利益があるとは言えない」とし、また、「Xが提出したすべての証拠によっても、XをXの名義で取得された株式の実質的な株主であると判断することは難しいことである。むしろ、Xは、Xの名義で取得された株式の取得資金を実際に負担したAにそ

---

5) ソウル高等法院2015月11月13日宣告2014ナ2051549判決。

の名義だけを貸与した形式上の株主に過ぎないため、株主総会決議の効力を争う地位があるとは言えない。…また、決議の内容を信頼した第3者の利益を保護し、法的安定性を図る必要もあるので、上場会社についても同様な判例法理を適用するのが妥当である」とし、Xの控訴を棄却した。

　以上のように、本判決までの下級審は、いずれもこれまでの大法院判例に従い、他人の承諾を得てその名義を借用して引き受けた株式につき、私法一般の法律行為の解釈と同様、真に契約の当事者として申込みをした者が引受人であると判示した。そこで、Xが上告した。

2. 判　旨

（破棄差戻し：上告認容）

　控訴審判決に対し、Xは上告の申立を行ったところ、上告審の大法院2017年3月23日判決[6]は、全員合議体として原審判決をすべて破棄し、本件を原審に差し戻した。原審破棄の主な論拠としては、以下のような点が挙げられる。
(1)「商法の株主名簿制度の立法趣旨は、株式の発行および譲渡に伴う株主の構成が続けて変化する団体法的な法律関係の特性上、会社が多数の株主と関連する法律関係を外部的に容易に識別される形式的・画一的な基準により処理できるようにし、これに関する事務処理の効率性または法的安定性を求めるためである。これは、会社が株主の実質的な権利関係を別に調査せず、株主名簿の記載によって株主権の行使者を画一的に確定しようとするものとして、株主権の行使が会社と株主をめぐる、多数の利害関係人の間の法律関係に重大な影響を与えることを考慮したものであり、ただ、当該株主の会社に対する権利行使の事務の処理に関する会社の便益のためのものとは言えない。」

---

6) 大法院2017年3月23日宣告2015ダ248342全員合議体判決（公報2017上、847）。

判例評釈

(2)「会社に対して株主権を行使する者が株主名簿の記載により確定されるという法理は、株式譲渡の場合だけではなく、株式発行の場合にも同様に適用されなければならない。株式譲渡とは異なり、株式発行の場合は、株式発行会社が関与するため、株主名簿の記載を株主権行使の対抗要件として定めていない。それにも関わらず、商法は、株式を発行するとき、株主名簿に株主の姓名および住所等を記載し、本店に備えるようにし（商法352条1項、396条1項）、株主に対する会社の通知および催告は、株主名簿上の記載された住所またはその者から会社に通知した住所にすれば済むように規定している（商法353条1項）。このように、商法の規定の趣旨は、株式を発行する段階または株式が譲渡される段階に、会社との間に株主権を行使する者を株主名簿の記載によって画一的に確定するためのものと解するべきである。」

(3)「株式を譲り受けたが、まだ株主名簿に名義書換をしていないことで、株主名簿には譲渡人が株主として記載されている場合だけでなく、株式を引き受けたり、譲り受けようとする者が他人の名義を借りて会社の株式を引き受け・譲り受けし、他人名義で株主名簿の記載までする場合でも、会社に対する関係では、株主名簿上の株主のみが、株主として議決権等の株主権を行使することができる。」

　「これは、株主名簿に株主として記載されている者は、特段の事情がない限り、会社に対する関係で、議決権等の株主権を合法的に行使でき、会社の株式を譲り受けても、株主名簿の記載をしていなかった場合は、株式譲受を会社に対抗できないという法理に照らしてみると自然な結果である。…また、いつでも、株主名簿に株主として記載されるように請求し、株主権を行使できる者が、自分の名義ではなく、他人名義で株主名簿に記載をしたということは、少なくとも株主名簿上の株主が、会社に対する関係において株主権を行使しても、これを認めたり、受け入れようとした意思があると判断するのが妥当である。」

　「したがって、株主名簿上の株主が、株式を引き受け・譲受した者の意思に反して、株主権を行使するとしても、これは株主名簿上の株主に株主権を行使

293

『エトランデュテ』第2号

することを許すことによる結果なのであり、このような株主権の行使が信義則
に反するとは言えない。」

(4)「株主名簿上の株主だけが会社に対する関係で株主権を行使できるという
法理は、株主に対する関係も含めて会社においても同様に適用されるものであ
る。会社は、特別な事情がない限り、株主名簿に記載された者の株主権行使を
否認することはできない。つまり、株主名簿に記載されていない者の株主権行
使を認められない。」

　「商法は、株式発行の場合、株式引受人が姓名および住所を記載し、記名捺
印または署名した書面により株式を引き受けた後、その引受額を納入するよう
にして、会社にとって株主名簿の株主の姓名と住所、各株主が有する株式の数
と種類などを記載し、これらを会社の本店に備えて株主や会社の債権者が閲覧
できるように定めている（商法352条1項・396条）。これは、会社が発行し
た株式において、株主権を行使すべき者を確定し、株主名簿の株主として記載
して、配備・閲覧できるようにし、当該株主または会社自らその名簿の内容に
拘束されるようにしたものである。」

　「株式譲渡の場合、株式発行の場合と異なり、会社自らでなく取得者の請求
によって株主名簿の記載が変更される。ただし、会社は、株式発行の際に作
成し配備した株主名簿の記載が会社に対する拘束力があることを前提に、株
主名簿への名義書換に対抗力を認めることによって、株式譲渡においても一
貫して会社に対する拘束力を認めようとするものである。したがって、商法
337条1項の対抗力は、その文言にもかかわらず、会社も株主名簿への記載に
拘束され、株主名簿に記載された者の株主権行使を否認したり、株主名簿に
記載されていない者の株主権行使を認められないという意味を包含するもの
と解すべきである。」

(5)「したがって、特段の事情がない限り、株主名簿で適法に株主として記載
されている者は、会社に対する関係において、株式に関する議決権などの株主
権を行使することができ、会社も株主名簿上の株主のほか、実際に株式を引き

294

受けたり、譲り受けようとした者が、別に存在するという事実を知っていたか否かに関わらず、株主名簿上の株主の株主権行使を否認することはできず、株主名簿に記載をされていない者の株主権行使を認めることもできない。」

「株主名簿に記載を終えていなくても会社に対する関係で株主権を行使することができる場合は、株主名簿上の記載または名義書換の請求が不当に遅延されたかまたは拒絶されたかの極めて例外的な事情が認められる場合に限られる。」

「資本市場法によって、韓国預託決済院に預託された上場株式などについて作成された実質株主名簿への記載は、株主名簿への記載と同一の効力を有するので（資本市場法316条2項）、この場合、実質株主名簿上の株主は、株主名簿上の株主と同様に株主権を行使することができる。」[7]

---

7) 以上のような説示は多数意見であるが、本判決では、これに対する少数意見（4人の大法官である朴炳大氏、金昭英氏、權純一氏、金哉衡氏の別個意見）も提示されている。別個意見については次のとおりである。①「会社の設立時では、他の特別な事情がない限り、株式引受契約書に発起人または株式申込人として署名・捺印した名義者が会社の成立とともに、株主の地位を取得することであり、陰で資金を提供した者が別に存在するとしても、原則的に名義者と資金を提供した者の間の内部関係に過ぎないだけで、会社については株主としての地位を主張することはできない。」②「商法は、仮設人または他人名義による株式を引受けた場合に株金納入責任を課しているが、誰が株主となるのかについては明確な規定を置いていない。この問題は、株式引受をした当事者を確定する問題である。まず、仮設人名義または他人の承諾なく名義を用いた場合には、実際に出資をした名義借用者が株主の地位を取得すると解すべきである。仮設人または株式引受契約の名義人になることに承諾さえしなかった人が株式引受契約の当事者になることはできないからである。これに対し、他人の承諾を得て、その名義で株式を引き受けた場合には、株式引受契約の当事者が誰かによって決すべきである。原則的に契約当事者を確定する問題に関する法理が適用されるが、株式引受契約という特性を反映しなければならない。通常は、その名義者が株式引受契約の当事者になる場合が多いが、すべての場合に名義者が株主になるわけではない。」③「株式譲渡の効力または株主権の帰属問題とは別として、商法は、株式の流通性により株主が継続的に変動する団体的な法律関係の特性を考慮し、株主と会社との間の権利関係を画一的かつ安定的に処理できるように名義書換制度を設けている。なお、株式の譲受によって記名株式を取得した者

『エトランデュテ』第2号

3. 評　釈

（判旨の結論・理由付けに反対）

（1）本判決の意義と問題点

　本件の主な論点は、会社が株式を発行する際に、他人の承諾を得て他人名義で募集株式を引き受けた場合、真の株主は名義人（名義貸与者・形式株主）であるか、それとも実際の払い込み（金銭の支払い）を行っている者（名義借用者・実質株主）であるか、ということである。このような他人の承諾を得て名義を借用した場合、その株主の地位の確定については、形式株主を株主として把握する見解（形式説）と実質株主を株主として把握する見解（実質説）に分かれていたが、従来の大法院判例（本判決以前）は、実質説を一貫して採っていた。

が会社に対する株主の権利を行使するためには、自分の姓名および住所を株主名簿に記載しなければならない（商法337条1項）。名義書換により株式譲受人は、会社に対する株主の地位を取得したと推定されるため、会社について、株主自ら権利者という事実を別に証明しなくても議決権などの株主としての権利を合法的に行使することができる。会社の立場でも株主名簿に株主として記載された者を株主と判断し、配当金請求権、議決権、新株引受権などの株主権を認めれば、株主名簿上の株主が真の株主ではなくても、それに対する責任を負わない。しかし、商法は、株主名簿への記載を会社に対する対抗要件として定めているだけで、株式引受の効力発生要件としては規定していないため、名義書換が行われただけで無権利者が株主になる設権的効力が生じるわけではない。」④「上場会社の発行株式を取得しようとする者は、証券会社に自分の名義で売買取引口座を設定し証券売買取引を委託することが一般である。売買取引口座の開設は、金融取引のためのもので、「金融実名取引及び秘密保障に関する法律」（以下「金融実名法」という）が適用されるのであり、実名確認の手続きを経なければならず、売買取引の委託は実名でしなければならない。証券会社が証券市場で取引所を通して買収した株式は、口座の名義人の売買取引口座に入るが、このように入庫された株式は、委託者である顧客に帰属されるため（商法103条）。その株式については、口座名義人が株主になる。つまり、口座名義人に資金を提供した者が別に存在するとしても、それは原則的に名義人と資金提供者の間の約定に関する問題に過ぎないものである。」

判例評釈

　本件の第1審および原審も実質説に基づいて先例の立場を踏襲した。しかし、本判決は、大法院の全員合意体判決として、株式引受契約の団体性・大量性に基づき、外部から容易に認識し得る表示を基準として形式かつ画一的に株式引受人を決すべきであるという形式説の立場を明らかにして、既存のすべて大法院判例を変更している。この点で、本判決は、2017年韓国の商事法学界で最も話題になった判例であり、他人名義で引き受けられた株式をめぐる様々な議論を提起した重要な判例であると思われる[8]。

8）現在、本判決について韓国で報告されている判例解説・評釈としては、①金二洙「判批」（株主名簿の効力に関する伝統的法理の再構成）圓光法学33巻4号173頁、173-195頁（圓光大学校法学研究所、2017）【本判決の結論は賛成、理由付けには疑問】、②金宅柱「判批」（株主名簿の記載の効力）商事判例研究30輯4巻93頁、93-140頁（韓国商事判例学会、2017）【本判決の結論・理由付けに反対】、③南允卿「判批」（形式株主の法的地位）法学研究28巻1号385頁、385-412頁（忠北大学校法学研究所、2017）【本判決の結論・理由付けに賛成】、④朴洙永「判批」（形式株主の株主権）経済法研究16巻2号3頁、3-37頁（韓国経済法学会、2017）【本判決の結論・理由付けに賛成】、⑤宋鍾俊「判批」（名義株主の法的地位と名義書換えの相互関係）法曹723号876頁、876-907頁（法曹協会、2017）【本判決の結論・理由付けに賛成】、⑥沈漢「判批」（名義株主と株主権の行使）商事法研究36巻3号9頁、9-56頁（韓国商事法学会、2017）【本判決の理由付けに疑問】、⑦李哲松「会社紛争の団体法的解決原則の提示」先進商事法律研究78号229頁、230-246頁（韓国法務部、2017）【本判決の結論に賛成、理由付けに疑問】、⑧チョ・ヒョンジン＝イ・ヒョンジョン「判批」（他人名義の株式引受と株主名簿の記載の効力）商事判例研究30輯2巻37頁、37-69頁（韓国商事判例学会、2017）【本判決の結論には賛成・理由付けには疑問】、⑨鄭敬永「判批」（株式会社と形式株主・実質株主の関係）比較私法24巻2号859頁、859-902頁（韓国比較私法学会、2017）【本判決の結論・理由付けに反対】、⑩鄭大翼「名義書換と株主権の行使に関するドイツ法の動向」商事法研究36巻3号57頁、57-108頁（韓国商事法学会、2017）【本判決の結論・理由付けに賛成】、⑪鄭埈雨「判批」（名義株主と実質株主が異なる場合において株主の確定）法曹725号789頁、789-847頁（法曹協会、2017）【本判決の結論に賛成、理由付けには若干の疑問】、⑫鄭燦亨「判批」（株主名簿の記載（名義書換え）の効力）西江法律論叢6巻2号145頁、145-215頁（西江大学校、2017）【本判決の結論・理由付けに反対】、⑬崔埈璇「判批」（コラム－実質株主と真の権利者の保護）韓国経済新聞2017年10月21日、20面【本判決の結論・理由付けに反対】などを参照。

『エトランデュテ』第2号

　本判決の趣旨に従うならば、株式引受および譲受契約により株式の引受代金または譲受代金を全て納入したにもかかわらず、①株式の引受けなどについて韓国商法上の形式的手続（名義書換）を行わなければ株主としての地位を認められなくなるし、②他人名義により株式を引受けて代金を納入した場合（名義信託など）にも実質上の株主である名義借用者ではなく形式上の株主が株主としての地位を取得することで、③会社は、これから、名義書換をしていない実質上の株主を自ら株主と認めることはできなくなる。

　しかし、本判決によって今までの株式の所有と会社に対する権利行使について学説と裁判例がすべて変更されたということで、他人名義で引き受けられた株式をめぐる紛争にほかの理論的問題が生じる可能性も予想される。具体的に本判決は、①形式株主と実質株主の関係について実質説の立場である多数説と判例、②株主名簿の名義書換の効力について片面的拘束説を採っている多数説と判例、③株主名簿の効力において免責力の限界に関する判例、④株券発行前の株式が二重に譲渡された場合、二重譲受人の間の対抗力、⑤事実上1人会社の法理についての株式の所有と権利行使などの様々な議論に大きな影響を及ぼすと思われる。以下、①形式株主と実質株主の関係と、②株主名簿の名義書換の効力について本判決の論拠と法理を中心に検討する。

(2) 他人名義による株式の引受け － 実質説と形式説

　韓国商法332条1項によると、仮設人または他人の承諾なく他人名義で株式を引き受ける場合、実際に出資をした名義借用者が株主になるし、株式引受人としての責任を負う。なお、仮設人または他人の承諾なく、その名義で株式を引き受けた場合には、対立する利害関係人がいないため、株主の確定についての問題は生じない。問題になるのは、他人の承諾を得て名義を借用した場合である。商法332条2項は、「他人の承諾を得てその名義で株を引き受ける場合には、その他人と連帯して納入する責任を負う」と定めているため、会社と第3者との間で誰が株主権を取得するかが問題である。

298

判例評釈

学説上の多数の見解（実質説[9]）は、意思主義に基づき、名義の如何を問わず、自己が引き受ける意思で株式を引き受けた以上、その者が株主になると解する。すなわち、実質的な株式引受人である名義借用者が株主になる。これに対し形式説[10]は、表示主義に基づき、名義上の株式引受人が株主であるとして、その者（名義貸与者）に株主権が帰属するとみる。現在、韓国では実質説が通説であり、従来の判例も実質説を一貫して採っている[11]。

　実質説の主な論拠としては、①法律行為の一般理論に照らして実際に払込み

---

9) 姜渭斗＝林載鎬『商法講義（上）（第3全訂版）』534頁（螢雪出版社、2017）、權奇範『現代会社法論（第6版）』456-457頁（三英社、2016）、金建植＝魯赫俊＝千景壎『会社法（第2版）』241-242頁（博英社、2016）、金正皓『会社法（第4版）』115頁（法文社、2015）、徐燉珏＝鄭完溶『商法講義（上）（第4全訂版）』325頁（法文社、2017）、宋沃烈『商法講義（第7版）』809頁（弘文社、2017）、安東燮「名義貸与による株式の引受け」法律新聞1981年8月17日12面、梁承圭「名義借用により株式の引受けと株主の資格」法学23巻3号65頁、73頁（ソウル大学校法学研究所、1982）、李基秀＝崔秉珪『会社法（第9版）』180頁（博英社、2012）、林在淵『会社法Ⅰ（改訂2版）』271頁（博英社、2013）、鄭敬永『商法学争点』19頁（博英社、2016）、鄭東潤『商法（上）（第6版）』399頁（法文社、2012）、鄭燦亨『商法講義（上）（第20版）』677頁（博英社、2017）、崔基元『新会社法（第14版）』186頁（博英社、2012）、崔埈璇『会社法（第12版）』189頁（三英社、2017）。

10) 孫珠瓚『商法（上）（第14訂版）』575頁（博英社、2004）、李哲松『会社法講義（第25版）』324頁（博英社、2017）、鄭東潤編集代表『注釈商法：会社（Ⅱ）（第5版）』364頁〔權鍾浩〕（韓国司法行政学会、2014）、蔡利植『商法講義（上）（改訂版）』593頁（博英社、1997）。

11) 大法院1975年7月8日宣告75ダ410判決（集23（2）民186）、大法院1975年9月23日宣告74ダ804判決（集25（3）民143）、大法院1977年10月11日宣告76ダ1448判決（集25（3）民136）、大法院1978年4月25日宣告78ダ805判決（民判集247、317）、大法院1980年9月19日宣告80マ396決定（集28（3）民84）、大法院1980年12月9日宣告79ダ1989判決（民判集276、35）、大法院1985年12月10日宣告84ダカ319判決（公報769、235）、大法院1986年7月22日宣告85ダカ239・240判決（公報784、1090）、大法院1992年2月14日宣告91ダ31494判決（公報917、1026）、大法院1998年4月10日宣告97ダ50619判決（公報1998（58）、1286）、大法院2004年3月26日宣告2002ダ29138判決（公報2004（201）、709）、大法院2005年2月18日宣告2002ド2822判決（公報2005（223）、525）、大法院2008年3月27日宣告2007ダ70599判決（未刊行）、大法院2011年5月26日宣告2010ダ22552判決（公報2011下、1278）。

299

『エトランデュテ』第2号

をした名義借用者が株主になるのは当然であり、②商法332条1項は実質的な株式引受人を株主と判断するが、この規定との均衡を保つ必要があるということ、③商法332条2項は資本充実をために名義貸与者に払込の連帯責任を認めただけで、その者に株主権の帰属を認める定めではないということ等が挙げられる。

　これに対し形式説は、①商法上株式会社の行為は集団的な行為であるから、法的安定性が強く要求されるので、その行為の処理は客観的かつ画一的になされなければならないし、②会社が実質的な株主の状態を明確に把握するのは非常に難しいことであり、③形式株主から株式を引き受けた者や質権を取得した者、形式株主の差押債権者などの外観を信頼した第3者の保護または株式取引の流通性の保護は、実質説より形式説の立場を採るときに容易になり、④商法332条は、仮設人または他人名義で引き受けられた株式の払込を確保するために置かれた規定であるので、株主の地位を確定する問題には当たらない。

　日本の場合は、旧商法（平成17年の改正前商法）201条 [12] の適用基準に関する議論として、昔から実質説と形式説の争いが展開されてきた [13]。ただし、判例としては、一部の下級審判決を除けば、実質説の立場に立っている。最高裁昭和42年11月17日判決 [14] は、「他人の承諾を得てその名義を用いて株式を引き受けた場合においては、名義貸与者ではなく、実質上の引受人すなわち名義借用者がその株主になる」として、実質説の立場に立つことを明らかにした。その後も、他人の承諾のもとにその名義で株式をなした者が、名義貸与者に株券交付を求めた事件について、最高裁昭和50年11月14日判決 [15] は、「実質上の引受人が株式引受人としての権利を得、義務を負い、株主となる」と判

---

12) 日本の現行会社法においては、平成17年の改正前商法201条に相当する規定は存しない。

13) 上柳克郎ほか編集代表『新版注釈会社法 (3)』38-43頁〔米津昭子〕（有斐閣、1986）。

14) 最高裁昭和42年11月17日第二小法廷判決（昭和42（オ）231）民集21巻9号2448頁。

15) 最高裁昭和50年11月14日第二小法廷判決（昭和50（オ）438）判例集民116号475頁。

示した。したがって、日本の場合は、学説上は現在でも実質説[16]と形式説[17]との対立があるが、判例上は最高裁判を受け、確定したと言える[18]。つまり、平成17年の改正前商法201条のような規定が存しない現行日本の会社法のもとにおいても、他人の名義を借用して株式引受けの意思表示を行った者が株式引受人となるものと解される[19]。

---

16) 江頭憲治郎『株式会社法（第7版）』96頁（有斐閣、2017）、江頭憲治郎編集代表『会社法コンメンタール(1)』256頁〔森田果〕（商事法務、2008）、江頭憲治郎＝中村直人編集代表『論点体系会社法(1)』195頁〔清水真〕（第一法規株式会社、2012）、大隅健一郎＝今井宏＝小林量『新会社法概説（第2版）』49頁注13（有斐閣、2010）、加藤良三＝田中裕明＝吉田直『株式会社法の理論(1)』69頁（中央経済社、1994）、神田秀樹『会社法（第19版）』51頁注3)(4)（弘文堂、2017）、近藤光男『最新株式会社法（第8版）』42頁（中央経済社、2015）、酒巻俊雄＝龍田節編集代表『逐条解説会社法(1)』407頁〔山田剛志〕（中央経済者、2008）、鈴木竹雄＝竹内昭夫『会社法（第3版）』76頁注8（有斐閣、1994）、龍田節＝前田雅弘『会社法大要（第2版）』216-217頁（有斐閣、2017）、田中亘『会社法』475頁（東京大学出版会、2016）。

17) 河本一郎「他人名義による株式引受における株主」民商59巻1号57頁、65頁（1968）、長谷部茂吉『裁判会社法』59-60頁（一粒社、1964）、八木弘「株式引受又は譲受の假装：商法第二百一條論」國民經濟雜誌68巻5号25頁、39頁（神戸大学、1940）。

18) 形式説を採っている下級審判決としては、東京地裁昭和29年12月27日判タ44号52頁、東京地裁昭和38年4月26日判時336号38頁、東京地裁昭和57年3月30日判タ471号220頁、札幌地裁平成9年11月6日判タ1011号240頁などがある。

19) 会社法の下では、平成17年の改正前商法201条2項に相当する規定が設けられなかったため、改正前商法の解釈として、形式説が論拠としていた改正前商法201条2項の規定ぶりやその立法者意思は会社法の下ではもはや根拠とならなくなった（神作裕之「判批」岩原紳作＝神作裕之＝藤田友敬編『会社法判例百選（第3版）』23頁（有斐閣、2016））。会社法が適用された東京高裁平成22年7月28日判決（平成22（ネ）2300、判例集未登載）でも、発起人として株式を引き受けた旨が定款に記載された者が、取締役解任の決議の不存在などを争った訴訟において、実質上の株式引受人を株主とする立場で判示されており、実質説が採用されている点は改正前の商法の論議と異ならない（若林泰伸「判批」酒巻俊雄＝尾崎安央＝川島いづみ＝中村信男編『会社法重要判例（第2版）』47頁（成文堂、2016）、弥永真生『会社法新判例50』22頁（有斐閣、2011））。

『エトランデュテ』第2号

　本判決は、形式説に基づき、「株式引受および譲受契約により株式引受代金
または譲受代金を納入したにもかかわらず、株式の引受および譲受に関する商
法上の形式的手続（名義書換）をしていなければ株主と認められない」とし、「他
人名義を得て会社の株式を引受けて払込みをしたとしても、名義借用者ではな
く、形式上の株主が株主になると解するべきである」と判断し、従来の学説や
裁判例を全て変更している。しかし、このような判旨は、私法的法律行為の一
般原則との整合性、実質的権利のための法的安定性、商法332条の解釈との妥
当性などの観点から照らして問題があると思われる。

　第1に、株主になるとする意思が初めから全くない名義貸与者を商法上の明
文の規定がないにもかかわらず株主になると把握する形式説は、意思主義を基
本原則とする私法的法律行為の一般理論に反する解釈であろう。会社は、株式
発行の際に株式の申込者と株式引受契約を締結する。この点で、誰が株式引受
人（株主）になるかについては会社と株式引受契約を実際に締結する者、いわ
ゆる（名義借用者）になるのが当然である。また、株式引受の申込みが無効（意
思無能力または通謀虚偽表示）または取消し（韓国民法406条など）の事由が
あるかどうかについても、名義貸与者ではなく、名義借用者を基準として解す
るべきである。したがって、会社が関与しない株式譲渡の場合とは異なり、会
社が株式を発行する場合には、会社と実際に株式引受契約を締結した相手方を
株式引受人として見るのが妥当だと考えられる。

　第2に、会社の株式発行は、資金調達のためのものであるため、資金を提供
した実質的投資者を保護するためには名義借用者を株式引受人（株主）と認め
るのが妥当である。形式説によると、会社法上の行為は集団的・大量的に行わ
れるので客観的・画一的に処理しなければならないと主張されるが、商法は、
株主名簿の記載に対する株主権の実体的帰属要件について定めていないため、
株主名簿への記載だけで権利（株主権）の創設的効力を認めることはできない
と思われる。なお、権利者についての権利帰属の問題を別論としても権利行使
の効力を論ずることはできず、株主名簿への記載だけで会社に対する権利行使

が有効であるとは解されない。また、株式の所有とその所有名義を実質と一致するか、他人名義を得て株式を引き受けるかについては、現行商法上禁止されないのであり、それは、取引当事者の自由選択の問題である。商法が株式の名義を他人（第3者）の名義を得て株主名簿への記載ができるように許容した以上（商法332条）、会社は、実質上の株主の株主権行使を認めなければならないのである[20]。

　第3に、韓国商法は、ドイツの株式法（Aktiengesetz）と異なり株主名簿の記載による権利創設的効力（株主権の実体的帰属）を定めていない。単に商法337条は株主名簿の記載による対抗力だけ認めている。これに対しドイツ株式法は、「会社に対する関係では、株主名簿（Aktienregister）に株主として記載されている者だけが株主になる」と定めており（ドイツ株式法67条2項）、「記名株式が他人に譲渡された場合には、その通知および証明により株主名簿への記載の抹消と新規記載がなされなければならない」と規定しているので（ドイツ株式法67条3項）、株主名簿の効力において権利創設的効力を認めつつ、株式譲渡の際には株主名簿の名義変更を強制している。つまり、ドイツ株式法の下では、株主名簿上の名義株主（形式株主）だけが株主になり、株主権の実体的帰属者になる。

　本判決の基本的な解釈論は、このようなドイツ株式法に基づいた立場であると思われるが、株主名簿の効力について対抗力主義を採っている韓国商法の立場とは異なるものである。本判決の判旨によると、株主名簿の記載によって権利創設的効力が生じると解しているが、それは現行商法の素直な解釈に基づいて、立法論としては別論としても、解釈論としては考えられないこと

---

20) ただし、株式発行後、時間が経過し、取締役などの役員の交代があって、会社が実質株主（名義借用者）を知らなければ、会社は株主名簿の権利推定力（資格授与的効力）によって株主名簿上の名義株主（名義貸与者）に株主権行使を認めれば免責されると思われる。

『エトランデュテ』第２号

である[21]。

(3) 名義書換の効力 － 片面的拘束説と両面的拘束説

　韓国商法 337 条 1 項は、「記名株式の移転は、取得者の姓名および住所を株主名簿に記載（名義書換）しなければ会社に対抗することができない」と定めている。なお、名義書換未了の株式譲受人は、名義書換を完了するまでは会社に対して株主としてその地位を主張することができず、株主権の行使もすることができない。ただし、名義書換未了の株式譲受人が実質上の株主であり、会社もその事実を知っているときには、その者に株主としての権利を認められるかどうかが問題となる。これは、株式が譲渡され名義書換がされるまでの間、会社が自己のリスクで名義書換未了の譲受人を株主として取り扱うことができるかという問題であるが、韓国商法の解釈上、明確ではない。これについて学説は片面的拘束説と両面的拘束説に分かれている。

　片面的拘束説[22]によると、商法 337 条 1 項は株主のみを拘束する旨がある

---

21) ドイツ株式法は、韓国商法や日本会社法とは異なり、株主名簿の効力において対抗力ではなく、一種の擬制的効力を付与している。すなわち、会社に対する関係では株主名簿に記載された者だけが株主になると擬制され、実質株主であるとしても株主名簿に記載されていない場合は、株主権の帰属が発生しない。また、株式譲渡の場合でも、株式譲受人の名義書換が未了であれば株式譲渡人が株主の地位を有する。ドイツ株式法は、このような株主名簿の擬制的効力によって日本会社法や韓国商法での名義書換の対抗力の範囲または免責力の限界のような問題などが生じない。これに対し韓国商法の下では、株主名簿の記載があったとしても（もちろん、その名義者が実際にも株主であることを一応推定できる根拠として言えるが）、別の事実関係によって実際の権利者が名義者とは異なる他の第 3 者であると証明されれば、その第 3 者は、権利者と名義者との関係だけでなく、会社に対する関係でも原則的に株主としての地位を有し、会社に対する株主権を行使することができると思われる。

22) 権奇範・前掲（注 9）555-556 頁、金建植＝魯赫俊＝千景壎・前掲（注 9）197 頁、孫珠瓚・前掲（注 10）672 頁、宋沃烈・前掲（注 9）829 頁、林泓根『会社法』300 頁（法文社、2002）、張德祚『会社法』165 頁（法文社、2014）、鄭敬永・前掲（注 9）54 頁、鄭東潤・前掲（注 9）512 頁、鄭燦亨・前掲（注 9）800 頁、蔡利植・前掲（注 10）659 頁、崔埈璇・前掲（注 9）285 頁、洪復基＝朴世和『会社法講義（第 5 版）』275 頁（法文社、2017）。

ため、名義書換未了の場合、実質株主は会社に対抗することができないが、会社は自ら実質株主を株主として取り扱うことができると解される。片面的拘束説の具体的な論拠としては、①商法337条1項の名義書換の対抗力は単なる対抗要件である点、②株主名簿への記載による株主の資格は、株券の占有から生じる権利推定力に過ぎないため、株主名簿に記載されている株主と異なる他の株券の占有者（名義書換未了の譲受人）が存在すれば、株主名簿の効力は否定されるのが当然なことである点、③名義書換制度は会社の社団法的事務処理の便宜のためのものであるから、会社が自らこのような便益を放棄し、自己のリスクで名義書換未了の譲受人を株主として取り扱うことを規制する特段の理由がない点等が挙げられる。

　これに対し両面的拘束説[23]は、商法337条1項は株主と会社の両方を拘束するので、名義書換未了の場合、実質株主は会社に対抗できないだけでなく、会社も実質株主を株主として取り扱うことができないと解する。この見解は、次のことを論拠とする。①商法337条1項は、多数の株主と会社との関係を画一的に処理するための団体法上要求される法技術的制度であるので、会社は株主名簿上の株主にのみ権利行使を認めるのが当然である。②片面的拘束説によると、会社に形式株主（名義株主）と実質株主（株式譲受人）いずれに権利行使をさせるかについて裁量を与えることになるので不当である。③商法が会社に対して付与した便益は、会社に関する法律関係におけるすべての利害関係人のためにあるので、会社がその便益を一方的に放棄するのは妥当とは言えない。

　判例の場合は、基本的に片面的拘束説を採るもの[24]が多いが、両面的拘束

---

23) 金正皓・前掲（注9）236頁、李基秀＝崔秉珪・前掲（注9）264頁、李哲松・前掲（注10）359-360頁、崔基元・前掲（注9）398頁。

24) 大法院1989年10月24日宣告89ダカ14714判決（公報1989（917）、862）、大法院2001年5月15日宣告2001ダ12973判決（公報2001（133）、1379）、大法院2005年2月17日宣告2004ダ61198判決、大法院2006年7月13日宣告2004ダ70307判決。

『エトランデュテ』第 2 号

説に基づき実質株主の権利を拒み、株主名簿上の株主に権利を許したもの[25]
もあるので、どのような説の立場であるのかは明らかではない。

一方、日本では、これについて古くから学説の争いがあった。現在でも、会
社側から名義書換未了の株式譲受人の地位を許容できるかどうかについて、こ
れを肯定する見解[26]（任意説）または否定する見解[27]（画一説）の対立がある
が、肯定説が多数説である[28]。日本判例の場合、最高裁昭和 30 年 10 月 20 日
判決[29] では、「名義書換は譲渡の対抗要件にすぎないから、会社のほうから名
義書換未了の譲受人を株主として扱い、名義株主はもはや株主として扱わない
ものとすることは可能である」と判示し、肯定説の立場に立っている。

本判決は、「株式譲渡の場合は、株式発行の場合と異なり、会社自らでなく取
得者の請求によって株主名簿の記載が変更される」とし、「株主名簿への名義書
換に対抗力を認めることによって、株式譲渡においても一貫して会社に対する
拘束力も認めるべきである」と判示し、会社も株主名簿への記載に拘束され、
名義書換未了の株式譲受人に会社からの権利行使の許容はできないと解してい
る。なお、大法院は、本判決により両面的拘束説に立つことを明確にしている。

---

25) 大法院 1988 年 6 月 14 日宣告 87 ダカ 2599・2600 判決（公報 1988（828）、1026）、大法院
   1995 年 7 月 28 日宣告 94 ダ 25735 判決（公報 1995（999）、2965）、大法院 2010 年 2 月 25
   日宣告 2008 ダ 96963・96970 判決（公報 2010 上、627）。

26) 石山卓磨『現代会社法講義（第 3 版）』151-152 頁（成文堂、2016）、江頭・前掲（注 16）
   214 頁、川村正幸＝仮屋広郷＝酒井太郎『詳説会社法』128 頁（中央経済社、2016）、河
   本一郎『現代会社法（新訂第 9 版）』192-193 頁（商事法務、2004）、北沢正啓『会社法
   （第 6 版）』247 頁（青林書院、2001）、近藤・前掲（注 16）89 頁、鈴木＝竹内・前掲（注
   16）159 頁、龍田＝前田・前掲（注 16）272 頁、田中・前掲（注 16）113 頁、前田康『会
   社法入門（第 12 版）』407 頁（有斐閣、2009）。

27) 大隅＝今井＝小林・前掲（注 16）126 頁、田中誠二『会社法詳論（上）（第 3 全訂版）』
   400 頁（勁草書房、1993）、松田二郎『株式会社法の理論』254 頁（岩波書店、1965）。

28) 山下友信編集代表『会社法コンメンタール（3）』331 頁〔伊藤靖史〕（商事法務、2013）。

29) 最高裁昭和 30 年 10 月 20 日第一小法廷判決（昭和 28（オ）1430）民集 9 巻 11 号 1657 頁。

しかし、名義書換の効力について、韓国商法337条1項は、株式譲渡の会社に対する対抗要件であって、効力要件ではないので、片面的拘束説によって解すべきであると思われる。具体的には次のとおりである。

第1に、商法337条1項の「対抗することができない」という文言の旨は、この規定の要件が要求される者だけが拘束され、要件充足の当事者ではない者にはその拘束力が及ばない。すなわち、株式譲渡の際に、株主名簿に名義書換をしていない実質株主は、自分が権利者であることを主張することができないが、株式譲渡の当事者ではない会社は、商法337条1項の要件が要求される対象ではないため、対抗力から自由であり、これに拘束されない。また、商法337条1項は、会社が株式譲渡の事実を知らない場合、株主名簿上の名義株主を株主として扱えば免責されるという意味であり、名義株主に株主権を与える創設的効力があるとは解されない。

第2に、商法は株主名簿上の記載されている者を株主として擬制する（見做す）規定を置いていない。ただし、株主名簿への記載により解釈上推定力が生じ、名義株主が株主として推定されるだけである。会社または実質株主がこれに対する反証をすれば、名義株主は再び自ら株主であることを証明しなければならない。これは、推定力が付与される株券、手形・小切手にも同様であり、株主名簿にも類似した推定力が与えられるだけである。したかって、商法337条1項の解釈において、これを団体法上要求される法技術的制度とみて株主名簿上の株主にのみ権利行使を認めるものと把握するより、推定と反証によって実質上の権利者を証明していく過程として理解するのが妥当であると考えられる。

第3に、本判決によると、会社に形式株主と実質株主いずれに権利行使をさせるのは、会社に株主選択のような裁量を与えることになるので不当であると解するが、実際にこれは株主数の多い一般的会社において不可能である。また、株式譲渡の場合、会社が名義書換未了の譲受人を株主として扱わないのは、株主名簿の対抗力による会社の権利であり、そのリスクは会社の責任の下にある。したがって、会社が名義書換未了の譲受人に株主権行使を許容（例えば、株主

『エトランデュテ』第2号

総会での議決権）した後、その者が株主ではない場合のリスクは会社が負うべきである。このような株主に対する会社の選択は、株主のない者の権利行使の許容いわゆる株主総会決議の瑕疵と異ならない。形式株主を株主として扱うのはもちろん実質株主を株主として扱うのも会社の負担の下で行われる実質関係による形式関係の修正にすぎないと思われる。

(4) 本判決の射程と課題

　以上を踏まえて本判決を見ると、第1に、本判決は形式株主と実質株主との関係について実質説を採っていた通説・大法院判例を変更し、形式株主を真の株主として認める形式説の立場に立つことを明らかにしている。第2に、本判決は株主名簿の名義書換の対抗力について片面的拘束説を採用した多数説・大法院判例を変更し、両面的拘束説に基づき、実質株主は会社に対抗できないだけでなく、会社も実質株主を株主として取り扱うことができないと解している。第3に、本判決は株主名簿の効力において、免責力に関する大法院判例を変更し、会社が実質株主を株主として認める例外を否定する。

　一方、本判決によって今後、次のようなことが問題になる可能性がある。①株式名義信託の場合、名義上の株主である受託者だけが権利を行使することができ、名義信託者は権利行使ができなくなる。②商取引上、事業者が銀行に株式を譲渡担保として設定するケースが多いが、これから事業者は権利を行使することができなくなる。③失念株に対する議決権または配当権などの権利認定が難しくなる。④実質株主は株主としての帳簿閲覧請求、臨時総会の招集請求、取締役の職務執行停止請求、株主代表訴訟請求などを提起することができなくなる。⑤少数株主権の行使における株主の資格・確定などが複雑になる。その他にも、本判決によって、地方税法上の寡占株主に対するみなし取得税の納付義務者の調査、1人会社の判断、発起設立と募集設立の判断、株式相互保有の判断、議決権が制限される自己株式、10％を超過所有した他の会社の株式、特別利害関係者の保有株式、監査役の選任の場合に3％ルールについての判断、

判例評釈

名義貸与者と名義借用者が引き受けた株式に対する払込みの連帯責任などが大きな営業を受けると思われる。

本判決は、古くから続く、他人名義による株式の引受・譲受に関する様々な論争について、全員合議体判決としての最終的な解釈基準を示したことで、非常に重要な判例であると考えられる。

しかし、本判決は、商法上に明文で規定されていないにもかかわらず、私法的法律行為の一般解釈として認められる「権利者による権利行使」という基本原理を商法改正ではなく解釈論として否定しているところで、大きな問題になると予想される。実際上の取引においては、様々な理由で他人名義による株式を有することが多い。たとえば、営業の目的上名義を隠す場合もあり（韓国商法上の匿名組合制度）、委託売買・相続などの目的または各種規制を避けるために、他人名義で株式を保有する[30]。また、株式譲受において名義書換未了の場合、一時的に譲受人が譲渡人の名義で株式を有することも多い。

本判決によると、他人の承諾を得てその名義を借用する場合、名義株主（名義貸与者）のみが会社に対する関係で適法な株主権行使ができる。つまり、権利の帰属は実質株主（名義借用者）にあるが、会社に対する権利の行使は名義株主にあるとみる。その根拠は株主名簿上名義貸与者の名義で記載されているという点にある。このように、本判決は株主名簿の記載によって名義株主だけが会社に対する関係で株主として権利行使をする意思があると擬制している。

それにもかかわらず、商法は名義株主の権利行使について特別な規定を置いていない。また、商法はドイツ株式法と異なり株主名簿の記載による権利創設的効力が認めてられていないのであり、商法上の株主名簿の効力についても、

---

30) 上場会社の場合、委託売買による株式譲渡が原則的な姿であり、これによる他人名義の株式保有が制度化されたものが証券預託決済制度であり、他人の地位は実質株主名簿によって保護されている。すなわち、他人名義の株式保有の際に、その他人の利益を制度的に保障するために認められるのが実質株主名簿制度である（鄭敬永・前掲（注8）876頁）。

309

『エトランデュテ』第2号

推定力・対抗力・免責力に関する条文だけを定めている。したがって、商法の解釈上、本判決の判旨のような形式株主のみが株主権を行使する意思が擬制されるとは言えないし、実質上の権利者の権利行使が制限されることから信義則の違反となる余地もある。本判決の判断基準は、立法論としては認められるが、解釈論としては認められないと解するのが妥当であろう。

書　評

中村一成著『ルポ　思想としての朝鮮籍』
（岩波書店、2017 年）

田中なつみ*

　無国籍である朝鮮籍をなぜ貫いてきたのか。本書には、「一方の国家に属したくない」や「朝鮮人の証明」などの理由から朝鮮籍にこだわり続けて生きてきた 6 人が登場する。作家や詩人などとして著名な人物ばかりで、日本の植民地支配下に生まれ「臣民」としての教育を受けてきた。解放後は民族を取り戻すために闘ってきており、彼ら彼女らの半生を知るための一冊にもなっている。登場する 6 人とは、高史明氏、朴鐘鳴氏、鄭仁氏、朴正恵氏、李実根氏、金石範氏だ。

　本書によれば、筆者は日本人の父と在日コリアンの母の元に生まれた「日本籍のハーフ」。執筆にかき立てられたのは、2004 年 4 月に大阪市であった作家の金石範氏と詩人・金時鐘氏の対談での出来事がきっかけだった。　「なぜ朝鮮籍を固守しているのか理由を聞きたい」。会場から上がった質問に対する金石範氏の回答に筆者は衝撃を受けた。

　「人間の実存にとって譲れないものを『思想』というのであれば、金石範氏の朝鮮籍とはまさに『思想』にほかならない」。当時の出会いは、本書のタイトルへとつながり、朝鮮籍を「譲れぬ一線」とする人々への取材はこれを期に

＊共同通信記者

『エトランデュテ』第2号

始まった。

　「生きることの意味」などの著書で知られる高史明氏は、1932年に山口県下関市で在日朝鮮人2世として生まれた。朝鮮人の集落で暮らしていたが、母は幼少期に亡くなり、日本語の中で日常を過ごした。朝鮮語で表現ができないという苦悩は、のちの作品にも影響を与えている。「民族的正当性に憧れた」という高氏の思いに、「なぜ韓国語がわからないのか」などと心ない言葉を他者からぶつけられたことがある筆者は「痛みを想像できる」と自身の体験を重ねる。

　高氏にとっての祖国とは、父親や幼少期に過ごした長屋の人たちの姿だ。戦中、戦後を生き抜いてきた85年近い歳月を、丹念な取材で振り返っている。

　在日朝鮮人の被爆者団体を設立した李実根氏。1929年に山口県で生まれ、物心がついたときには軍国主義に染まり、「正しい日本人」を夢見たこともあったという。旧制中学に入学するも、激しい差別とそれに伴う暴力に合い、学校は2年足らずで退学した。その後は国鉄職員となり、兵庫県に「闇米」を売るアルバイトに行くようになった。

　広島に原爆投下された1945年8月6日。いつもと同じように兵庫県に行った帰り、広島で入市被爆した。

　広島県朝鮮人被爆者協議会会長という要職についている李氏だが、活動のきっかけになったのは、生計を立てるための土木工事で、体中にケロイドがある朝鮮人被爆者と出会ったことだ。補償もないまま放置された同胞の姿を目の当たりにした。

　最初に取り組んだ仕事は、朝鮮人被爆者の実態調査だった。当時、日本政府は「国交の不在」を理由に実態すら把握しようともしなかった。李氏は北朝鮮にも足を運び、アンケートを行った。活動を始めてから訪朝した回数は25回。だが、現在も救済や解決の糸口は一向に見えない。

　「時間切れになる前に、怒りや無念を解いてほしいんですよ。あなたにもこの問題を歴史的背景も含めてしっかりと書いてほしい。そうすれば先だった同

胞たちも笑いながら手を振ってくれると思うんですよ」。李氏の回は、その言葉で締めくくられる。

　済州島四・三事件をテーマにした長編小説「火山島」を執筆した金石範氏が、「思想としての朝鮮籍」として求めているのが祖国統一だ。そのヴィジョンは「支配せず、支配されない」自由と、その前提となる主体としての平等である。

　本書には、日本で語られる歴史とは異なる「在日からみた戦後70年史」の姿がある。特に焦点を当てたのは1940年代から50年代。祖国に目を向ければ民族の分断が起きており、日本内では革命闘争や「阪神教育闘争」のような民族教育運動が起きた激動の時代だった。

　あとがきによると、6人の中には、「最後の仕事」「遺言のつもり」として聞き取りに応じてくれた人もいるという。筆者にとって、ハルモニやハラボジから歴史を聞き取る作業は「自己の空白を埋めることに直結していた」。半生をたどる過程は、自分自身の存在を確かめる旅路でもあったのではないか。

　史実の解釈を変える「歴史修正主義」に、日本国内に漂う排外主義的な風潮。本書は「朝鮮籍」を貫く6人のまなざしを通し、われわれに終わることのない植民地支配を問いかける。過去から現代へと続く歴史は、全て1本の線でつながっていることを再確認させられた。

　「人間というのは非常に悲しくて弱くて、目の前の現実はすぐ見えるのに、『なぜそうなんだろうか』という経過が分からない。たとえば朝鮮部落です。だいったい、めーちゃくちゃ交通の便の悪くて住みにくい所のバラックです。そうすると人間は、どうしてああいうとこに住んでるんだろと。経過は見えないけど今そこに住んでることはよく見える。すると目の前に見えることでつい判断をしてしまう。失業状態が非常に多いから日雇いも多い。昼日中に若者たちがゴロゴロしてる姿ですね。あいつら怠け者だからあんな汚いとこに住むしかないと。これではダメですね。歴史と現在を踏まえた上で、差別が不当である根拠を理論化し、変えていこうという努力の広がりをつくる。それが大切です。」

　民族教育運動の生き字引的な存在である朴鐘鳴氏が語った言葉である。本書

313

『エトランデュテ』第２号

を読み進める上で、個人的に印象に残った部分でもあった。この言葉を必要と
し、受け取るべき人たちに届くように、最後に記した。

『在日コリアンの歴史を歩く　未来世代のためのガイドブック』〈在日コリアン
青年連合（ＫＥＹ）編著〉

　本書を執筆したのは、大阪市にある同胞の若者でつくるＮＧＯ団体「在日コ
リアン青年連合」（ＫＥＹ）だ。特に若い世代の在日コリアンに祖先の歴史的
背景を知ってもらおうと、メンバー約10人が身近にいる人たちへの聞き取り
や日常的にフィールドワークなどで訪れている大阪・鶴橋や京都府宇治市のウ
トロなどの歴史をまとめた。

　本書は地域史、個人史、家族史の３章で構成され、在日コリアンと朝鮮半島
を知るためのキーワード集や年表、ハルモニの故郷訪問やルーツをたどった青
年によるコラムも盛り込まれている。

　団体が活動拠点としているのが関西であるため、第１章で取り上げられる地
域史は関西以西が中心だ。在日コリアンの集住地区や戦争遺跡が残る地域に焦
点を当て、産業や人口の変化、コミュニティーがつくられていった歴史を振り
返る。簡易な地図も載せられており、この本を片手に町の歴史巡りに出かける
際のガイドブックとしても活用できる。

　第２章の個人史のテーマは「未来世代の君へ──在日一世・二世が語る人生哲
学」。済州島の四・三事件を経験した女性や日本国籍の在日コリアンで、家庭
裁判所に申し立てをして民族名を取り戻した男性の話が描かれる。名前にこだ
わるのは、在日コリアンであることが、「名前でしか言えなくなってきた」と
いう背景もある。だが、若い世代の中には、日本社会におけるバッシングを恐
れて名前を公表しない傾向もあるという。

　第３章の家族史は、１世とその家族たちに焦点を当てている。本書を手がけ
たＫＥＹは2014年に「在日コリアン家庭に眠る歴史資料キャンペーン」を行い、

314

約70点の写真資料を集めた。婚礼や葬儀といった伝統行事、民族教育にかかわるものなど在日コリアンの生活や文化を感じ、時代背景も知ることができる貴重な資料とともに、ルーツに関わる家族の歴史にも触れられる。本書に載っている、焼き肉屋を成功させたハルモニや58歳から夜間中学に学びにいったハルモニの物語を読むことで、身近にいる親族も「このような人生を歩んできたのだろうか」と想像させる内容になっている。

　日韓関係の悪化や北朝鮮の核問題により日本社会の中でバッシングが高まることで、「自分のルーツを隠したり、自己否定をしたりする若者が多くなっていると感じる」とKEYのメンバーは言う。

　「在日コリアンが植民地支配から戦後をどう生きてきたのか知ることで、偏見をなくし、過去に起きた歴史を未来のために生かしてほしい。ルーツを肯定的に捉え、何も悪くないんだということを知ってほしい」。当事者である読者に込めたKEYメンバーの思いだ。また、日本人も本書を手に取ることで、「いまだに続く差別がいかに根拠がないか知ってほしい」。その思いも込められている。（了）

新法令紹介

「外国人の技能実習の適正な実施及び技能実習生の保護に関する法律」

（2016年（平成28年）11月28日公布、2017年（平成29年）11月1日施行）

柳　赫　秀[*]

2016年（平成28年）11月28日、「外国人の技能実習の適正な実施及び技能実習生の保護に関する法律」（平成28年法律第89号）が公布され、ほぼ1年後である2017年（平成29年）11月1日から施行された。それによって新たな技能実習制度に移行した。本法を一言で表すならば、これまでの単純労働者を受け入れない建前を維持しつつ、技能実習生制度に付きまとっていた人権侵害の批判などへ対処しようとするものである。なお、本法律案については、法律の位置づけと運用について衆参両院の付帯決議が採択されている。

本法律のもう一つのポイントは、技能実習制度の対象職種に介護を追加し、本法と同じ日に成立した改正入管法に新設された「介護」の在留資格と連動して、既存の建前を維持しながら、介護分野における人手不足に対処することが意図されていることである。

＊横浜国立大学

『エトランデュテ』第2号

1. 主要内容 [1)]

① 目的・理念

　本法律は、技能実習に関し、基本理念を定め、国と外国人技能実習機構の責務を定めることを通じて、技能実習の適正な実施及び技能実習生の保護を図るとともに、人材育成を通じた開発途上地域等への技能、技術又は知識の移転による国際協力を推進しようとするものである。（第1条）技能実習には、企業単独型技能実習と団体監理型技能実習があるが（第2条）、技能等の修得、習熟又は熟達のために整備され、技能実習生が技能実習に専念できるように保護を図る体制が確立された環境で行われなければならない。（第3条1項）そのために、国及び地方公共団体は必要な施策を総合的にかつ効果的に推進する責務を負い（第4条）、実習実施者、監理団体等は前者と協力する責務を負う。（第5条）

　しかし、技能実習は労働力の需給の調整の手段として行われてはならない。（第3条2項）参議院の付帯決議は「政府は、技能実習制度が我が国の有する技能等を発展途上国等へ移転するという国際貢献を本旨とする制度であることを十分認識し、本法第三条第二項に規定する基本理念に従って、国内の人手不足を補う安価な労働力の確保策として悪用されないよう本法を厳格に執行すること。」という注文をつけている。

② 技能実習計画

　技能実習を行わせようとする本法の個人又は法人は、技能実習生ごとに、技能実習計画を作成し、その技能実習計画が適当である旨の認定を受けなければならない。（第8条1項）認定事務は、新設される外国人技能実習機構が、主

---

1) 法務省の「研修・技能実習制度について」のサイトと、厚生労働省の「外国人の技能実習の適正な実施及び技能実習生の保護に関する法律」のサイトが詳しい。

新法令紹介

務大臣から委任を受けて、その全部または一部を行う。（第12条）技能実習計画が認定されたら、技能実習生は（実際は監理団体が代理する）在留資格証明書の申請を行い、技能実習生の受入れが行われる。技能実習の実施者は、受入れた技能実習生に対して、事前に認定を受けた技能実習計画に従って技能実習を行わなければならない。違反があった場合には、改善命令や認定の取消しの対象になる。

③　監理団体

　技能実習の圧倒的な部分を占める団体監理型技能実習を指導し管理する監理事業を行おうとする人は、事前に監理団体として許可を受けなければならない。許可事務は、新設される外国人技能実習機構が担う。監理団体は、団体監理型技能実習の実施状況の監査その他の業務を、省令で定める基準に従って実施するが、違反があった場合には、改善命令や許可の取消しの対象になる[2]。

④　外国人技能実習機構

　技能実習の適正な実施及び技能実習生の保護を図るために、政府も出資する新たな認可法人である外国人技能実習機構が設立される。機構は、技能実習計画の認定及び実習実施者の届出の受理業務、実習実施者・監理団体に報告を求め、実地に検査する事務、監理団体の許可に関する調査などの業務を行う。そのほか、技能実習生からの相談への対応・援助や、技能実習に関する調査研究業務も行うことになっている。

⑤　優良な実習実施者の期間延長・監理団体の技能実習人数枠の拡大

　従来の技能実習1号、2号のほか、新たに技能実習3号を創設し、所定の技

2）施行と同日付で292の監理団体（一般監理事業を行う監理団体114団体、特定監理事業を行う監理団体178団体）が許可された。

319

『エトランデュテ』第2号

能評価試験の実技試験に合格した技能実習生について、技能実習の最長期間
が、現行の3年間から5年間に延長される。ただし、技能実習生は一旦帰国し、
原則1か月以上の間をおいてから戻り、最大2年間の技能実習を行うことが
できる。

　そして、優良な監理団体には、適正な技能実習が実施できる範囲で、実習実
施者の常勤の職員数に応じた技能実習生の人数枠について、現行の2倍程度ま
で増加が認められる。

⑥　技能実習生制度の保護

　今回の法律制定が技能実習制度に付きまとっていた人権侵害の批判などに対
処するためのものであったので、技能実習生の意思に反する様々な不当な強制
による人権侵害行為等について、禁止規定や罰則を設けるほか、技能実習生が
主務大臣に申告することができるようになった。そして、国による技能実習生
に対する相談・情報提供体制を強化するとともに、実習実施者・監理団体によ
る技能実習生の転籍の連絡調整等の措置を講じ、事業所管大臣への協力要請や、
事業協議会を用いて、政府全体で技能実習の適正な実施及び技能実習生の保護
に取り組むことになった。さらに、地域協議会を設け、地域レベルでも関係行
政機関が連携することになった。

2. 解説及び評価

①　技能実習制度の歴史 [3]

　技能実習制度は、定住化を防ぎつつ外国人労働者を短期的に受け入れる一時

---

3) 日本における外国人労働者導入と技能実習制度については、梶田孝道『外国人労働者と
　日本』（日本放送出版協会、1994年）と上林千恵子『外国人労働者受け入れと日本社会：
　技能実習制度の展開とジレンマ』（東京大学出版会、2015年）が詳しい。

新法令紹介

的な外国人労働者受け入れ制度の一種である。この制度は、主として事業主たちの労働力不足による外国人労働者の受け入れのニーズと、外国人労働者を受入れたくない内国人労働者や一般市民の感情的な反発の妥協の産物で、外国人労働者は一定期間就労後に帰国することが大前提となる。

　日本でも1980年代後半から不法就労者という形で外国人労働者の受け入れが始まったが、政府の外国人単純労働者を受け入れないとの基本方針から、いわゆるブルーカラー職種に従事する労働者の受け入れは、日系人という「身分」に基づく道か、技能研修・実習という「活動」目的による研究生という2つの入り口が作られた⁴⁾。

　日本の技能実習制度は1993年に始まるが、実際には一時的な外国人労働者受け入れは1982年「研修生」という在留資格が設置されたことに遡る。日本は未熟練労働者の受け入れは拒否したものの、途上国からの外国人に対する技能研修はODAの一環として実施してきたが、1982年入管法改正により「研修生」という在留資格が設けられ、同年9973人の「技術研修生」と呼ばれる研究生が受け入れられた。これらの技術研修生には、ODAによる政府受け入れ研修生だけでなく、日本企業の海外現地法人から日本の親企業に技術習得を目的に来日する現地従業員もその対象となった。いわゆる企業単独型研修生である。1990年の入管法改正により「研修生」という「身分」ではなく、「研修」という「活動」に在留資格が変更になったことで「団体監理型研修制度」が成立してから、3年後である1993年17職種で技能実習制度がスタートした。当初技能実習制度は、1年間の研修後、1年間の就労を「技能実習」として認可したが、1997年実習期間が2年となり合計3年の技能実習制度となった。

---

4) かつて梶田は、日系人労働者という形で裏口から外国人労働者を導入するやり方を「バック・ドア」政策、一定の条件付きとはいえ通常の就労を認める技能実習制度を「サイド・ドア」政策と呼んだ。梶田孝道『外国人労働者と日本』45頁。

321

『エトランデュテ』第2号

2000年には技能実習制度が従来の製造業中心から農業・水産業に拡大しながら、技能実習生の数が著しく増加した。そして、2009年の入管法改正により技能実習に前置された研修制度は廃止され、実習生は入国時から「技能実習」という在留資格を持つように変更された。

②　技能実習制度の運用

技能実習制度は、人材育成を通じた開発途上地域等への技能、技術又は知識の移転による国際協力を推進することを建前とするために、技能移転のための制度としての側面が強調され、一時的に外国人労働者を受け入れるという側面が後景に退きがちになる。研修制度の下では、研修期間中には寮費、食費、光熱費などの諸経費は受入企業が負担するが、1か月6-7万円の僅かな研修手当が支払われる。技能検定試験に合格し実習生に移行した時に初めて労働者としての地位が付与され、労働法の対象となるので最低賃金が支払われるものの、寮費、食費、光熱費などの諸経費は自己負担となる。しかも、研修手当は年々減っており、技能実習生の賃金水準も日本人のそれより低い。その中で、研修制度・技能実習制度の下での実習生の不安定で脆弱な立場につけ込む人権侵害などが後を絶たなかった所以である。

技能実習制度については、失踪防止を名目として、送出し機関が研修生本人から高額な保証金を徴収しているケースがあり、これが研修生の経済的負担となって研修時の時間外作業や不法就労を助長していると指摘されており、さらに技能実習生の失踪等問題事例の発生防止を口実として、技能実習生に対し宿舎からの外出を禁止したり、技能実習生の旅券や外国人登録証明書を預かったり、また、技能実習生に対して、携帯電話の所持や来客との面会等を禁止することにより親族や友人等との連絡を困難にさせる不適切な方法による管理が行われるなど、労働関係法令の違反や人権侵害が後を絶たなかった。そのために、技能実習制度の適正な運用の必要性が絶えず指摘されたが一向に改善されず、2013年6月20日日本弁護士連合会は「外国人技能実習制度の早急な廃止を求め

新法令紹介

る意見書」を出すに至った[5]。最近の報道によると、全国各地の労働基準監督署などが2017年5672カ所の実習先に監督指導した際、約7割の4004カ所で賃金不払いや、「過労死ライン」（直近1カ月で100時間）を超える長時間残業などの労働関係法令違反が確認された。失踪者も急増し、法務省によると、2016年は統計が残る2011年の3倍以上の5058人で、2年連続で5000人を超えた[6]。

　本法律の制定は、かねてからの技能実習制度の弊害に罰則付きで厳しいメスを入れようと制定されたものである。法務省と厚生労働省は2017年12月付で詳細な『技能実習制度　運用要領』（別紙を入れて550頁）を合同で編纂し運用に当たっているが、その効果如何は今後の運用を見守る必要があろう。

③ 「技能実習制度」の建前の維持と「介護」との連動

　本法律は、既述したように、技能実習制度の運用上の弊害にメスを入れ、技能実習制度の適正化を図るものであるが、初期の団体監理型研修生制度から数えるとほぼ30年が経過し、徐々に外国人労働力の一時的受入制度としての色彩が強まったにもかかわらず、単純労働者を受け入れる制度ではないとの建前は維持された。隣国の韓国が、日本の技能実習制度にならって、1991年に外国人産業研修制度を、2000年に研修就業制度を導入したが、不法就労者増加の原因となったために、2004年から雇用許可制度を導入し、正式に単純労働を受け入れたこととは対照的である。

　ただし、本法律のもう一つ重要な部分は「介護」という穴をあけたことである。そのために、厚生労働省は、今後外国人技能実習制度に関して、「産業競争力の強化に関する実行計画」（2015年版（平成27年2月10日閣議決定）及び2016年版（平成28年2月5日閣議決定））に基づき、質の担保など、介護サー

5）日本弁護士連合会の技能実習制度についての一連の働きかけについては日本弁護士連合会のホーム・ページを参照。

6）毎日新聞2017年11月24日大阪朝刊

323

『エトランデュテ』第 2 号

ビスの特性に基づく要請に対応できるよう具体的な制度設計を進め、技能実習
法の施行に併せて、技能実習制度の対象職種へ介護職種の追加を行うこととし
ている。この部分は、同日公布された「出入国管理及び難民認定法の一部を改
正する法律」(平成 28 年法律第 88 号。以下「改正入管法」という。)と相まっ
て、事実上日本が「介護」の分野において外国人労働者の受け入れを始めるこ
とを意味する。改正入管法は、専門的・技術的分野の外国人の積極的受入れと
留学生の活躍支援という観点から、介護の分野においても、日本の介護福祉士
の資格を有する外国人を対象とする「介護」という名称の在留資格を設け、介
護又は介護の指導を行う業務に従事する活動を行うことを可能とするものであ
り、具体的には、介護福祉士養成施設を卒業して介護福祉士の国家資格を取得
した者が対象となる。

　これまで技能実習制度の運用において労働関係法令の違反や人権侵害が後を
絶たなかったことから考えると、本法律の施行で技能実習制度の適正な運用に
むけて一歩踏み込んだことは間違いないが、技能実習制度の根本からの見直し
でなく、「国際協力」の一環という「制度」の建前を維持しながら、「運用」の
改善にとどまっていることに留意すべきである。その点では、いまだ外国人労
働者受け入れについて明確な政策を打ち出さずに[7]、相変わらず技能実習生、
留学生の活用、日系人 4 世のための資格新設などを活用して必要最小限度の外
国人労働力を小出しで確保するやり方を維持している、現在の日本の「外国人
政策」の現住所を示す法律である[8]。

---

7)　2018 年 3 月 19 日付日本経済新聞朝刊は「目的は技術移転　現実とズレも」という見出し
　の記事で、「新興国への技術移転が目的だが、実質的には深刻な労働力不足の解消に使わ
　れている面があるのは事実だ。対象業種を拡大すると一段と人手不足の緩和につながる
　可能性が高いが、もともとの制度設計が抱える矛盾が深まりかねない。国が技能実習制
　度をどこまで拡大するかについては、今後も様々な議論を呼びそうだ。」と記している。

新法令紹介

8) 校正の最後の段階で下記のような新聞報道が入ってきた。帰趨を見守りたい。「政府は
2019年4月にも外国人労働者向けに新たな在留資格をつくる。最長5年間の技能実習を
修了した外国人に、さらに最長で5年間、就労できる資格を与える。新設する資格は『特
定技能（仮称）』。試験に合格すれば、家族を招いたり、より長く国内で働いたりできる
資格に移行できる。農業、介護、建設など人手不足の業界を対象にする。」ただし、「技
能実習制度とその本来の目的は維持するため、新資格は一定期間、母国に帰って再来日
した後に与える。いったん帰国してもらうため、技能実習と新資格で通算10年を過ごし
ても、直ちに永住権取得の要件にはあたらないようになる。」「政府は今秋の臨時国会に
も入国管理法改正案を提出し、来年4月にも新制度を始める方針だ。」（日本経済新聞電
子版 2018/4/11 17：32）

> 韓国ロースクール探訪

成均館大学ロースクール日本法学会紹介

金 志 泳*

　成均館大学（成大、SKKU）ロースクールの日本法学会は、名実共に最古・最高の「日本法学会」です。2009年に、ロースクール第1期学生の主導で、創立され、日本の法学徒、著名学者、実務家等と積極的に交流し続けています。特に、成績競争が激しい最近のロースクールで、我が学会の学会員はグローバル時代を迎える法曹に必要な心得と態度を培っています。これを基盤に我が学会の先輩方は法曹として様々なフィールドで活躍しています。そこから始まると何十ページに及ぶレポートになりそうですが、今回は私が日本法学会の会長を引き受け充実に過ごした一年を振り返ってみながら、我が学会を紹介したいと思います。

＊成均館大学・ロースクール2年生

『エトランデュテ』第2号

1.（春）日本・名古屋大学法学部、ロースクールとの交流会

　我が学会は毎年、日本の名古屋大学法学部、ロースクールと交流会を開催しています。これは、韓中日の頂上会談の結果、2011年に始まり、今まで続いたいる「CAMPUS Asia」事業の一環で行われる行事です。成均館大学は、法学事業団の韓国側の主管大学で、ソウル大学が参加大学です。中国側は、主管大学である中国人民大学の他、清華大学、上海交通大学が参加しており、日本は、名古屋大学が主管大学です。今年の3月に開かれた交流会では「韓日民法の慣習法の法源性」をテーマにした權澈先生の講義と、「天皇の生前退位に関する法的争点」と「韓日の若者から見た両国の経済発展」をテーマにした討論が行われました。やや敏感になりがちのテーマをめぐって、両国の学生たちが自由に話し合えるきっかけとなり意味深かったと思います。国は違っても法学徒という共通点を持つ上で、歴史的・社会的背景を理解しようとする態度があれば真のコミュニケーションができることに気づきました。

2. (夏)日本・名古屋大学 ISS(International Summer Semester)派遣

　我が学会の学会員の一部は、上記の「CAMPUS Asia」[1] 事業の一環で、日本の名古屋大学法学部の ISS（International Summer Semester）に参加できます。夏休みの約2週間、学生たちは名古屋大学法学部の授業を受けたり、日本現地のローファーム、企業、大使館などでインターンシップをしたりいろいろな経験をします。日本の政治と法律に対する学問的な理解を深めるとともに現実的な実務経験もでき、学会内だけでなく学内全体からも人気のあるプログラムです。なお、より長い期間日本現地で研修を受けたい学生のためにCAMPUS Asia を通じた交換留学プログラムも整えられています。

---

1)「東アジアの共通法形成を目指す法的、政治的認識共同体の人材養成」の一環で進められている国費奨学派遣プログラム。韓国の成均館大学とソウル大学と、中国人民大学と清華大学、日本の名古屋大学が参加している。

3.（秋）韓国・成均館大学「日本法」授業

　成均館大学ロースクールの日本法授業は日本法学会の指導教授である権澈先生が担当する授業で、2011年、2013年、2014年、2016年の4回にわたって行われました。日本法の一般論から個別問題の具体的な検討まで扱うため、学生の満足度が非常に高い授業です。我が学会は日本法授業を受講し韓国法に様々な影響を与えた日本法について勉強しつつ、通訳や翻訳の補助などの授業支援を行っています。また、毎回日本法授業に招聘教授としていらっしゃる日本の東京大学の大村敦志先生から直接「日本民法学」の講義を受けられることはとても光栄に思っています。さらに、授業の一環で行われる先輩法曹の特別講義では、韓国の最大手法律事務所である「金＆張」で日本プラクティスチームを率いるお一人である崔建鎬（チェ・ゴンホ）弁護士がいらっしゃり、日本関連実務の現況について伺う良い機会になりました。また、私が学部生の時でありましたが、日本の最大手の法律事務所である「西村あさひ」のキム・ヨンミン弁護士（成均館大学法学部、慶応大学ロースクール卒）との懇談会を設けたこともあります。

4.（冬）日本・東京大学・東アジア民事法大学院生セミナー参加

　我が学会は、権澈先生の指導の下、毎年様々な国際セミナーに参加しています。今年の2月は、日本の東京大学大学院法学政治学研究科が主催し中国の北京大学、中国北京社会科学院、中国人民大学、そして台湾大学が参加する第2回東アジア民事法大学院生国際セミナーに、韓国の代表として参加し、報告を担当しました。他にも日本の東京大学、中国の北京大学等が参加するBK21東アジア3ヵ国大学院生連合国際学術シンポジウムに参加するなど、国際学術交流に積極的に臨んできました。印象的だったことは、2007年に始まった、このシンポジウムがきっかけとなり参加院生の多数が現在は大学教授になっていることでした。3年間のロースクールでの課程で法解釈とそれに関する判例を中心に勉強していると法学研究論文を読む機会が少ないことが現実ですが、我が学会は、韓日法学研究の学問的な分野でも様々な経験ができるように努力しています。

　多種多様の学部背景と個性を持つ成均館大学ロースクール「日本法学会」学

『エトランデュテ』第2号

会員たちは、学会活動が学業や将来設計に新しい刺激となったと口を揃えて言います。これからも日本法学会で得た貴重な経験を基に韓日法学交流の明るい未来に貢献したいと思います。ありがとうございました。

在日本法律家協会

目次

1. 会則

2. 役員

3. 活動内容

4. 執筆要領

＊参考：創刊号目次

1．会則

Ⅰ　総則

（名称）

第1条 この会は、「在日本法律家協会（Lawyers' Association in Japan）」と称する。

（事務局）

第2条 この会の事務局は、次の事務局が作られるまでは、神奈川県横浜市保土ケ谷区常盤台79-1 におく。

Ⅱ　目的および事業

（目的）

第3条 この会は、日本に居住している外国人法学者と法曹人相互の交流と親睦を図るとともに、在日外国人に関わる法的諸問題に取り組むこと等を通じて、日本の多文化共生社会としての健全な発展に資し、さらに東アジアにおける未

『エトランデュテ』創2号

来志向型の市民団体としての役割を担うことを目的とする。

（事業）

第4条　この会は、第3条の目的を達成するために、次の事業を行う。

　（1）会員の連絡および協力促進

　（2）総会、研究会、親睦会その他の諸会合の開催

　（3）会報その他雑誌・図書の刊行

　（4）前3項の他、この会の目的の達成に必要な事業として、理事会において

適当と認めた事業

Ⅲ　会員

（会員資格）

第5条　本会の会員となることができる者は、次の資格の一を有するものに限

る。

　一　日本の大学で研究に従事する人

　二　日本の法曹の資格を有する人

　三　日本の大学に派遣された研究者ないし法曹人

Ⅳ　機関

（組織）

第6条　この会は、次の役員を置く。

　一　会長　1人

　二　副会長、理事　数名

　三　監事　1人

（選任）

第7条　会長、副会長、理事および監事は、総会において選任する。

在日本法律家協会

（任期、再任）

第8条　会長、副会長、理事の任期は、3年とする。監事の任期は、4年とする。補欠の会長、副会長、理事および監事の任期は、前任者の残任期間とする。会長、副会長、理事および監事は再任されることができる。

（会長）

第9条　会長は、本会を代表する。会長が病気等で本会の運営が困難なときには、副会長が会長の職務を代行する。

（副会長）

第10条　副会長は、会長を補佐し、本会の運営を補う役割を行う。

（理事）

第11条　理事は、理事会を組織し、会務を執行する。

（監事）

第12条　監事は、会計および会務執行の状況を監査する。

（招集）

第13条　会長は毎年1回、会員の通常総会を招集しなければならない。会長は、必要があると認めるときは、何時でも臨時総会を招集することができる。

（議決権）

第14条　各会員の議決権は、平等とする。総会に出席しない会員は、書面により、他の出席会員にその議決権の行使を委任することができる。この場合には、これを出席とみなす。

335

『エトランデュテ』創2号

（会費）

第15条　本会の会費は、毎年1万円とする。3年以上続けてあるいは合計5年以上会費を滞納した会員に対しては、会長は督促の上、退会させることができる。

V　会則の変更および解散

（会則の変更）

第16条　本会則は、総会員の3分の2以上の同意がなければ、これを変更することができない。

（解散）

第17条　本会は、総会員の3分の2以上の同意がなければ解散することはできない。

VI　雑則

（細則）

第18条　この会則に定めのない事項及びこの会則の実施に必要な細則は、理事会が定める。

（雑則）

第19条　この会則は、2015年10月4日から施行する。

2．役員（2018年1月現在）

会　長：　柳赫秀（YOO, Hyucksoo）横浜国立大学

副会長：　殷勇基（IN, Yûki/EUN, Yongki）東京千代田法律事務所

金載夏（KIM, Jaeha）　検事　駐日大韓民国大使館参事官

理　事：　金哲敏（KIM, Cholmin）シティユーワ法律事務所

　　　　　兪　東（YU, Tong）Paul, Weiss, Rifkind, Wharton & Garrison LLP

監　事：　金紀彦（KIM, Kiun）弁護士法人オルピス

3. 活動内容

1）在日本法律家協会主催　第4回研究会

【日時】2017年4月12日（水）

【会場】立教大学

発表者：金弘基　（延世大学　法学専門大学院）

題　目：「韓国の大規模企業集団と企業支配構造の問題点及び改善方向」

2）在日本法律家協会主催　第5回　研究会

テーマ：「多文化共生社会の家族と国籍」

【日時】2017年7月29日（土）

【会場】文京学院大学　S705号室

　　　　（南北線東大前駅2番出口出てすぐ）

【趣旨】家族の多様化・国際化、個人主義が進むなかで、家族と国籍をめ
ぐる様々な法的制度の問題が浮上している。本研究会では、社会経済的
な環境の変化や法制度の変容を踏まえて、「共生」のための「家族法」と「国
籍法」の在り方について問うてみる。

【プログラム詳細】

時間　プログラム　　　　　　　　　　　　　　司会：高鉄雄（立教大学）

13：30 ～ 14：00　　　　　　　　　　　　　　　　　　　　　受付

『エトランデュテ』創2号

14：00 〜 14：10

ご挨拶及び趣旨説明：柳　赫秀（横浜国立大学）

14：10 〜 15：10

第1部 「日韓カップルの子（嫡出、非嫡出）の国籍（仮題)」

報　告　青木　清 先生（南山大学）

コメント　金　哲敏　（シティユーワ法律事務所）

15：15 〜 16：15　第2部「戸主制をめぐる韓国の「近代家族」の法的形成とその変容（仮)」

報　告　　岡　克彦 先生（福岡女子大学）

コメント　金 彦叔（文京学院大学）

16：15 〜 16：45　休憩

16：45 〜 17：45　第3部 「家制度・家族制度・憲法（仮)」

報　告　　館田　晶子 先生（北海学園大学）

コメント　常岡 史子（横浜国立大学）

17：45 〜 18：00　　主催者より

4. 執筆要領について

1. 完全原稿

校正段階での原稿修正は，非常に手間のかかる作業のやり直しを意味し，電算写植のメリットを生かせないだけでなく，印刷コストの上昇を招き，ひいては定期的刊行にとって大きな障害となります。執筆者の方々は，この点を十分に理解され，完全原稿を提出して下さるようお願い申し上げます。

2. 原稿枚数

通常論文：4万字以内,

中間物（研究ノート等）：2万字以内,

書評：4千字以内（いずれも図表を含む）とする。

字は、MS明朝を使用し、10.5ポイントとする。

（字数・枚数制限の厳守。制限を超えると受け取れないこともあります）。

なお、中間物のジャンルは,「研究ノート」・「資料（立法・判例紹介など）」・「座談会」・「文献目録」・「記事」・「グループ共同研究会報告」・「プロジェクト研究報告」・「シンポジウム報告」・「法律エッセイ」とし,その他のジャンルの場合は事務局と協議をすることとする。

Ⅱ. 原稿作成

1. 原稿提出時に，次の項目を記入の上ご提出下さい。

(1) 表紙に載せる論文名の英文訳と氏名のローマ字化,ならびに論文のジャンル。

(2) 著者の略歴：巻末に執筆者の氏名、ふりがな、所属・地位を掲載する事になっております。

2. 表記方法

(1) 横組：横書きでお願いします。

(2) 本文の冒頭に表題、氏名、目次をつける。

(3) 章立ては、次のようにすることを原則とする。

大見出し（（ローマ数字 Ⅰ, Ⅱ, Ⅲ）,中見出し（アラビア数字1, 2, 3),小見出し（(1)(2)(3))、小小見出しとして（①, ②, ③）をつける。それでも下がある場合には、ⅰⅱⅲにする。

(4) 仮名遣い：新仮名遣い,新字体の使用を原則とします。旧仮名遣い,旧

『エトランデュテ』創2号

字体を使用する場合は，その旨明示して下さい。

(5) 注：脚注を原則とし（文末脚注は使わない），本文該当箇所に1），2），3）と入力してください。

(6) 引用：長い引用文等で，本文より小活字で組みたい揚合は，その旨明示して下さい。本文中に（　）を用いると，（　）内は本文活字より小活字で組まれます。本文と同じ活字で組みたい場合は，その旨明示するか，〔　〕，〈　〉，［　］，《　》等を用いて下さい。

(7) 約物・記号・符号：これらは出力できない場合もありますのでハードコピー上に明示して下さい。音引き「ー」と全角ダーシ「－」，エックス「X」と数学記号「×」，漢数字「十」とプラス「＋」など，見た目には似ていても意味が違うものは確実に使いわけて下さい。引用等のダーシは2倍全角ダーシ──で入力してください。

(8) 改行：改行の場合は，必ず改行マークを入れてください。

(9) 参考文献：参考文献については，著者名・書名・発行所・刊行年（月），頁等を示すこととします。下記に、例を示しておきますので参考にして下さい。配列については，著者の自由とし，欧文の氏名の表記は論文内で統一して下さい。

例）　単行本の場合
　　　樋口陽一『近代国民国家の憲法構造』東京大学出版会，1994年。
　　　MILLS,C.W., The Power Elite, Oxford University Press, 1995。

論文の場合

星野英一「日本民法典 の 全面改正」ジュリスト 1339 号，2007 年，90-102 頁。

GAYLE, Curtis Anderson," Progressive representations of the nation: early post-war Japan and beyond, "Social Science Japan Journal, Vol. 4, No.1, 2001, pp. 1-19.

Ⅲ. 校 正

校正は印刷上の誤りや不備の訂正などに止めますので、新たな加筆・削除はご遠慮願います。また，校正段階で大幅な訂正をされた場合，これに要した費用を負担していただく場合があります。

Ⅳ. 掲載論文に関する著作権の扱い

『在日本法律家協会報』に掲載される論文等の著作権（著作財産権（複製権、公衆送信権））は，特別の断りがない限り，在日法律家協会に帰属するものとします。本協会では『在日法律家協会報』につき，より広い読者に参照されるものとすべく検討を進めていますが，その一環として，同雑誌の電子媒体による保存と利用を予定しています。こうした電子媒体による紀要内容の保存と利用は，情報技術が一層の進展を見せております現在，きわめて重要なものとなってきております。こうした趣旨から，掲載されました論文等の著作権については上記のような扱いをさせて頂いております。<u>もしこの点につきご異議のある方は，電子化による公開を希望されない旨につき、事務局の方にご連絡頂ければと存じます。</u>

なお、上記の執筆要領と異なる場合は，事前に事務局と協議をして下さい。

『エトランデュテ』創2号

連絡先 〒 240-8501
神奈川県横浜市保土ケ谷区常盤台 79-4　横浜国立大学　国際社会科学研究科
在日法律家協会　柳赫秀
Tel 81 － 45 － 339-3626
Fax 81 － 45 － 339-3626
E-Mail hyoo71@gmail.com（事務局）

＊参考

『エトランデュテ』（étrangeté）　創刊号

刊行辞　在日本法律家協会　会長　柳赫秀

特集 1　在日コリアンの相続問題
　　　金彦叔「在日コリアンの相続問題に関する一考察」
　　　李春熙「在日コリアンの相続処理を巡る実務上の諸問題」

研究論文
　　　中山弘子、「米国における難民認定制度の実態について〜能動的庇護認
　　　　　　　定手続に着目して〜」
　　　中島智子、「公立学校における「任用の期限を付さない常勤講師」とい
　　　　　　　う〈問題〉」
　　　樋口直人、「外国人参政権の未来」
　　　金弘基、「韓国の大規模企業集団のコーポレート・ガバナンスの問題点
　　　　　　　と改善方向」

特集 2　本名問題を通じてみた「在日」アイデンティティ
　　　柳赫秀、「静岡本名裁判の概要と含意」

山根俊彦、「静岡本名裁判への断想」

尹チョジャ、「裁判にみる『社会通念』と在日コリアンの民族名」

参考資料：静岡本名裁判の判決文（地裁、高裁、最高裁）

判例評釈

高鉄雄、「外国国籍同胞 の 国内居所申告 や 居所移転申告 の 住宅賃貸借保護 法上 の 対抗力 の 有無 ―大法院 2016 年 10 月 13 日宣告 2014 ダ 218030（本訴）・2014 ダ 218047（反訴）判決を中心に―」

書評

川瀬俊治、『共生への道と核心現場：実践課題としての東アジア』（法政大学 出版、2016 年）

金昌浩、「今子と読み直されるべきマイノリティと人権を考える 3 冊」

会員エッセイ

李政奎「私の留学」

韓国法学専門大学院（ロースクール）「日本法学会」探訪

延世大学ロースクール「日本法学会」

『在日本法律家協会』紹介

設立趣旨

会員

活動内容

会則

会報　執筆要領

『エトランデュテ』創2号

執筆者　一覧

【巻頭言】

宮崎　喬　　　立教大学名誉教授

【特集1】

青木　清　　　南山大学教授

館田晶子　　　北海学園大学教授

常岡史子　　　横浜国立大学教授

【海外特別寄稿】

Jin Y. Park　　Professor, American University

【研究論文】

崔先集　　　　弁護士（金＆張法律事務所）

佐々木てる　　青森公立大学准教授

権南希　　　　関西大学准教授

【特集2】

空野佳弘　　　弁護士（空野佳弘法律事務所）

中島智子　　　プール学院大学名誉教授

【判例評釈】

金奉植　　　　弁護士（大阪ふたば法律事務所）

高影娥　　　　志学館大学講師

金暎住　　　　大邱大学副教授

【書評】

田中なつみ　　共同通信記者

【新法令紹介】

柳赫秀　　　　横浜国立大学教授

【韓国ロースクール探訪】

金志泳　　　　成均館大学法学専門大学院生

編集委員会

柳赫秀　　横浜国立大学教授

金彦叔　　文京学院大学准教授

金勁佑　　横浜国立大学博士課程

編集後記

　雑誌を続けるのがいかにしんどいものか知らされた感じである。でも執筆者の皆様の惜しまないご協力のお蔭で、第2号を世に出すことができた。今回は海外から寄稿していただいた上、「外国人地方参政権」問題について座談会を催し、たいへん充実した内容の議論ができとてもうれしい限りである。

　創刊号では果たせなかった出版社探しが叶ったことにも天に感謝している。東方出版の今東会長は面識のない私たちの境遇を組み上げてくださった。仲介の労を惜しまなかった川瀬俊治さんに感謝申し上げる。

　今年1月26日野中広務元官房長官が逝去された。野中長官は戦後国籍を理由に援護対象から除外された戦争犠牲者及び遺族に弔慰金を支給する「弔慰金等支給法」制定にご尽力された方で、偉大な先人を失い侘しい限りである。同じ頃法務省が日系人4世のための在留資格を新設するというニュースに接し、20年以上前に日系人の流入が「血統」重視という日本のエスニシティの特徴を再確認させていると指摘した故梶田孝道教授を思い浮かべたものである。

エトランデュテ　第2号

2018年4月20日発行

編集・発行　　**在日本法律家協会**
　　　　　　　〒240-8501
　　　　　　　神奈川県横浜市保土ケ谷区常盤台79-4 横浜国立大学法学研究棟606号

発売元　　　　**東方出版**
　　　　　　　〒543-0062
　　　　　　　大阪府大阪市天王寺区逢阪2-3-2 リンクハウス天王寺ビル602号
　　　　　　　　　　TEL 06-6779-9571　FAX 06-6779-9573

印　刷　　共進印刷株式会社　　　　　　　ISBN 978-4-86249-329-3